W. Langhoff

DIE MOOR-SOLDATEN

13 Monate Konzentrationslager

Mit einem Vorwort von Willi Dickhut

VERLAG NEUER WEG

4. Auflage 1978
Verlag Neuer Weg GmbH
Postfach 3080, D–7000 Stuttgart 1

Lizenzausgabe mit Genehmigung der
Schweizer Spiegel Verlag AG, Zürich

Gesamtherstellung:
Repro + Druck GmbH
Printed in Germany

ISBN 3–88021–093–4

INHALT

Die in diesem Buch abgebildeten geschnitzten Figuren und Reliefs sind Arbeiten Willi Dickhuts aus dem Lager Börgermoor. Eine Übersichtskarte befindet sich auf S. 136/137.

VORWORT ZUR NEUHERAUSGABE

Wolfgang Langhoff, der Verfasser des vorliegenden KZ-Berichts, starb, nach langer schwerer Krankheit, 1966 im Alter von 65 Jahren. Auf eigenen Wunsch hin wurde er in aller Stille beerdigt. Alle Genossen, die ihn kannten, trauerten um ihn. Nach dem II. Weltkrieg kam Wolfgang Langhoff aus der Emigration zurück, wurde 1946 Intendant des Deutschen Theaters in Ostberlin und Mitglied der SED. In den letzten Lebensjahren hatte er heftige Auseinandersetzungen mit der DDR-Kulturkommission.

Ich kannte Wolfgang Langhoff seit 1928; zu dieser Zeit kam er als Schauspieler und Regisseur nach Düsseldorf. Wenn er auf größeren Veranstaltungen der KPD revolutionäre Gedichte vortrug, war alles begeistert. Er hatte eine mitreißende Art zu rezitieren, die vor allem uns damals junge Arbeiter tief beeindruckte.

1933 sah ich dann Wolfgang Langhoff wieder — im Konzentrationslager Börgermoor. Er kam aus der Düsseldorfer und ich aus der Anrather Strafanstalt, wo wir Schutzhäftlinge zunächst untergebracht waren. Wir erlebten beide den gleichen Transport ins Moor, den er so anschaulich schildert.

Bevor ich dieses Vorwort schrieb, habe ich noch einmal DIE MOORSOLDATEN gelesen. Wenn ich an den Marsch von Dörpen nach Börgermoor, an die Brutalität der SS-Wachmannschaft, die täglichen Schikanen, die „Nacht der langen Latten", die Sklavenarbeit im Moor, die Arrestbaracke, den Mord an Wehrlosen zurückdenke, dann steigt in mir die kalte Wut hoch. Keiner dieser verfluchten Menschenschinder wurde später zur Verantwortung gezogen.

Aber ich denke auch zurück an die Kameradschaft, die proletarische Disziplin, die Prinzipienfestigkeit und Kampfentschlossenheit des größten Teils der Häftlinge, die zu 95 Prozent Arbeiter und aktive Kommunisten waren. Da sie fast alle aus den Bezirken Köln, Niederrhein und Ruhrgebiet kamen, kannten sich viele Funktionäre durch ihre frühere Parteiarbeit. Dies ist für das Verständnis des Buches von großer Wichtigkeit.

Das, was Wolfgang Langhoff über die illegale Lagerleitung — wahrscheinlich aus Sicherheitsgründen (denn das Buch wurde bereits 1935 geschrieben) — nur andeutete, war in Wirklichkeit viel weitgehender. Es war ein im ganzen Lager verzweigter Apparat, der nach allen Regeln der Konspiration arbeitete und nur die Zuverlässigsten einbezog. Die Genossen, die gemeinsam eine Aufgabe durchführten, waren lediglich über den sie betreffenden Bereich unterrichtet.

Wenn z. B. in der Heimat Flugblätter erschienen mit ganz genauen Angaben über das Lagerleben, über Mißhandlungen durch namentlich genannte SS-Banditen, geriet die Wachmannschaft außer sich vor Wut, die sie durch verstärkte Schikanen an uns Häftlingen ausließ. Auch wenn umgekehrt über die Lage draußen konkrete Dinge im Lager verbreitet wurden, waren viele erstaunt. Niemand ahnte, wer die Nachrichten hinaus- und hereingeschmuggelt hatte und wie das geschah. Die Entdeckung der Nachrichtenübermittler bedeutete sicheren Tod durch Erschießung.

Es wurde trotz schwerster Bedingungen eine politische Zersetzungsarbeit unter der SS-Wachmannschaft betrieben. Dazu war die planmäßige Besetzung bestimmter Posten in Bereichen wie Häftlings- und SS-Küche, Verwaltungsbaracke, Kantine, Magazin, Kleider- und Wäschekammer usw., von den Stubenältesten organisiert, sehr wichtig. Für diese Posten wurde jeweils ein SS-Mann als Bewacher zugeteilt. Ein Kontakt zwischen Häftling und SS-Mann ließ sich hier nicht verhindern. Anders draußen im Moor, wo die SS-Bewacher etwa 50 Meter von den arbeitenden Häftlingen entfernt standen.

So wurde ich z. B. in der Pumpstation untergebracht, eine gesonderte Baracke für Pump- und Filteranlagen, mit denen das eisenhaltige braune Moorwasser gereinigt wurde. Die ganze Arbeit bestand in der Überwachung und Säuberung der Apparatur. So hatte ich Zeit und diskutierte mit dem mir zugeteilten SS-Posten. Um auch andere SS-Männer beeinflussen zu können, habe ich Aschenbecher, Brieföffner und sonstige Kitschandenken aus Kupfer getrieben, die bei den SS-Leuten sehr beliebt waren.

Die auf solche Posten gestellten Genossen hatten Tag für Tag Gelegenheit, auf „ihren" SS-Mann politisch einzuwirken. Natürlich mußte das mit der größten Vorsicht und Geschicklichkeit geschehen. Dies war für die meisten Genossen eine Schule für ihre illegale Arbeit nach der Entlassung. Im Lager wirkte sich diese systematische Zersetzungsarbeit allmählich aus. Als Folge wurde die SS-Mannschaft mit etwas Nachdruck durch die Polizei abgelöst. Die politische Arbeit wurde anschließend leichter, weil die Polizeibeamten zum größten Teil frühere Sozialdemokraten waren. So dauerte es nur 6 Wochen, bis sie durch eine SA-Mannschaft abgelöst wurden.

Zu dieser Zeit war Wolfgang Langhoff bereits im KZ Lichtenburg. Auch ich kam Ende Januar 1934 auf Transport, zur Vernehmung durch die Gestapo. Und dann im Juni ging es wieder ins Moor, diesmal nach Esterwegen. Börgermoor war als Schutzhaftlager aufgelöst und die restlichen Insassen Esterwegen zugeteilt worden. In Esterwegen wehte ein schärferer Wind. Am Abend meiner Ankunft war ein Häftling „auf der Flucht" erschossen worden. Der Terror wurde verschärft und der Widerstand schwieriger; schwieriger schon deshalb, weil die Zusammensetzung der Gefangenen eine andere war wie in Böregermoor.

Ich wurde in die gleiche Baracke eingeliefert, in der Dr. Theodor Neubauer, der bekannte KPD-Reichstagsabgeordnete, lag. Er war mir durch seine Tätigkeit als Chefradakteur der „Freiheit" (Parteiorgan des Bezirks Niederrhein) bekannt. 1927 hatte ich meine erste marxistisch-leninistische Schulung durch ihn bekommen. Jetzt spielten wir manche Partie Schach miteinander; mit den Schachfiguren, die ich im Lager geschnitzt hatte. Trotzdem Theo von Beruf Studienrat war, betrachteten wir Arbeiter ihn als einen der unsrigen. Er war seit 1920 führender Kommunist, aber immer kameradschaftlich zu den einfachen Genossen. Er war ein mutiger Kämpfer, vor dem die SS-Wachmannschaft in Esterwegen großen Respekt hatte. Als einmal englische Quäker in Be-

III

gleitung hoher SS-Offiziere das Lager besichtigten, wurde Theo Neubauer als eine in internationalen wissenschaftlichen Kreisen geachtete Persönlichkeit geholt, damit er sich positiv über das Lagerleben äußere. Aber als er unmißverständlich zu verstehen gab, was hier los war, wurde das Gespräch schnell unterbrochen. Nach seiner Entlassung 1939 organisierte er sofort den antifaschistischen Widerstand, wurde 1944 erneut verhaftet und 1945 hingerichtet.

In Esterwegen lernte ich auch Carl v. Ossietzky kennen, den Herausgeber der „Weltbühne". Er war bürgerlicher Pazifist und Antifaschist, mehr Gelehrter als Journalist, ein lebendes Lexikon. Wenn wir irgendeine Frage hatten, gab er uns sofort die entsprechende Antwort. Bei der Arbeit draußen im Moor zeigte sich, wie hilflos er körperlicher Arbeit gegenüber war, was auch zum Teil seiner angegriffenen Gesundheit zuzuschreiben war. Seine Ungeschicklichkeit reizte die SS-Leute, ihn zu verspotten, zu verhöhnen und zu schikanieren. Es machte ihn tiefunglücklich, aber er ertrug alles mit großer Würde. So weit es ging, haben wir Arbeiter versucht, ihm zu helfen, damit er sein Arbeitspensum schaffen konnte und vor weiteren Schikanen bewahrt blieb. Diese Schikanen wurden verstärkt, nachdem er 1935 den Friedensnobelpreis bekommen hatte. Er hat unsäglich viel gelitten und starb 1938 an den Folgen der KZ-Haft.

Im Februar 1935 wurde ich nach zweijähriger „Schutzhaft" aus Esterwegen entlassen. Wenn ich an diese Zeit als „Moorsoldat" zurückdenke, dann treten mir einige wichtige Erkenntnisse vor das Auge:

In den meisten Fällen waren Arbeiter in der Haft und den Schikanen gegenüber härter und disziplinierter als Intellektuelle.

Wenn Intellektuelle es verstanden hatten, sich eng mit der Arbeiterklasse zu verbinden, leisteten sie eine hervorragende politische Arbeit und zeigten großen Mut.

Kommunisten meistern jede Situation, wenn sie organisiert und zielbewußt auftreten. Die Zersetzung der SS-Mannschaft in Börgermoor unter den schwierigsten Bedingungen ist ein Musterbeispiel dafür.

Die brutale Unterdrückung seitens des staatlichen Machtapparats (dazu gehörten auch die SS-Mannschaften) machte jedem, auch manchem Sozialdemokraten im Lager klar, daß sich die Arbeiterklasse nur befreien kann, wenn sie diesen Staatsapparat zerschlägt.

Darum ist heute jegliche Erzeugung von Illusionen, daß die Macht des Monopolkapitals mit „friedlichen" Mitteln „zurückgedrängt" und durch eine „antimonopolistische Demokratie" ersetzt werden könnte, äußerst gefährlich und schädigend für den Kampf der Arbeiterklasse.

Aber auch das leichtfertige Verhalten einiger klein-bürgerlicher Intellektueller, die in die marxistisch-leninistische Bewegung eingedrungen sind, ist verhängnisvoll, weil sie den furchtbaren Terror des Faschismus dadurch bagatellisieren, daß sie die Tätigkeit der sozialdemokratischen Partei- und Gewerkschaftsführer als „sozialfaschistisch", als „faschistische Verwaltung" bezeichnen usw. Sie haben aus den Fehlern der KPD in den 20er Jahren nichts gelernt.

Eine solche verhängnisvolle Linie kann nicht dadurch entschuldigt werden, daß diese sehr jungen und unerfahrenen Intellektuellen keine Ahnung von dem furchtbaren Terror und den täglichen, zermürbenden Schikanen haben. Wenn sie, die Vergangenheit mißachtend, diese Erfahrungen erst am eigenen Leib durchmachen müssen, ist es zu spät.

Das Buch DIE MOORSOLDATEN kann dazu beitragen, den jungen Menschen die Augen über den faschistischen Terror zu öffnen und sie am Beispiel der „Moorsoldaten" von der Notwendigkeit des antifaschistischen Kampfes zur Verhinderung der Errichtung einer neuen faschistischen Diktatur zu überzeugen.

WEHRET DEN ANFÄNGEN!

Willi Dickhut

Frühjahr 1973

Die Verhaftung.

Am 28. Februar 1933 ging ich nachmittags ins Theater, um nach dem Probenplan zu sehen. Der Portier sagte zu mir:

„Gut, daß Sie da sind. Sie sollen gleich zum Generalintendanten kommen."

Ich ging ins Vorzimmer und wurde sofort vorgelassen. Iltz saß hinter seinem großen Schreibtisch.

„Bitte, nehmen Sie Platz."

Seine Hand spielte mit dem Brieföffner. Er blickte an mir vorbei zum Fenster hinaus auf die kahlen Kastanienbäume.

„Ich habe Sie zu mir kommen lassen, um Ihnen etwas zu sagen. Ich möchte Sie aber bitten, die Sache vertraulich zu behandeln. — Vor einer Stunde war die Polizei hier. Sie hat Sie gesucht."

„Nanu! Warum?"

„Soviel ich verstanden habe, sind Sie politisch denunziert worden. Es scheint sich allerhand vorzubereiten. Haben Sie die Zeitungen heute gelesen? Seien Sie auf jeden Fall vorsichtig in den nächsten Tagen."

Das kam mir nicht ganz unerwartet.

Ich war seit fünf Jahren als Regisseur und Schauspieler in Düsseldorf. Vier Jahre bis zum Tode von Louise Dumont im Schauspielhaus und seit einem Jahr am Stadttheater. Die Art meines Rollenfaches — jugendliche Helden und Charakterhelden — hatte mir im bürgerlichen Publikum einen großen Freundeskreis verschafft. Andererseits war ich auch der Düsseldorfer Arbeiterschaft nicht unbekannt, weil ich auf ihren Veranstaltungen rezitierte und mich überhaupt für ihre Bemühungen auf kulturellem Gebiet stark einsetzte. Ich studierte Gesangschöre ein, leitete Laienaufführungen und war der nationalsozialistischen Bewegung aus diesem Grunde verhaßt. Dann war ich auch noch der Mitgründer einer Gesellschaft, die allmonatlich einen, sozial-wissenschaftlichen Vortrag veranstaltete. Dieser Gesellschaft gehörten linksgerichtete Aerzte, Architekten, Schriftsteller, Schauspieler, kurz, Vertreter der geistigen Berufe, an.

Diese Tätigkeit hatte mir von Seiten der Nationalsozialisten schon viele Angriffe eingetragen. Aber schließlich — wer wurde damals nicht angegriffen! Und da ich meine Weltanschauung im Rahmen der verfassungsmäßig garantierten Freiheit äußerte, konnte ich mir nicht vorstellen, daß sich für mich irgend welche ernsteren Komplikationen ergeben könnten.

Ich versprach aber Iltz, vorsichtig zu sein und mich für die nächste Zeit im Hintergrund zu halten. —

Mit einem Kollegen, den ich vor dem Theater traf, ging ich dann nach Hause. Er hatte denselben Weg.

„Der Reichstagsbrandstifter verhaftet!" „Hitler und Goering am Tatort!" „Das Fanal der Kommunisten!" schrien die Zeitungsverkäufer auf der Königsallee und dem Hindenburgwall. Sonst war die Stadt merkwürdig still. Keine Ansammlungen, keine Gespräche an den Straßenecken. Es war, als ob sich keiner länger als notwendig auf der Straße aufhalten wolle.

S.S.- und S.A.-Männer stampften eilig vorbei, am rechten Arm eine weiße Binde mit dem Stempel: Hilfspolizei. Ein Lastwagen, besetzt mit S.A., ratterte über das Pflaster, der Altstadt zu...

„Ich werde heute nacht nicht zu Hause schlafen", sagte ich zu meinem Freund.

„Ja, das wird vielleicht besser sein. Man kann nie wissen."

Wir bogen in die Benratherstraße ein und sahen vor meiner Wohnungstüre zwei Zivilisten. Als wir näher kamen, wandten sie sich ab und schlenderten langsam nach der nächsten Straßenecke....

„Weißt Du was, ich gehe nur schnell herauf und verabschiede mich von meiner Frau. Wir treffen uns nachher im Café."

Es war 5 Uhr nachmittags.

Meine Frau lag im Bett; nierenkrank. Ich sagte ihr:

„Hör mal, heute nacht werde ich bei Freunden schlafen. Im Theater war Polizei und jetzt eben habe ich vor

11

der Haustür zwei Kerls gesehn, die mir verdächtig vorkamen."

Mein Vater kam herein, und ich bat ihn, falls sich jemand nach mir erkundigen sollte, ihn für den nächsten Vormittag ins Theater zu bestellen.

Meine Frau, die starke Schmerzen hatte, regte sich natürlich sehr auf:

„Vielleicht ist es besser, Du fährst überhaupt weg! Nach Berlin .... oder Frankfurt!"

In diesem Augenblick klingelte es an der Wohnungstür. Meine Frau fuhr erschrocken hoch:

„Um Gottes Willen, nicht aufmachen!"

Das war natürlich Unsinn, denn ich hatte keinen andern Ausgang aus der Wohnung, und nachdem ich sie beruhigt hatte, ging ich selbst an die Tür und machte auf.

Die beiden Kriminalbeamten und zwei Polizisten standen davor.

„Herr Langhoff?"

„Ja. Und?"

„Kriminalpolizei. Zeigen Sie die Zimmer, die Sie bewohnen."

Ich wollte in mein Arbeitszimmer vorangehen, als ein Schupo rief:

„Halt, Hände hoch!" und meine Taschen durchsuchte.

„Ich trage keine Waffen", lächelte ich und der Beamte schnauzte zurück:

„Halten Sie Ihren Mund, bis Sie gefragt werden!"

„Vielleicht läßt sich die Sache auch in einem höflicheren Tone erledigen."

„Seien Sie still, Sie! Sie kennen wir ganz genau, Sie!"

In meinem Arbeitszimmer mußte ich mich mit erhobenen Händen an die Wand stellen, während die Beamten meinen Schreibtisch durchstöberten, die Bücher vom Regal rissen, den Teppich hochhoben und die Tapete abklopften.

Dann tuschelten sie miteinander und hielten so eine Art Beratung ab.

Das Telephon schrillte.

Der Kriminalbeamte in Zivil nahm den Hörer ab.

„Wie? — Jawohl, er ist zu Hause. Geht in Ordnung. Schicken Sie uns noch einen Mann, er hat zu viel Bücher, wir können sie nicht alle tragen."

Und dann zu mir:

„Ziehen Sie sich an, Sie kommen mit."

„Kann ich noch mit meiner Frau sprechen?"

Ein Polizist ging mit mir ins Zimmer meiner Frau. Sie saß aufrecht in ihrem Bett und starrte uns angstvoll an.

„Kommst Du dann gleich wieder zurück?"

Ich sagte ihr, sie solle sich nicht zu sehr beunruhigen, auch wenn ich vielleicht die Nacht wegbliebe. Es könne sich ja doch nur um einen Tag handeln, am nächsten Abend müsse ich ja den Franz in den „Räubern" spielen und sie würden die Vorstellung schon nicht ausfallen lassen.

„Nimm Dir Wäsche, Seife und Zahnbürste mit. Vater kann's Dir zusammenpacken."

„Schon gut mein Kind, halt Dich brav und hab' keine Angst!"

Ich gab ihr einen Kuß und ging wieder in mein Zimmer. Meinen Vater bat ich, mir noch ein paar Zigaretten zu besorgen, aber die Kriminalbeamten hielten ihn zurück. Es dürfe sich niemand aus der Wohnung entfernen. Nachdem sie alle Räume durchsucht und Briefe, Bücher und Broschüren, die sie mitnehmen wollten, in einem großen Haufen auf dem Boden aufgestapelt hatten, sagte der eine Kriminalbeamte:

„Sie müssen jetzt mit aufs Polizeipräsidium."

„Zieh Dir den dicken Pulover an", sagte mein Vater. Und dann:

„Auf Wiedersehen, Junge!"

— Wir gingen, zwei Beamte vor, zwei hinter mir, durch die Straßen. Die Polizisten waren beladen mit den Büchern und Broschüren, soviel sie nur tragen konnten. Wir müssen eine merkwürdige Karawane gewesen sein. An den Ecken steckten die Passanten die Köpfe zusammen und machten sich auf uns aufmerksam. Wir gingen durch die engen Straßen der Altstadt, wo ich manchen Bekannten hatte.

Im Hof des alten Polizeipräsidiums war Hochbetrieb. Ueberfallwagen fuhren herein und hinaus. Polizisten rannten im Eilschritt aus dem Tor. Hunderte von S.A.-Männern standen in den erleuchteten Räumen zu ebener Erde. Sie trugen ihre braunen Uniformen und Gummiknüppel und Revolver am Gürtel.

Als ich in die Wachstube geführt wurde, kamen gerade zwei S.A.-Männer über den Flur, und einer rief meinem Begleitpolizisten zu:

„Schieß doch das Arschloch über den Haufen, dann

hast du nicht so viel Scherereien!"

Mein Polizist lachte nur verlegen.

Der Beamte hinter dem Schreibtisch kannte mich vom Theater her.

"Aha! Geben Sie uns auch mal die Ehre!" Meine Verhaftung war ihm sichtlich peinlich und er wußte nicht, wie er sich mir gegenüber benehmen sollte.

Nachdem man mir Hosenträger, Taschenmesser, Streichhölzer, Geld und meine Ausweispapiere abgenommen hatte, wurde ich in eine Zelle gesperrt, in der bereits sieben oder acht Mann saßen. Es brannte kein Licht und ich konnte in der Dunkelheit niemanden erkennen.

"Achtung, tritt nicht auf den da!" rief mir einer aus dem Dunkel zu, als ich über jemanden stolperte, der auf dem Fußboden lag.

"Der ist bloß besoffen", hörte ich die Stimme wieder. "Setz Dich. Wir rücken was zusammen. Wer bist Du?"

Ich nannte meinen Namen.

"So, Du bist der Langhoff! Dich habe ich schon in der Tonhalle vortragen hören", meinte einer.

"Wir sind aus Gerresheim, wir vier Mann. — Sie haben uns gestern nacht beim Plakat kleben erwischt.—Und der Alte, der da neben Dir sitzt, den haben Sie verhaftet, weil sie Flugblätter bei ihm gefunden haben. Wenn Du mit ihm sprechen willst, mußt Du laut schreien, der ist nämlich schon fast taub und über siebzig. — Eine Gemeinheit, den alten Mann zu verhaften!"

Ich ärgerte mich, daß ich nichts zu rauchen hatte und sagte meinen Gefährten, daß die Kriminalbeamten meinen Vater verhindert hätten, mir noch etwas zu holen.

15

„Eine Kippe kannst du mit uns rauchen", sagte einer der vier Gerresheimer und steckte einen Stummel an. Die Streichhölzer zog er aus seinem Stiefel und den Stummel hatte er im Hosenbund versteckt.

,Ist zwar nicht sehr appetitlich', dachte ich, ,aber — mitgefangen mitgehangen' — und machte meinen Lungenzug, als die Reihe an mir war.

„Was? Das hättest Du Dir sicher auch nicht träumen lassen! Mal unter Proleten in einer Zelle zu sitzen!"

Es befremdete mich ein wenig, daß sie mich gleich mit „Du" ansprachen, und ich suchte nach einer richtigen Antwort.

„Man muß doch alles einmal kennen lernen, nicht?"

„Richtig, das kann niemandem schaden. Das mußt Du dann mal auf dem Theater spielen! Das wäre ein interessantes Stück, was?"

„Sie sind vom Theater", mischte sich ein Fünfter ins Gespräch: „Gestatten Sie, ich heiße Meyer. Ich bin Wäschereisender —"

„Ja, der gehört nicht zu uns."

„Es ist mir selber sehr unangenehm, aber man hat mich irrtümlicherweise verhaftet! Ich soll gestohlen haben! Lächerlich, so etwas, bei meinem Einkommen! Wissen Sie, diese Leute auf der Wache sind ja soo brutal. Und der Wachtmeister vorn im Revier! Eine solche Gemeinheit! Alles hat er mir abgenommen, sogar meine Spritze, und dabei hab' ich eine galante Krankheit, verstehen Sie, mein Herr!"

„Halt doch die Klappe", sagte einer der Arbeiter zu ihm.

„Bitte sehr! Bitte sehr! Ich will mich niemandem aufdrängen. Aber ich kann mich doch schließlich mit dem Herrn unterhalten, das ist doch unsere Sache, nicht wahr?"

„Halt die Schnauze. Wir wollen jetzt schlafen."

Für eine Zeit lang war es still in der Zelle. Ich hörte aus den Nachbarzellen Lachen und Rufen und sagte leise zu meinem Nebenmann:

„Die scheinen ja viele eingesperrt zu haben, heute abend."

„Klar. Alles Kommunisten. Nach der Wahlbombe vom Reichstagsbrand, den sie uns in die Schuhe schieben, werden sie sicher jetzt die Partei verbieten wollen."

„Du glaubst also nicht, daß Eure Leute den Reichstag angesteckt haben?"

„Quatsch. Blödsinn. Weiter nichts als ein Wahlmanöver von den Nazis. Wenn wir losschlagen, dann brauchen wir keinen Reichstag in Brand zu stecken."

„Und — was wird jetzt werden?"

„Kann man noch nicht sagen. Müssen abwarten, was die Betriebe machen." —

Einer wollte austreten und klopfte an die Tür.

„Herr Wachtmeister, ich will austreten!"

„Verrückt geworden," brüllte der Wachtmeister, „gibts nicht! Schiff Dir in die Hosen!"

Die Stunden wurden mir endlos lang. Der Betrunkene auf dem Boden schnarchte in seinem Dreck. Wir hockten uns abwechselnd auf die Holzpritsche oder standen an der Wand.

Um drei oder um vier Uhr morgens wurde die Zellentüre wieder aufgeschlossen. Der Wachtmeister stieß einen Neuen herein. Einer von uns rief:

„Besetzt, besetzt! Der Kahn ist sowieso schon voll!"

Aber der Wachtmeister kümmerte sich nicht darum und schloß hinter dem Neuen wieder ab. —

„Na, wer bist Du denn?"

— Er gab keine Antwort.

„Kannst Du nicht reden? Menschenskind, stell Dich doch mal vor!"

— Wieder keine Antwort.

„Bist ja ein seltsamer Vogel! Wir sind Dir wohl nicht fein genug?"

Aber der Neuankömmling schwieg.

„Das werden wir gleich haben", lachte einer der Arbeiter und steckte ein Zündholz an. —

In der Ecke stand blutüberströmt und mit zerrissenem Hemd ein Mann. Seine Augen waren aufgeschwollen. Aus Nase und Mund lief Blut und quer über die Stirn zog sich ein dicker, dunkler Streifen. Er lächelte uns an und fuhr sich mit dem Aermel über das Gesicht.

Draußen verhafteten die Nationalsozialisten ihre Gegner.

Auf der „Ulmer Höh'".

In dieser Nacht wurden noch zwei Mann aus Benrath eingeliefert. Wir saßen also zu zehnt in der engen Zelle. Sie war zwei Meter breit, fünf lang. Alles aus Stein. Boden, Wand und Decke, — ein schmaler, steinerner Schlauch. In der Wand ein Eisenring, für die, die an Ketten geschloßen werden.

Allmählich verstummten die Gespräche. Es wurde still. So still, daß ich mein eigenes Herz klopfen hörte...

‚Da sitzt du also hinter einer eisernen Türe. Junge, und es ist keine Klinke da, die du anfassen kannst, um sie aufzumachen... Was sie wohl mit dir vorhaben? — Verdammt kalt hier. Das muß an den dicken Wänden liegen. — Ob meine Frau jetzt schläft? — Lange möcht' ich nicht hier drin sitzen... Sie hat sich sicher sehr aufgeregt und wird auch nicht schlafen können. — Vielleicht sitzt auch der Vater bei ihr und sie überlegen sich, was sie für mich tun können. — Für mich tun. — Lächerlich, sie m ü s s e n mich ja morgen früh herauslassen! Morgen früh, oder spätestens am Mittag... Morgen abend sitz' ich wieder in der Garderobe vor dem Spiegel und schminke mich. Dann werden mich die andern fragen, wie es war. — Na ja, so eine Nacht in der Zelle ist weiter nicht gefährlich. —

Schließlich können sie mir auch nichts wollen. Was ich getan habe, war ja nicht verboten. — Sicher wird das Theater morgen früh anrufen. Vielleicht kommt sogar Iltz selbst auf die Wache und holt mich heraus. — Schon möglich. — Gut, daß ich mir den dicken Pullover angezogen habe.' —

Am kleinen Gitterfenster wird es hell. Fünf oder sechs Uhr. Ich erkenne meine Mitgefangenen, die in zusammengesunkenen Schlafstellungen dahocken. Wie in einem Eisenbahnabteil. Neben mir sitzt der Siebzigjährige mit weitgeöffneten Augen und rührt sich nicht. — Ob der mit offenen Augen geschlafen hat? — Wie ärmlich alle aussehen! Fast keiner trägt einen Kragen, die Jacken sind abgeschabt und zerschlissen. — Für die wird das sicher gar kein so großes Ereignis sein, eine solche Verhaftung. — Die kennen das schon. —

Um sieben Uhr wurde aufgeschlossen und der Wachtmeister führte uns nacheinander in den Waschraum. Dann bekamen wir jeder einen Becher Kaffee und ein dickes Stück trockenes Brot.

‚Na, probiers mal', dachte ich — ‚wenn du raus kommst, wirst du sowieso ordentlich frühstücken! Das ist sicher. Mit Butter und Milch.'

20

„Fertig machen zum Weitertransport!"

Namen wurden verlesen, darunter auch meiner. Draußen im Hof stand die „grüne Minna", der Gefängniswagen. Wir waren zwanzig oder fünfundzwanzig Mann.

„Alles einsteigen, meine Herrschaften, einsteigen!" lachten die Arbeiter. Sie waren fidel, als gings zu einem Ausflug ins Grüne. —

,Seltsam', dachte ich, ,daß man mich nicht auf dem Polizeirevier läßt, das muß doch unbedingt meine Freilassung verzögern. Mindestens um zwei Stunden.'

Wir standen eng gedrängt im Wagen und in den Kurven stießen wir die Köpfe aneinander.

„Kinder, habt Ihr eine Ahnung wo die mit uns hinfahren?"

„In die Schupokaserne! Da sind wir doch schon mal gewesen. Bei der letzten Massenverhaftung."

„Mensch, großartig! In der Schupokaserne gibts feines Essen! Da bekommen wir dasselbe was die Polizei kriegt! Weißt Du noch Willi, die weißen Bohnen und Rindfleisch! Aber s o l c h e Brocken, sag' ich Euch!"

„Da geh' ich vierzehn Tage und noch länger in Pension, wenn's sein muß!"

Wir versuchten durch ein kleines vergittertes Fenster am Führersitz hinauszuschauen. Der breite Rücken des Fahrers war aber davor, wir konnten nichts sehen.

„Hört mal, wir müßten doch schon längst in der Frankenstraße sein. Es geht nicht in die Kaserne! — Paßt auf, die bringen uns auf die Ulmer Höh'"!

Sofort wurde es still.

21

Die Ulmer Höh' ist das Düsseldorfer Gefängnis.

„Verflucht, wenn die uns in den „Bau" bringen, dann behalten sie uns auch länger." —

Der Wagen hielt, wir flogen durcheinander. Draußen wurde eine eiserne Tür aufgeschloßen — wir fuhren weiter — also, Gefängnis.

Im Hof. „Alles Aussteigen!"

„Na Gustav, da wären wir ja mal wieder!"

„Schnauze halten!" rief der Kriminalbeamte in Zivil, der uns begleitet hatte.

Wir wurden nicht durch den Haupteingang geführt, sondern durch eine kleine Türe in einen großen, dunklen Flur. Ein verschlafener, griesgrämiger Gefängniswärter zählte uns nochmals ab, ehe er die nächste Eisentür aufschloß. Dabei zählte er aus Versehen den Kriminalbeamten mit. Der wurde wütend und schrie ihn an:

„Sperren Sie gefälligst Ihre Augen auf! Sie wissen doch, wer ich bin!"

„Ich verbitte mir den Ton", fauchte der Gefängniswärter zurück.

„Recht so! Sperren Sie den Meier nur ruhig mit ein! Dem kanns auch mal nichts schaden", lachte einer der Gefangenen.

„Halten Sie Ihr Maul, Sie dreckiger Kaffer!" schrie der Kriminalbeamte.

Noch zweimal wurden Türen geschlossen und dann kamen wir in einen größeren saalartigen Raum. In dem standen schon einige Verhaftete und begrüßten uns mit Hallo.

— ‚Das muß doch der Schulsaal sein', dachte ich,

denn ich kannte die „Ulmer Höh'". Allerdings nicht als Gefangener.

Vor zwei Jahren inszenierte ich am Düsseldorfer Schauspielhaus das Stück „Amnestie" von Finckelnburg. Um die Echtheit des Milieus zu studieren, hatte ich um Besichtigungserlaubnis des Gefängnisses und eines in der Nähe gelegenen Zuchthauses ersucht. Das wurde bewilligt. Damals führte mich der Direktor überaus liebenswürdig und zuvorkommend durch den ganzen Bau und war eifrig bemüht, den Strafvollzug in den rosigsten und humansten Farben zu schildern.

Ich mußte lächeln, als ich an diesen Besuch dachte und sagte mir: ‚Na, jetzt hast du ja Gelegenheit, die Einrichtungen dieses Gefängnisses sozusagen „praktisch" kennen zu lernen.'

Für uns vierzig Mann war der Raum entschieden zu klein. Ich war aber trotzdem froh, daß man mich in keine Zelle gesteckt hatte, denn nach der gestrigen Nacht wollte ich von Zellen nichts mehr wissen. Auch gab es in diesem Raum vier hohe Fenster, die aber weiß angestrichen waren, so daß man nicht hinausschauen konnte. In der Mitte stand ein schmaler langer Tisch mit zwei Bänken. Das war die einzige Ausstattung dieses Schulsaales. Sonst war er vollkommen leer. Wenn man hereinkam, sah man in der linken Ecke ein Gestell, — eine Art Paravent aus Leintüchern. Dahinter war der Abort: für uns vierzig Mann zwei Sitzkübel und noch drei am Boden stehende Kübel.

Ich blickte nur flüchtig hinter den Vorhang und fuhr zurück: ‚nie, n i e wirst du dich auf so einen Kübel setzen!

Ausgeschlossen! — Weshalb hat man mich überhaupt hier ins Gefängnis geschleppt! Sie hätten mich auf der Polizeiwache lassen sollen. Jetzt sitze ich hier und womöglich finden sie mich gar nicht so schnell, wenn sie mich vernehmen wollen!'

Hände in den Hosentaschen, Zigaretten im Mund, standen die Arbeiter schwatzend und lachend herum.

„Menschenskind, ich hab' mordsmäßiges Glück gehabt! — Stell' Dir vor — in meiner Brieftasche waren noch die ganzen Parteimarken. Ich bin Unterkassierer, weißt Du! Der Bulle, der mir gestern abend die Tasche abgenommen hat, hat sie mir heute morgen wiedergegeben und nicht einmal reingeguckt! Und jetzt hab' ich unterwegs die Marken verschwinden lassen! Ich hab' sie gefressen. — Mir kann keiner mehr was wollen!"

„Rot Front, Heini! Haben sie Dich auch geschnappt? Jetzt ist bald ganz Derendorf da!"

„Jungens, habt Ihr den Langhoff gesehen? Ach, da steht er ja! Was sagt Ihr dazu, der muß theaterspielen, heute abend!"

„Na ja, den lassen sie raus. Den müssen sie ja rauslassen! Aber uns behalten sie mindestens drei Tage!"

„Was denn: drei? — Heute haben wir den ersten März, am fünften ist die Wahl. Du glaubst doch nicht, daß sie Dich wählen lassen?!"

„Oho! Das wollen wir mal sehen! Die m ü s s e n mich wählen lassen — sonst ist die ganze Wahl ungültig!"

„Na, na, abwarten! Ich glaub' nicht, daß sie uns diesmal so schnell wieder nach Haus schicken wie im Januar."

24

„Miesmacher!" —

Auf den beiden Bänken konnten nur zwanzig Mann sitzen. Die andern mußten stehen. Müde von der durchwachten Nacht, setzte ich mich schließlich auf den Fußboden und lehnte mit dem Rücken an die Wand.

Sofort stand einer von der Bank auf und kam auf mich zu:

„Setz' Dich nur hin, ich hab' lang genug gesessen."

„Nein, nein, warum denn? Ich sitze hier ganz gut. Bleib' ruhig sitzen!"

„Also komm schon! Wir sind an so etwas gewöhnt. Vor vier Wochen bin ich erst aus dem Bau hier herausgekommen. Hab' drei Monate geschoben. — Was mir das schon ausmacht! Die hab' ich auf der linken Arschbacke abgesessen. Da muß es noch ganz anders kommen!"

Ich setze mich auf die Bank zu einer Gruppe, die sich eifrig und leise unterhielt.

„... und wir haben die Dinger doch mitten auf dem Tisch liegen gehabt, wie sie geklingelt haben. Mindestens fünfhundert Stück. Meine Frau und die Lisa haben das Zeug unter die Röcke gesteckt und der Fritz hat Karten dabei gehabt und dann haben wir Skat gedroschen. Na ja! — Skat spielen ist doch nicht verboten, was?!"

„Bei mir war alles sauber! Nicht einen Fetzen haben sie gefunden. Dabei haben sie die Tapeten heruntergerissen und im Schlafzimmer die Matrazen aufgemacht!"

„... aber das will ich Dir sagen, Otto: Dich hätten sie nicht schnappen dürfen! Mensch, warst Du denn noch nicht illegal?"

„Quatsch nicht, ich hab' schon lange nicht mehr zu

Hause geschlafen. Im Büro haben sie mich erwischt, wie ich Flugblätter abgeholt habe."

„Ein Funktionär wie Du hätte eben vorsichtiger sein müssen!"

„Ausgerechnet Du, gerade Du mußt mir so was sagen!" —

Ich legte meinen Kopf auf die Tischplatte und dämmerte vor mich hin. Aber ich konnte nicht einschlafen. Jeden Augenblick erwartete ich herausgeholt zu werden. Irgend eine Nachricht vom Theater oder von zu Hause mußte doch kommen!

Nichts. — Eine Stunde verging. — Neun Uhr — zehn Uhr — immer noch nichts. Elf Uhr. Nichts.

Ich lief im Schulsaal wie in einem Käfig auf und ab und wartete...

„Eine Sauerei, daß nicht mehr Bänke hier drin sind! Klopf doch mal einer an die Tür!"

Der Gefängniswärter schloß auf: „Was ist los?"

„Mehr Bänke wollen wir haben! Wir müssen uns doch irgend wohin setzen können. Was ist denn das für ein Laden hier!"

„Wir haben mit Euch überhaupt nichts zu schaffen. Ihr geht uns gar nichts an. Gleich kommt die Polizei, die übernimmt Eure Bewachung. Und mehr Bänke sind nicht da!"

Er knallte die Tür zu und schloß wieder ab.

„Oho! Das ist ja noch schöner! Das brauchen wir uns nicht gefallen zu lassen! Der ist ja verrückt, der Kerl!"

„Los, singen wir mal was! Ihr sollt sehen, wie schnell sie dann gelaufen kommen!"

Ein paar Stimmen fingen kräftig an: „Wacht auf, Verdammte dieser Erde..."

Alle sangen mit und blickten neugierig wie Kinder zur Eisentüre.

„Hört Ihr's? Die andern singen schon mit!"

Der ganze Zellenflügel sang.

Die erste Strophe war noch nicht beendet, da stürzten gleich drei Gefängniswärter herein:

„Aufhören! Aufhören! Seid Ihr denn verrückt geworden?! Ihr macht uns ja den ganzen Bau rebellisch!"

„Dann gebt uns mehr Stühle oder Bänke!"

Ein Beamter in Zivil kam dazu:

„Was ist denn hier los? — Also was gibt es denn, meine Herren?"

Ein Aufseher: „Die Leute wollen mehr Bänke haben, Herr Inspektor."

„Deswegen brauchen sie doch nicht gleich zu singen!"

Dann wandte er sich an uns: „Meine Herren, ich muß Sie ersuchen, sich an die Hausordnung zu halten! Sie sind nur wegen Platzmangel ins Gefängnis gekommen und gehen die Gefängnisverwaltung gar nichts an. Aber wenn Sie schon einmal hier sind, dann betragen Sie sich anständig und randalieren Sie nicht herum! Im übrigen will ich sehen, ob noch einige Bänke da sind."

Er wandte sich mit seinem Beamten zum Gehen. Ich lief ihm nach und hielt ihn an der Türe fest.

„Entschuldigen Sie, Herr Inspektor, können Sie mir vielleicht sagen, wann ich hier wieder herauskomme? Ich muß nämlich heute abend im Stadttheater spielen!"

„Tut mir leid, aber mich geht die ganze Sache nichts an. Sie müssen sich an die Polizei wenden."

„Würden Sie vielleicht so freundlich sein, bei der Kriminalpolizei oder im Theater anzurufen, damit man dort weiß, wo ich bin."

„Bedaure. Sie müssen sich schon noch etwas gedulden."

Damit ging er raus und die Türe wurde wieder abgeschlossen. —

„Du, der Inspektor, das ist ein Gerissener! Der macht alles auf die weiche Tour. Den kenn' ich ganz genau! Der sagt immer: ‚Ich komme als Mensch zu Ihnen!' Und dabei verhängt er Hausstrafen, Arrest oder Bunker, daß es nur so knallt. In Essen, wo er früher war, haben sie immer „Der Kettenkarl" zu ihm gesagt, weil er beim geringsten Vergehen die Gefangenen hat in Ketten legen lassen. — Das gibts nämlich noch!"

Langsam wurde mir die Sache unheimlich. — Was würde geschehen, wenn sie mich nicht herauslassen? Nicht auszudenken! —

Um 12 Uhr gab es Mittagessen. Wir bekamen jeder eine Emailschüssel und marschierten in einer langen Reihe an der offenen Türe vorbei, wo zwei Kalfaktoren mit einem großen Kessel standen und pro Mann einen Liter Linsen mit Kartoffeln in die Näpfe gossen. Ich konnte nichts anrühren und ließ meinen Napf stehen.

„Menschenskind, iß doch! Die Linsen sind nicht schlecht! Das ist der beste Fraß im Bau. Ich weiß Bescheid!"

„Nein danke. Wenn Du noch Hunger hast, kannst Du sie gern haben."

28

„Immer her damit! Den kleinen Schlag verdrück ich noch. Das kannst Du mir glauben: Hier ist mancher unter uns, der hat das nicht zu Hause, was er hier kriegt. Was willst Du: von acht Mark Stempelgeld in der Woche kannst Du Dir mit Frau und drei Kindern so ein Essen nicht leisten!"

Nach Tisch kamen zwei Revierpolizisten, die von nun an unsere Bewachung übernahmen. Ich bat sie, sofort zur Kriminalpolizei zu telephonieren.

Wieder vergingen Stunden.

Kurz vor vier wurde die Türe aufgeschlossen.

„Wo ist der Schauspieler?"

Aha, endlich!

„Es hat antelephoniert. Sie sollen heute abend mal hier Theater machen", grinste er höhnisch und warf die Türe wieder zu.

Einen Augenblick setzte mein Herz aus. Was jetzt? Losgerissen von Beruf, meiner Familie, der ganzen Umgebung, in der ich lebte und arbeitete. — Was jetzt? —

Ein paar Arbeiter versuchten mich zu trösten:

„Na, Mensch, das ist doch gar nicht so gefährlich. Bleibst eben noch ein bißchen bei uns. Im Theater werden sie sicher heute abend ein anderes Stück spielen. Und morgen oder übermorgen bist Du wieder draußen!"

„Die können kein anderes Stück spielen. Ich hab' in jedem zu tun. Das wäre alles nicht so schlimm, wenn meine Frau nicht gerade krank wäre."

„Ach so. Ja, das ist dumm. Na, Kopf hoch, laß Dich nur nicht unterkriegen!"

„Ach wo!" —

Ich log. Ich war völlig mutlos und konnte mir überhaupt nicht ausmalen, was nun kommen würde.

Was würde meine Frau machen? Und der Vater? ,Haushaltsgeld hat sie ja noch für acht Tage. Aber dann? Ob man mir meine Gage auszahlt? Das müssen sie tun, ich habe doch einen festen Vertrag! — Na ja, länger als acht Tage wirds nicht dauern. Hier glauben doch alle, daß wir nach der Wahl wieder raus kommen.'

Abend. Wir standen im Raum herum und wußten nicht was anfangen.

Für mich war es ein wenig schwer, den richtigen Kontakt mit meinen Mitgefangenen zu bekommen, ich war der einzig Gutgekleidete unter ihnen. Ein solcher Unterschied von Kleidung, Sprache und Erziehung ist schwer zu überbrücken. Ich fühlte, wie ich nicht von vornherein und bedingungslos in ihre Gemeinschaft und ihre Gespräche aufgenommen wurde. Trotzdem waren sie aber überaus freundlich und bemüht, auch von sich aus diese Kluft zu überwinden.

Es waren in der Hauptsache kommunistische Arbeiter, kleine Funktionäre der kommunistischen Partei, und außer mir war nur noch ein Mann unter den Verhafteten, der durch Kleidung und Wesen von den andern abstach. Er sprach mit keinem Menschen, stand immer in einer Ecke und blickte bei jedem Türaufschließen ängstlich hin.

Er tat mir leid — alle andern waren befreundet und unterhielten sich — und ich ging zu ihm und fragte ihn, weshalb er verhaftet sei. Sofort stand ein Kreis von Zuhörern um uns:

„Aus welchem Stadtteil ist denn der?"

„Den kennen wir ja gar nicht!"

Der Angesprochene, ein junger Mann mit wachsbleichem Gesicht, schwarzen, zurückgekämmten Haaren und dunkel beschatteten Augen, blickte mißtrauisch und wortlos von einem zum andern.

Und mit einem Mal begann er zu weinen, — schüchtern und verbissen —, und erzählte, daß er gar nicht hierher gehöre. — Daß er irrtümlicherweise verhaftet sei. — Daß er sich nie, n i e um Politik gekümmert hätte! — Es sei noch nie im Gefängnis gewesen und die Schande!

„Ich mach' Schluß! Wenn meine Leut' daheim das erfahren! Ich hab' mit keinem hier etwas zu tun! Ich bin doch Frisör, ich war immer anständig und hab' mich um nichts gekümmert und jetzt passiert mir so etwas! Ich mach' Schluß!"

Dicke Tränen liefen über seine Backen.

Die Arbeiter, die uns umstanden, mußten lachen. Sie lachten nicht laut oder verächtlich, sie schmunzelten nur so ein wenig.

Dazu kam noch, daß der verzweifelte Frisör in schwäbischer Mundart sprach und die andern alle Rheinländer waren, die sich über den fremden Dialekt königlich amüsierten. Dann sagte aber einer:

„Deswegen brauchst Du doch nicht zu heulen, Kamerad, Du bist doch auch ein Arbeiter wie wir. Und wir sind stolz drauf, wenn sie uns ins Gefängnis sperren. Mann Gottes, bei uns bist Du in der besten Gesellschaft, verstehst Du, — auch wenn wir keine Lackschuhe anhaben, wie Du."

Der Frisör wollte aber nichts davon wissen. Er

blickte uns nur verstört an und sprach kein Wort mehr.

„Hättest Dich eben früher um Politik kümmern sollen, Mann, dann wüßtest Du jetzt, warum sie Dich geschnappt haben!"

In einer Ecke sangen sie leise...

Gestern um diese Zeit wurde ich verhaftet. ‚Wenn ich jetzt draußen wäre, würde ich einen Tee bekommen und in einer halben Stunde müßte ich ins Theater gehn. Mich schminken und anziehen. Ob die Vorstellung wirklich ausfällt? Vielleicht haben sie einen Ersatz gefunden, aus Köln, Duisburg oder Essen. Der braucht ja nur eine Stunde zu fahren.

Für alles wird Ersatz gefunden. — Sie können dich hier behalten und bald wird kein Hahn mehr nach dir krähen.‘

Ich lief in der Dämmerung durch den Raum und es kam mir vor, als wäre ich weit draußen, — irgendwo auf dem Lande im trüben Wartesaal einer kleinen Bahnstation, die man vergessen hat, von der keine Züge mehr abfahren und zu der keine Züge mehr kommen. — —

‚Gibt es denn überhaupt kein Recht mehr? Was bilden die sich eigentlich ein! Einen Menschen mitten aus seiner Familie und seinem Beruf ohne Angabe von irgendwelchen Gründen herauszureißen! Man muß doch zum mindesten wissen, weshalb man eingesperrt wird! Wenn mir am Theater ein Schaden entsteht, werde ich die Polizei haftbar machen! Das ist mal sicher. Wie liegen da eigentlich die Rechtsverhältnisse? Muß das Theater zahlen — oder zahlt die Polizei?‘ —

„Wo werden wir schlafen?"

„Vielleicht legen sie uns nachts in Zellen."

Um sechs Uhr gab es Abendbrot: Ein Becher Kaffee, Brot und ein Stückchen Blutwurst. Die Blutwurst schmeckte abscheulich, aber weil ich den Tag über nichts gegessen hatte, aß ich das ganze Stück auf.

Dann mußten wir aus einigen Zellen im unteren Flur vierzig Strohsäcke holen, die dort aufgestapelt lagen. Der Tisch wurde an die Wand geschoben und Strohsack neben Strohsack gelegt, bis der ganze Fußboden bedeckt war. Die Luft ein einziges Staubmeer.

„Herr Wachtmeister, kann man denn nicht die Fenster mal aufmachen?"

„Das ist verboten. Müßt eben vorsichtiger mit den Strohsäcken umgehen!"

„Kinder, das Nachtlager von Granada!"

Wir erhielten jeder Bettbezüge und Wolldecken und begannen uns auszuziehen.

„Kameraden, wer noch mal austreten will, der muß es jetzt machen! Gleich werden die Kübel zum letzten Mal geleert, und in der Nacht wollen wir den Gestank nicht in der Bude haben!"

„Sehr richtig! Aber pinkeln darf man doch nachts? Ich hab's nämlich an der Blase!"

Auch ich mußte mich wohl oder übel überwinden und hinter den weißen Lappen verschwinden. —

„Komm her, ich helf' Dir Deine Decken einziehen", sagte mein Nebenmann, als er sah, wie ich mich vergeblich bemühte, damit fertig zu werden. Die Arbeiter waren in glänzender Stimmung. Von allen Seiten Gelächter. Witze und Zurufe. Von Depression keine Spur. Schon um halb acht Uhr wurde das Licht ausgedreht. Da fing der Lärm erst recht an. Von draußen donnerte der Wachtmeister an die Tür und schrie: „Ruhe!" Das Lachen verstummte für eine Minute, dann ging's von neuem los.

„Seid doch mal still, Kameraden, hört zu!"

„Kurt, laß den Blödsinn, Mensch! Gib mir das Kopfkeil wieder!"

„Ruhe! Pst. Ruhe!"

Die erste Stimme fuhr fort:

„Wenn die uns hier länger einsperren wollen, dann bin ich dafür, daß wir morgen einen schweren Krach machen. Die Unterkunft ist unmöglich. Der Raum ist viel zu klein für vierzig Mann! Und dann die Luft hier drin! Das ist ja der reinste Saustall!"

„Sehr richtig", rief einer und gab dabei einen unanständigen Ton von sich. Großes Gelächter einerseits und erregte „Pfui"- und „Ruhe"-Rufe andererseits.

„Wir sind hier Genossen aus allen Stadtteilen beisammen: Oberbilk, Flingern, Altstadt, Derendorf und Gerresheim. Jeder Stadtteil wird morgen einen Vertrauensmann bestimmen. Die Vertrauensmänner setzen sich zusammen und beschließen, auf welche Weise wir hier für Aenderung sorgen wollen! Einverstanden?"

„Klar! Hätten wir heute mittag schon machen müssen!"

— „Und jetzt werden wir uns noch eine halbe Stunde unterhalten und dann macht jeder die Futterlucke zu, damit wir schlafen können." —

Ich wälzte mich mit zwiespältigen Gefühlen auf meinem Strohsack. Merkwürdig: Die ganze Situation hat einen gewissen Reiz für mich. Das neue Leben, — Kameraden, Gefängnis und alles Drum und Dran — war unerhört interessant. Und welcher Schauspieler erlebt nicht gerne fremde Menschen und neue Situationen! Ich habe aber auch an mein gutes Bett zu Hause gedacht, an das große Schlafzimmer mit der frischen Luft und an tausend andere Dinge, deren Bedeutung mir zum ersten Mal ins Bewußtsein kamen.

So lag ich stundenlang wach inmitten schnarchender Schläfer, bis mir mein Nebenmann zuflüsterte:

„Langhoff, bist Du noch auf? — Was sagst Du zu dem Frisör? — Komischer Kerl, was? Ich hab' gesehen, wie er sich vorhin ausgezogen hat. Seine Strümpfe unter den Lackschuhen waren total zerrissen und seine Wäsche schmutzig bis dorthinaus. Ja, aber die Hose hat er in Bügelfalten unter das Kopfkeil gelegt und seinen Kragen in Papier gewickelt. — — Weißt Du, so sind sie: das Elend schaut ihnen aus alles Löchern heraus, aber sie wollen nicht zu uns gehören. Wollen was Besseres sein."

Ich brummte so etwas wie: „Ja, ja, da hast Du recht", weil ich glaubte, daß er mich mit dem Frisör in eine gewisse Verwandtschaft bringen wollte. Aber er sagte gutmütig:

„Bei Dir ist das etwas anderes. Du bist ja ein Schauspieler. Ein Künstler."

Und das Wort „Künstler" hatte in seinem Munde etwas Verzeihendes, Mitleidiges, so als ob er zu einem Kind spräche, das außerhalb einer ernsten Betrachtung stünde.

„Aber der Frisör, — weißt Du, — es gibt eben noch viel zu Viele, die so wie der Frisör sind."

„Gäbe es die nicht", schloß er, „dann würden wir heute nicht hier liegen. — Im Bau — und auf dem Strohsack. — Ich nicht und Du auch nicht. — Gut' Nacht!" —

„Gut' Nacht." — —

„Zum Schutz von Volk und Staat . . ."

Man kann es in einem solchen Raum ein, zwei, auch drei Tage aushalten — aber dann wird es einem zu dumm.

Die Wäsche wird schmutzig, der Kragen zerdrückt und die Bügelfalte verknautscht. Stoppeln sprießen ums Kinn — Trauerränder wachsen unter den Nägeln. Wann — wo — und wie — kommt die erste Laus?

Außerdem hatten wir nichts mehr zu rauchen. Das war besonders schlimm. Der Wachtmeister erklärte sich zwar bereit, Rauchwaren zu holen, aber die paar Pfennige, die jeder noch in der Tasche hatte, waren bald ausgegeben.

Von zu Hause keinerlei Nachricht. Wir erhielten keine Zeitung und wußten nichts von den politischen Ereignissen draußen. Von dem „Umbruch", der sich inzwischen vollzog,, hatten wir keine Ahnung.

Wir waren zu früh verhaftet.

Unter den Gefängniswärtern befanden sich auch Sozialdemokraten. Das wußten wir. Wir versuchten, etwas aus ihnen herauszubekommen, wenn sie wegen Wäsche oder bei der Essensausgabe zu uns hereinkamen.

„Wie steht's draußen? Wie sieht's aus, was ist los?"

Sie machten aber nur vieldeutige Gesichter und schwiegen.

Unser Raum war einigermaßen wohnlicher geworden. Wir ließen tagsüber ein paar Strohsäcke drin, bezogen sie mit den Wolldecken und bauten uns auf diese Art „Sofas". Auch ein paar Spinde hatten wir uns nach größeren Krachs erkämpft. An den Fenstern hingen unsere Mäntel, Hüte und Mützen.

Obwohl wir es uns also häuslich gemacht hatten, nahm die Unzufriedenheit zu. Was soll man auch machen? — Eine Zeitlang sitzen — dann aufstehn — dann herumlaufen — und diesen Turnus in den verschiedensten Variationen wiederholen. —

Draußen auf dem Flur hatten sich die zwei Revierpolizisten Feldbetten aufstellen lassen und richteten sich ebenfalls häuslich ein.

Wir kamen ganz gut mit ihnen aus, wenn auch ihr Ton rauh und ungeschliffen war. Im Anfang mußte ich mich jedes Mal überwinden, nicht grob zu erwidern, wenn der Polizist die Türe aufschloß und hereinbrüllte:

„Macht, daß Ihr raus kommt zum Spaziergang!"

Die Arbeiter lachten darüber oder antworteten mit einem groben Scherz, den sich der Polizist meistens auch ruhig gefallen ließ. Nur einmal, als ein Neuer zur Ablösung kam und uns in barschem Ton antreten lassen wollte, machte keiner Miene, dem Befehl nachzukommen. Einige brummten:

„Da müssen erst ganz andere kommen!"

„Blödsinn! Warum antreten? — Wir sind doch keine Soldaten."

Der Polizist, ein schwerer, riesiger Kerl, schwoll rot an und griff nach seiner Revolvertasche. In der Wirkung hatte er sich aber verrechnet. Ein halb gutmütiges, halb verächtliches Lachen antwortete ihm und einige riefen:

„He! He! Ho! Ho!"

So wie man es einem allzu hitzigen Gaul zuruft, um ihn zum Stehen zu bringen.

Er zog ab und drohte an der Türe mit der Faust:

„Mit Euch werden wir noch ganz anders umgehen! Paßt nur mal auf!"

Kaum war er draußen, rief ein junger Arbeiter — der Kurt, der den meisten Häftlingen als Funktionär bekannt war:

„Hört mal zu! — Merkt Ihr nichts? Draußen ist dicke Luft. Der Ton von dem Bullen ist ein gutes Barometer! Ich garantiere Euch, die behalten uns länger im Bau als bis nach der Wahl! Wir sind doch nicht von gestern. Wir wissen, daß uns noch allerhand blühen kann..."

„Sst, sst! Vorsicht!" riefen ein paar Mann, die an der Türe standen. Sie hatten bemerkt, daß der Wachtmeister durch den Spion hereinschaute. Sofort redeten wir alle durcheinander, bis die kleine Klappe am Guckloch in der Türe wieder herunterfiel.

„Und darum müssen wir jetzt noch viel mehr zusammenhalten und Disziplin üben!"

„Jawohl!" „Müssen wir auch!" „Bravo!"

„Mit der Polizei werden wir ja noch gut fertig, aber wenn eines schönenTages die S.S. oder die S.A. zu unserer Bewachung kommt?! — Was dann gefällig ist, könnt Ihr Euch ja vorstellen!" — —

Totenstille in der ganzen Bude.

„Auf jeden Fall müssen wir mit allem rechnen. Gestern abend haben mich die Kameraden zum Verantwortlichen gewählt. In Zukunft werde ich es also sein, der mit dem Wachtmeister und mit dem Inspektor verhandelt, wenn wir Beschwerden haben. Das darf nicht so weitergehen: Wenn die Tür aufgeschlossen wird, dann rennt immer gleich ein ganzes Dutzend hin, wie Raubtiere bei der Fütterung und brüllt durcheinander — damit muß Schluß gemacht werden."

„Endlich!" „Klar! Das ist vernünftig!"

Dieser Kurt, der da von den Arbeitern zum Sprecher bestimmt wurde, mochte ein Junge von vielleicht fünfundzwanzig Jahren sein. Er sprach mit so viel Energie, Klarheit und Nachdruck, daß ihm alle widerspruchslos gehorchten.

Er schlug uns vor, die Zeit nicht so müßig zu vertun. Wir sollten uns in Gruppen zusammensetzen und über verschiedene politische Probleme diskutieren, jetzt hätten wir doch endlich einmal Zeit dazu, wo wir nicht mehr in der täglichen Kleinarbeit steckten.

Seine Vorschläge wurden aufgegriffen und nach knapp einer Stunde saßen in jeder Ecke ein paar Mann und steckten die Köpfe zusammen. Man hörte nur noch das Flüstern der Diskutierenden.

Ich schlenderte von Gruppe zu Gruppe. Sie unterhielten sich über den kommenden Wahltag und die Aussichten der Kommunisten, über ihre politische Arbeit in den Betrieben, über Meinungsverschiedenheiten zwischen Sozialdemokratie und Kommunismus und andere politische Fragen.

Nur ein paar ältere Gefangene saßen am Tisch und spielten Karten. Sie wollten nichts vom Lernen wissen.

„Blödsinn! — Diskutieren. — Wenn's drauf ankommt, dann sind wir da."

Ein Anderer versuchte sie zu überreden, hatte aber wenig Erfolg.

Unter den Kartenspielern fiel mir besonders einer auf. Ein alter, weißhaariger Mann mit verschmitztem Gesicht und grauem Bocksbart.

Das war der „alte Wilhelm", Hundeverkäufer aus der Altstadt und einer der kuriosesten Menschen, die mir begegnet sind. Er hatte insgesamt achtzehn Jahre Gefängnis hinter sich. Aber immer „politisch", wie er mit Stolz erklärte. Und sonst noch wegen Schmuggel oder „mal 'n paar Kartoffeln."

Er war mit allen Gefängniswärtern gut bekannt, die ihn ironisch begrüßten:

„Na, besuchen Sie uns auch mal wieder? S i e durften ja nicht fehlen!"

Und der alte Wilhelm sagte:

„Klar! — Ehrensache. — Oder haben S i e etwas anderes erwartet?" —

Dieser alte Wilhelm hat mir mit seinen Hundege-schichten über manche trübe Stunde weggeholfen. Wir bogen uns vor Lachen, wenn er erzählte, wie er seine auf-gelesenen Hunde zu den „rassigsten Biestern" umfrisierte und den gutgläubigen Interessenten anhängte. Ich habe oft an den braven Soldaten Schweijk denken müssen.

Wir durften zweimal am Tag zwanzig Minuten zum Spaziergang heraus. Dabei kamen wir mit den andern Schutzhäftlingen zusammen, die im Nachbarsaal lagen oder zum Teil in Zellen untergebracht waren. Wir gingen nicht wie die Strafgefangenen hintereinander, sondern zu zweit oder zu dritt und konnten uns unterhalten.

Der Hof lag zwischen zwei Zellenflügeln. An den vielen kleinen vergitterten Fenstern tauchten die bleichen Köpfe der Strafgefangenen auf, die auf uns herunter-starrten. Sie winkten uns zu, grüßten und zeigten mit den Fingern, wieviel Monate oder Jahre sie noch abzumachen hätten.

Es war ihnen streng verboten, ans Fenster zu gehen. Wie Hyänen schlichen die Gefängniswärter an der hohen, roten Mauer entlang und brüllten hinauf:

„Runter vom Fenster!"

Dann verschwanden die Köpfe, um nach wenigen Minuten wieder aufzutauchen.

Am ersten Tag hatten wir während des Spaziergangs geraucht. Bis uns ein Kamerad darauf aufmerksam machte:

„Die Strafgefangenen, die uns sehen, dürfen nicht rauchen. Wir machen sie damit nur unnötig scharf."

Einige von uns versuchten, Zigaretten oder Tabak in die Zellenfenster des ersten Stockes zu werfen. Von da ab ließen wir auf jeden Fall das Rauchen im Hof sein.

Täglich wurden neue Verhaftete eingeliefert. Am dritten oder vierten Tag waren wir bereits zweihundert Mann. Ebenso viel lagen noch im neuen Polizeipräsidium. Fast alles Arbeiter, die da ankamen, mit ganz wenigen Ausnahmen. Durch sie erfuhren wir dann auch, was draußen vorging. Wir wollten ihre Berichte kaum glauben, bis wir eines Tages beim Spaziergang elf Neuankömmlinge in unserm Kreis sahen, die in der Nacht zuvor eingeliefert wurden. Sie kamen aus einem benachbarten Dorf.

Ihre Gesichter waren vollkommen zerschlagen, die Ohren eingerissen, die Lippen aufgebrochen, die Augen rot, grün und blau unterlaufen. Einige hinkten stark, andere gingen ganz vorsichtig wie auf Eis mit auseinandergestellten Beinen.

Uns stockte das Blut, als wir sie so sahen. Wie eine Familie gingen sie eng beieinander. Zwei Mann hielten einen dritten untergefaßt.

Sie nickten uns zu und lachten aus ihren entstellten Gesichtern. Von Mann zu Mann wurde ihre Geschichte durchgeflüstert. Sie waren — dreizehn Mann — verhaftet und in der S.A.-Kaserne ihres Ortes zwei Tage lang „verhört" worden. Zwei Mann von den dreizehn sollen bei diesem Verhör erschossen worden sein.

Das waren die ersten Schreckensnachrichten von draußen.

Im Laufe der nächsten Wochen kamen noch viele an, mit zerschundenen Gesichtern und dem Grauen der Keller in den Augen. Da waren wir aber bereits so abgestumpft, daß wir uns nicht mehr besonders aufregten. In den ersten Tagen jedoch, als noch keiner wußte, auf welche Weise sich der Nationalsozialismus an seinen Gegnern rächte, waren wir entsetzt über jeden zerschlagenen Kameraden und dankten im Stillen unserm Schöpfer, daß wir schon am 28. Februar und nicht später verhaftet wurden.

Unter den neu Angekommenen fiel mir ein Düsseldorfer Rechtsanwalt auf, der mir als Vorsitzender einer Friedensgesellschaft bekannt war.

Er lief ganz allein im Kreis herum, unterhielt sich mit niemandem und starrte vor sich hin. Ich klopfte ihm auf die Schulter:

„Na, wie geht's, Leidensgefährte?"

Er sah mich entgeistert an und murmelte:

„Das ist ja furchtbar. Das ist ja furchtbar."

Er sah sehr schlecht aus. Viel älter und richtig verfallen. Erst nach vielen Spaziergängen taute er etwas auf und hat mir erzählt, weshalb er verhaftet war. Die Frau eines Leiters der Düsseldorfer NSDAP. hatte sich scheiden lassen und er führte als ihr Rechtsanwalt die Klage durch. In der Anklageschrift erwähnte er den verkommenen Lebenswandel dieses Nationalsozialisten, seine nächtlichen Saufereien, seine Frauengeschichten.

Die Frau hat den Prozeß gewonnen. Leider. Jetzt lief ihr Rechtsanwalt in unserm Kreis. —

Wir unterhielten uns über die Möglichkeit, Haftbeschwerde einzulegen. Er war aber vollkommen skeptisch und meinte:

„Rechtszustand! Verfassung! Das ist vorbei. Das gibt es nicht mehr."

Am vierten Tag unsrer Haft erschien ein Kriminal-
polizist in Zivil und händigte jedem von uns einen kleinen
Zettel aus.

Der Polizeipräsident

von

Düsseldorf.

*Auf Grund des Erlasses des Herrn Reichs-
präsidenten vom 28. Februar 1933 zum Schutz von
Volk und Staat, werden Sie hiermit bis auf weiteres in Polizeihaft genommen.*

*Einspruch gegen diese Verfügung steht Ihnen
auf dem Dienstwege offen.*

I. V.

Unterschrift.

Das war alles — verhaftet ohne Verhör, ohne Begründung. Zum Schutz von Volk und Staat!

Der Wisch war mit Schreibmaschine geschrieben und
dann vervielfältigt. Massenfabrikat.

„... bis auf weiteres in Polizeihaft genommen." Was
heißt das? — Bis morgen? Uebermorgen? — Oder in
einem Jahr? —

„Wir erheben alle Einspruch! Jeder muß schreiben!"

„Das hat doch keinen Zweck! Schad' um's Papier!
Mensch, wirst Du denn immer noch nicht vernünftig! Die
lassen Dich nicht früher raus, als wie es ihnen paßt, und
da kannst Du Dir die Finger wund schreiben, die kümmern sich gar nicht drum."

„Meinetwegen. Dann sollen sie mich gern haben!"

Nach langem Ueberlegen entschloß ich mich doch
zu schreiben.

„... Gegen die über mich verhängte Polizeihaft erhebe ich hiermit Einspruch und ersuche um sofortige Aufhebung der Haft. Ich bin mir keiner strafbaren Handlung bewußt und erwarte meine sofortige Freilassung."

Diejenigen, die überhaupt nicht geschrieben haben, hatten recht. Mein Einspruch wurde wochenlang nicht beantwortet und dann abschlägig beschieden. Unter Berufung auf das erstgenannte Gesetz „Zum Schutz von Volk und Staat". Damals wartete ich noch täglich auf meine Einvernahme und Entlassung.

Ich mußte lange warten. Dreizehn Monate lang. Zum Schutz von Volk und Staat.

Erste Begegnung.

Zu derselben Zeit hatten unsere Familien in Erfahrung gebracht, wo wir uns befanden. Eines Nachmittags kam der Wachtmeister herein, beladen mit Paketen, mit Wäsche, Butter, Wurst und Zigaretten.

Weihnachten oder Schulfrei kann höchstens noch mit der Stimmung verglichen werden, die uns ergriff.

„Hurra! Von Muttern!"

„Karl, für Dich ist auch etwas dabei!"

„Gott sei Dank, Tabak!"

Mein Vater hatte dem Paket einen Zettel beigelegt.

„Laß es Dir schmecken, lieber Junge. Es geht uns gut. Renate liegt im Krankenhaus. Mach Dir aber keine Sorgen. Es fehlt ihr an nichts. Nach der Wahl hoffen wir, Dich wieder bei uns zu haben."

Nach der Wahl — das war die allgemeine Meinung. Das wäre also am 6. März.

Der 6. März kam. Kein Mensch kümmerte sich um uns. —

Während wir zum Spaziergang herausgingen, konnten wir auf dem Tisch bei unsern Polizisten die Zeitung liegen sehen. „Ueberwältigende Mehrheit für Hitler!" „Verluste von Sozialdemokraten und Kommunisten!" Mehr konnten wir beim Herausgehen nicht entziffern. Am Nachmittag, als sich noch immer nichts ereignete, wurden die Gesichter bedenklich. Und schließlich legten wir uns am Abend auf unsre Strohsäcke und vertrösteten uns auf den nächsten Tag, der uns doch b e s t i m m t die Entlassung bringen mußte.

Er brachte uns etwas anderes. — Statt des alten Revierpolizisten schlossen S.S.-Männer in schwarzen Uniformen, mit dem Totenkopf an der Mütze, die Tür auf.

„Los, Ihr Saubande! Alles antreten auf dem Hof! Aber Tempo!"

Sie trugen Gummiknüppel und Revolver, am Arm weiße Binden: „Hilfspolizei".

Wer die Kämpfe in den Arbeitervierteln erlebt hat, die nächtlichen Ueberfälle der S.S. auf Wohnungen oder einzelne Arbeiter, wer weiß, wie ungeheuer groß Haß, Wut und Erbitterung auf diese Leibgarde Adolf Hitlers war, kann verstehen, welche Gefühle die Gefangenen in diesem Augenblicke hatten.

Keiner machte Anstalt herauszugehen. Wie hypnotisiert saßen oder standen alle da. Von den S.S.-Leuten schaute einer dem andern neugierig über die Schulter zu

48

uns herein. Man sah ihnen an: sie waren ebenso aufgeregt wie wir.

„Habt Ihr nicht gehört, Ihr Schweine! Oder sollen wir Euch Beine machen?"

Sie wagten nicht, weiter in den Saal hineinzukommen. Keiner rührte sich.

„Ihr seid wohl zu feig herauszukommen, was?"

Langsam, ganz langsam und zögernd griffen die Häftlinge nach ihren Mützen und Mänteln. Ebenso langsam schritten die ersten auf die Türe zu. Einige flüsterten:

„Ruhe. — Nur die Ruhe. — Bloß nicht provozieren lassen!"

Unser Saal lag zu ebener Erde und führte durch einen kleinen Flur direkt auf den Hof. In diesem Flur stoppte schon der Zug. Drei oder vier S.S.-Männer warfen sich auf einen Arbeiter, schlugen ihm die Mütze vom Kopf und rissen den schwarzen Lederriemen ab.

„Was? Auch noch Kampfbundmützen tragen, Du Rotzlümmel!"

Wir verhielten uns totenstill. Keine Bewegung, kein Wort.

‚Gleich geht's los', dachte ich. ‚Es muß ja losgehen!'

Die Gefängniswärter standen abseits und auf der oberen Brücke — neugierig und gespannt.

Würde unter uns vierzig Mann keiner sein, bei dem die Nerven versagten?

Im Hof standen schon andre Schutzhäftlinge. Etwa fünfzig bis sechzig Mann. Wir mußten uns neben sie in Reih und Glied aufstellen. Den Sturmriemen unterm Kinn, Gummiknüppel in der Hand, liefen die S.S.-Männer an der Front entlang und starrten in alle Gesichter. Sie suchten nach bekannten Funktionären. Hatten sie einen entdeckt, sprangen sie auf ihn zu, packten ihn an der Brust und rissen ihn aus der Reihe heraus.

Ein Polizeiüberfallwagen stand im Hof.

„Los, los. Schneller, schneller! Bist Du noch nicht oben auf dem Wagen?!"

Fußtritte, Gummiknüppelschläge. Er flog auf den Wagen.

Jetzt, jetzt stehen sie vor mir. Tuscheln sich etwas ins Ohr und betrachten mich neugierig. Mein Herz schlägt bis zum Halse herauf. — Sie gehen weiter. —

Sechs oder sieben Mann werden auf diese Weise ausgesucht und mit dem Polizeiwagen weggebracht.

Wir haben sie nicht wiedergesehen. —

„Spaziergang! — Hintereinander in fünf Schritt Abstand! — Hände aus den Taschen! Schnauze halten! Hände auf den Rücken legen! — Kopf nach vorn! —"

Wir setzen uns in Bewegung. Sie laufen um uns herum. Einen langen Gefangenen greifen sie sich heraus:

„Bist Du aus der Altstadt?"

Der antwortet nicht und geht ruhig weiter.

„Ob Du aus der Altstadt bist, Du Hund?"

Die Augen starr gradeaus, geht der Gefangene weiter, als hätte er keine Frage gehört. Wir schielen alle zu ihm hin.

Plötzlich tritt ihn ein S.S.-Mann mit voller Wucht in den Hintern und brüllt:

„Kannst Du das Maul nicht aufmachen, Scheißkerl!"

Wie auf Kommando bleiben wir alle stehen. — Der ganze Kreis. — Drei Sekunden lang...

„Weitergehen, weitergehen!" schreien die S.S.-Männer hysterisch und holen ihre Revolver heraus.

Wir gehen weiter. — Die Hände auf dem Rücken. — Stumm.

Zwanzig Minuten dauert der Spaziergang.

Vor dem Eingang liegt ein Holzrost, zum Füße abtreten. Beim Einmarsch stellen sich zwei S.S.-Männer rechts und links hin und passen auf, ob jeder die Füße genügend abtritt und die Mütze vom Kopf nimmt. Dabei setzt es Fußtritte und Schläge in den Rücken. Zu dem, der sich umdreht:

„Kopf nach vorn! Nur nicht frech werden!"

Die Saaltür wird hinter uns abgeschlossen. Wir sind wieder allein.

Verwirrung und Entsetzen auf allen Gesichtern.

Das war unsere erste Begegnung mit der S.S.

Der Alpdruck.

Keiner will sprechen. Keiner will den Bann lösen.

Vor den weißen Fensterscheiben steht der Abend. — Dämmerung im Raum.

Wir sehen uns nicht an, wir schämen uns voreinander. Schämen uns, daß sich keiner geopfert hat, daß keiner jenem S.S.-Mann an die Gurgel gefahren ist, der unsern Kameraden getreten hat. So sitzen und stehen wir unbeweglich, jeder mit seinen Gefühlen und Gedanken allein.

Einer steht auf und geht mit großen Schritten durch das Zimmer, rund um den Tisch herum. Er hat die Hände in den Hosentaschen vergraben. Er wandert unentwegt um den Tisch herum, als hätte er noch einen weiten Weg vor sich.

Ein Zweiter steht auf und schließt sich ihm an. Sie

marschieren hintereinander, ohne ein Wort zu reden, ohne die Kameraden zu sehen.

Jetzt marschiert ein Dritter, Vierter, Fünfter mit — die Bewegung ergreift uns alle — und jetzt laufen alle vierzig Mann immer rund um den Tisch. Verbissen und still.

Es ist der Spaziergang, der ewige Rundlauf des Gefangenen, den wir gehen. Wir gehen nicht langsam, sondern schnell, gespannt und weit ausgreifend.

Ich wandere mit, in der erlösenden Bewegung, und versuche zu fassen, was draußen im Hof geschehen war. Ein schwarzes, dunkles Grauen, die große Ungewißheit jener Tage, legte sich auf mich. Bis jetzt war alles nur Spaß, aber heute war das Gewitter, das Unheil heraufgezogen und hat mich verschluckt mit Haut und Haaren.

Ich will es nicht glauben, daß man uns geschlagen hat. Daß wir keine Menschen mehr sein sollen. Alles wehrt sich in mir dagegen und der Verstand sagt: Es ist nicht wahr, es kann nicht sein, daß ab heute deine Vorstellungen von Recht, Gerechtigkeit, Menschenwürde ungültig sein sollen!

Was wird kommen? Wird es so weiter gehen? Und was geschieht draußen mit unsern Familien, unsern Angehörigen und Freunden?

Wir wandern schon eine Stunde. Die Furcht vor dem Kommenden, dem Ungewissen will nicht weichen.

Ein junger Arbeiter wirft sich auf die Bank und schlägt mit beiden Armen auf den Tisch.

Wir wachen auf und bleiben stehen.

Er stößt unterdrückt und keuchend heraus:

„Da habt Ihrs! Da habt Ihrs, da habt Ihrs! — Verdammt, da habt Ihrs — jetzt ist es so weit!"

„Still Arthur! Die passen auf!"

„Das ist mir doch egal! Sollen sie mich doch kaputt machen!"

Er schluchzte, der ganze Körper wurde geschüttelt.

„Ich hab's ja immer gesagt, aber die Partei, die Partei, die verfluchte Partei! Immer hat es geheißen: Disziplin, Maul halten, diskutieren mit den Hunden von der S.S., „S.S.-Mann hör mal her, Du bist ein feiner Kerl!" — anstatt drauf zu schlagen — anstatt los zu schlagen im Januar, wo's soweit war! Aber nein! Die L i n i e der Partei! Die Linie, die Linie! Jetzt, da habt Ihr die Linie! Jetzt sind wir im Dreck. Jetzt sitzen wir hier und wenn ich dran denke, daß die Banditen jetzt in unsere Wohnungen einbrechen, unsere Frauen gemein behandeln, die Schubladen bei mir herausreißen — — wenn ich da dran denke..."

Er kann nicht weiter sprechen. Sein Kopf schlägt auf den Tisch.

Wir stehen ratlos.

Kurt tritt auf ihn zu, legt die Hand auf seine Schulter.

„Arthur, wenn Du jetzt noch ein Wort weiter sagst, müssen wir Dich ausschließen aus unserer Kameradschaft. Haben wir nicht genug gesprochen über die Fragen? Das, was Du jetzt machst, heißt uns in den Rücken fallen, verstehst Du! Morgen werden wir weiter darüber sprechen. Einverstanden?"

„Laß mich zufrieden..."

„Er meint's ja nicht so," vermittelte ein Dritter.

— — — — — —

Ich hatte mich entschlossen und schrieb: (ich habe keine Abschrift und zitiere inhaltlich).

Sehr geehrter Herr Polizeipräsident,

In meinem und im Namen der Schutzhäftlinge des Saales A des Düsseldorfer Gerichtsgefängnisses protestiere ich hiermit gegen die menschenunwürdige Behandlung, die uns seitens der S.S. Mannschaft zuteil wird. Wir sind politische Gefangene und wünschen als solche behandelt zu werden. Die hygienischen Verhältnisse unserer Unterkunft sind unmöglich. Es besteht Gefahr von Krankheiten und Verlausung.

Ich bitte um Anweisung, daß die Mißhandlungen von Seiten der S.S. sofort eingestellt werden.

Wolfgang Langhoff.
zur Zeit Schutzhaft, Gerichtsgefängnis
Düsseldorf

Während ich in den folgenden Tagen auf Antwort wartete, verschärfte sich der Druck und die Behandlung, die uns unsere neuen Wärter zuteil werden ließen.

Die alten Wachbeamten von der Polizei wurden abgelöst von S.S., S.A. und Stahlhelm. Die Formationen lösten sich alle vierundzwanzig Stunden ab. Jeden Tag kam der Ueberfallwagen und brachte neue Verhaftete. — Wir hatten von außen einen Kratzer in das weiß gestrichene Fenster gemacht und konnten sehen, wenn sie im Hof abgeladen wurden. Kaum einer war darunter, der nicht in seinem Gesicht die Spuren von Mißhandlungen trug, dessen Kleider nicht zerrissen waren.

Es kam jetzt öfters vor, daß die S.S. die Tür aufschloß, einen Namen rief und daß der Betreffende dann seine Sachen packen mußte und mit ihnen verschwand.

Dann saßen wir Zurückgebliebenen da und jeder fragte sich: ‚Wann ist die Reihe an mir?'

Jedesmal, wenn sich der Schlüssel knackend in der Eisentüre drehte, fuhren wir zusammen. Wurde ein Neuer eingeliefert, saß er erschöpft in der Ecke, erschrak bei jedem lauten Wort und starrte teilnahmslos vor sich hin. Nur mit Mühe konnten wir ihn bewegen, uns etwas zu erzählen. Und das geschah flüsternd, stockend, und jeden Moment abbrechend, um entsetzt und nervös nach der Türe zu blicken.

An einem Nachmittag hieß es wieder:

„Alles draußen auf dem Hof antreten, marsch, marsch!"

Die Entlassungskommission war da. Der jetzige Düsseldorfer Polizeipräsident, S.S. Obergruppenführer Weitzel, der Standartenführer der S.A. Lohbeck und eine Reihe von Zivilbeamten der politischen Polizei. Dahinter ein Stab von S.S.-Männern.

Weitzel und Lohbeck liefen in ihren schneidigen Uniformen die Front entlang, Reitgerten in der Hand, und musterten jeden Einzelnen von uns.

Ich dachte: 'Gott sei Dank, endlich ein Verhör oder eine Erklärung über die Dauer meiner Haft'.

Kriminalinspektor May stand mit einer großen Liste neben Weitzel. Jeder mußte einzeln vortreten, seinen Namen nennen und wurde in der Liste angekreuzt. Die Fragen, die Weitzel stellte, waren kurz.

„Name?"

„Esser, Wilhelm."

„Partei?"

„K.P.D."

„Funktion?"

„Kassierer."

Ein Wink — der Betreffende mußte sich zu der Gruppe auf der rechten oder linken Seite stellen.

Wir wurden nämlich folgendermaßen eingeteilt: auf der linken Seite standen die „Unheilbaren", für die eine Entlassung überhaupt nicht in Frage kam. In der Mitte diejenigen, deren Fall später nochmals überprüft werden sollte, und ganz rechts stand das kleine Häuflein der Entlassenen.

Wie willkürlich und selbstherrlich Weitzel bei solchen Entlassungen vorging, beweist folgender Vorfall:

Unter den Gefangenen stand einer, der hatte lange Haare, die ihm bis auf den Kragen fielen.

Weitzel: „Warum hast Du denn so lange Haare?"

Er: „Ich habe kein Geld gehabt, sie mir schneiden zu lassen."

Weitzel: „So. — Also paß auf, hier hast Du eine Mark. Du bist entlassen. Morgen um zwölf meldest Du Dich bei mir mit geschnittenen Haaren, verstanden?"

Man könnte das für Mitleid und menschliches Gefühl halten, was aber bei Weitzel, über den ich noch später zu berichten habe, Originalitätssucht und Selbstherrlichkeit war. Außerdem war es auch dumm. Der mit den langen Haaren war ein wichtiger, fast allen bekannter Funktionär.

Als ich an die Reihe kam, wartete er gar nicht ab, bis

ich meinen Namen nannte, sondern machte eine kurze ungeduldige Kopfbewegung nach der linken Seite. Das war
mein ganzes Verhör.

Von den zweihundert Schutzhäftlingen wurden an je-
nem Nachmittag zehn oder elf Mann entlassen. Zum
Schluß hielt Standartenführer Lohbeck — der Abgott der
Düsseldorfer S.A. — eine Art Ansprache.

„Daß Ihr hier drin seid, habt Ihr Euch selbst zuzuschreiben! Hat wohl keiner von Euch gedacht, was? Ich
möchte nur wissen, was Ihr mit uns gemacht hättet, wenn
Ihr drangekommen wärt? Kopf ab, wie? Ihr Burschen
werdet hier schon erzogen werden! Dafür laßt uns nur
sorgen! Ich weiß, unter Euch gibts auch anständige Kerle.
Die hätten es sich eben früher überlegen müssen, ehe sie
der Mordkommune nachgelaufen sind. Wir werden Euch
hier wieder zu ehrlichen, deutschen Männern machen, verstanden?"

Er wartete auf Zustimmung.

„Ob Ihr verstanden habt?"

Ein paar Mann von uns murmelten ein unterdrücktes:
Jawohl.

„Das Sprechen werden wir Euch auch noch beibringen, seid versichert! Ihr werdet hier streng, aber gerecht
behandelt. Klagen, Beschwerde oder Briefe gibts nicht.
Das schlagt Euch nur aus dem Kopf! Eure Frauen rennen mir die Bude ein, um Euch wieder herauszubekommen.
Tut mir leid, aber Eure Lage habt Ihr Euch selbst zuzuschreiben."

Und jetzt schwoll er plötzlich krebsrot an und schrie:

„Ihr hättet Euch eben um Eure Familien kümmern

sollen, anstatt auf die Straße zu laufen und ehrliche S.A.-Männer zu überfallen! Von der Heiligkeit der Familie habt Ihr keine Ahnung, Saubande! Abtreten!"

Als die Kommission weg war, stürmte die S.S. in unsern Saal.

„Was, beschwert habt Ihr Euch? Menschenwürdige Behandlung habt Ihr verlangt?! Wir werden Euch schon menschenwürdige Behandlung geben! Oder glaubt der, weil er Schauspieler ist, was Besseres verlangen zu können?"

Der Gefängnisinspektor kam dazu und ordnete an, daß ich aus der Gemeinschaftshaft herauskommen und in eine Zelle gelegt werden sollte. Ich packte meine Sachen, nahm die Wolldecken unter den Arm, den Eßnapf mit Kaffeebecher und Löffel in die Hand, nickte meinen zurückbleibenden Kameraden zu und wurde in den zweiten Stock in eine Zelle gebracht.

Das war die ganze Antwort auf meine Beschwerde.

In der Zelle.

Ein Strafgefangener wird verurteilt zu so und soviel Monaten. Er kommt ins Gefängnis und kann
sich dann ausrechnen, wann er die Freiheit wiedersieht. Er
macht sich Striche ans Spind für die Wochen, die Tage,
die es noch dauert. Jeden Abend wird ein Strich durch-
kreuzt, bis eines Tages die Rechnung aufgegangen ist.

Ein Schutzhäftling weiß nichts. Er wird eingesperrt.
Es wird ihm nicht gesagt warum, wieso, und von dem Tag
seiner Haft ab steht er außerhalb jedes Rechtes. Er ist
jeder Willkür preisgegeben. Kein Hahn kräht nach ihm,
ob er in den Kellern zerschlagen oder ob er krank wird.
Er hat keine Ahnung, wielange sein Martyrium dauern
wird. Er ist nichts. Gar nichts.

Und doch jeden Tag die quälenden Gedanken: ‚Wann
kommst du heraus?'

Wir lagen zu viert in einer Zelle, die nur für zwei Mann berechnet war. Wollte einer die Arme ausstrecken, stieß er an seinen Nachbar. Dort in der Ecke steht der Abortstuhl, da liegen die Strohsäcke, oben hängt das Spind mit den Blechnäpfen und dem blankgeputzten zinnernen Waschbecken, mit der Seife, der Zahnbürste und dem kleinen Stückchen Spiegel. Dort über unseren Köpfen ist das vergitterte Fenster mit dem Stock zum Aufklappen des Oberteils, hier an der Wand hängen unsere Mäntel und Mützen. Der ganze Raum ist so breit, daß ich die Wände mit ausgestreckten Armen fast berühren kann und so lang, daß ich fünf Schritte auf und ab spazieren — stundenlang spazieren kann — wenn meine Mitgefangenen die Beine einziehen.

Und ewig der gleiche Tageslauf. Morgens die Glocke in der Zentrale, das Rasseln und Knacken der Türschlösser, wenn aufgeschlossen wird und die Kübel herausgestellt werden; wenn wieder abgeschlossen wird; wenn aufgeschlossen wird zum Kaffee fassen, wieder abgeschlossen wird; wenn aufgeschlossen wird zum Spaziergang, zuerst für die Strafgefangenen, deren Absätze über die Eisentreppen und Steinfließen unseres Zellenflügels klappern; aufgeschlossen, wenn wir selbst auf den Hof geführt werden, — am Vormittag auf den schönen vorderen Hof mit dem grünen Rasen, am Nachmittag auf den Hinterhof, der kahl und grau ist wie ein Exerzierplatz, ohne Strauch und Baum, und von dem die Staubwolken aufwirbeln, wenn wir im Kreis gehen. Wieder knacken die Schlösser beim Mittagessen, das der Kalfaktor mit der Schöpfkelle in den Blechnapf haut und dessen ewige Reihenfolge, Reis mit Dörrobst, Bohnen, Linsen, Brotsuppe und Bratfisch ich schon auswendig kenne und am Essen fesstelle, welchen Wochentag wir haben.

Dazu das Gebrüll, die Quälereien der Wachmannschaft. Schon morgens, wenn die Zelle aufgeschlossen wird: „Aufstehen, Ihr Schweine! Scheißkübel raus! Wirds bald!"

Der Spaziergang im Hof — früher die einzige Erholung — wird zur Qual und wir sind froh, wenn wir uns wieder in unsere Zellen verkriechen können. Denn draußen auf dem Hof müssen wir wie die Strafgefangenen hintereinander gehn, die Hände auf dem Rücken, stets die sprungbereite S.S. um uns, die uns mit Geschrei und Gebrüll bewacht.

Ich will schon gar nicht mehr hinuntergehen in den Hof. Meine Nerven sind am Rande. Jedes Wort schmerzt mich wie ein körperlicher Schlag. Oft kommen fremde S.S.-Männer „zu Besuch". Die stehen dann im Hof und lassen uns Revue passieren, zeigen auf uns mit den Fingern, lachen über uns und holen sich den einen oder den andern heraus, um ihn zu ohrfeigen oder alberne dumme Fragen an ihn zu stellen.

Dabei ist der Spaziergang in frischer Luft so notwendig für uns. Denn in der dumpfen Zelle, wo nur das kleine Oberteil des Fensters geöffnet werden kann, ist es kaum zum Aushalten. In der ersten Zeit hatte ich ständig Verdauungsbeschwerden, weil ich mich nicht überwinden konnte, mich vor den Augen meiner drei Kameraden auf den Abortstuhl zu setzen. Aber das gibt sich! Man wird stumpf und dumpf, abgebrüht gegen alles.

Meine drei Zellengenossen waren Arbeiter. Wir vertrugen uns sehr gut. Der eine wartete auf seine Aburteilung und sprach von früh bis spät von nichts anderem als von seinem „Fall". Wir kannten die ganze Geschichte schon auswendig und protestierten jedesmal, wenn er von neuem anfing.

Wir versuchten unsere Zeit einzuteilen und begannen früh morgens nach dem ersten Aufschließen Freiübungen zu machen. Wir stießen zwar beim Rumpfrollen oder schwingen oftmals aneinander, aber diese Freiübungen machten uns viel Spaß. 120 bis 140 Kniebeugen am Morgen war ein beliebter Rekord. Oder wir liefen bis zu einer Dreiviertelstunde Dauerlauf auf der Stelle, bis uns der Schweiß in Strömen ausbrach. Tagsüber wurde viel Skat geklopft. Dabei gab es dann meistens Zusammenstöße. Unsere Nervosität entlud sich. Wir schrien uns an, schmissen die Karten auf den Boden und redeten stundenlang kein Wort mehr miteinander. Hinterher tat uns das immer leid. Wir hatten eben alle schon den Haftkoller.

Wenn wir dann so stumm in unsern Ecken saßen und vor uns hin grübelten, empfand ich nur den einen Wunsch: Einmal, nur ein einziges Mal, nur für fünf oder zehn Minuten a l l e i n sein.

Sonntags war um fünf Uhr schon „Einschluß". Nur wenige Gefängniswärter blieben zurück, die andern gingen auf Sonntagsurlaub. Dann hörten wir die Kameraden in den Zellen singen, traurige Heimatlieder, bis die Stimme eines Wärters durch den Zellenflügel hallte:

„Aufhören! Schluß mit dem Gesangsverein!"

Ueber unserer Zelle lag ein Krimineller, mit dem wir

eifrigen Verkehr unterhielten. Von oben nach unten führte ein altes Heizungsrohr. Die Decke schloß nicht ganz dicht um das Rohr herum, es blieb ein winziger Spalt und durch diesen Spalt steckte der Gefangene einen langen Streifen zusammengefaltetes Zeitungspapier. Wir kletterten an dem Rohr hinauf, klemmten ein oder zwei Zigaretten, Streichhölzer und Reibfläche zwischen das Papier, klopften ans Rohr, wenn die Ladung fertig war, und der oben brachte seine Beute in Sicherheit. Wir konnten uns auch mit ihm unterhalten, wenn man das Ohr an die Röhre legte und gegen die Röhre sprach, die ein guter Schalleiter war. Während dieses Verkehrs stopften wir Papier in das Guckloch der Türe, um nicht überrascht zu werden.

Die S.S. hatte zwei Zellen zu Wachstuben gemacht und holte sich von Zeit zu Zeit Häftlinge zu besonderen Verhören in diese Zellen. Wir hörten durch den ganzen Flügel das unheimliche Stöhnen, Schreien, Klatschen und saßen mit klopfendem Herzen in unsern Käfigen. Auf einmal donnerte einer mit der Faust gegen die Tür und das war das Signal für den ganzen Bau. Ein Höllenlärm ging los. Wir schrien und schlugen mit dem Schemel gegen Türe und Wand. Waschbecken klirrten gegen die Eisentür und hundert Stimmen schrien:

„Mordhunde!" „Aufhören!" „Rot Front!" „Nieder mit dem Fascismus!"

Die Gefängnisaufseher rannten zusammen ‚wir hörten die Stiefel über die Eisentreppen knallen, Zellen wurden aufgeschlossen und tobende Gefangene in den Bunker abgeführt. Der Bunker ist die Arrestzelle.

Nach solchen Ausbrüchen folgten Stunden tiefster Verzweiflung. Ich gab alle Hoffnung auf, jemals aus dieser Hölle herauszukommen.

Nach einiger Zeit hatten unsere Angehörigen Besuchserlaubnis erhalten und eines Tages wurde ich aus der Zelle geholt und nach vorn gebracht, wo gleich neben dem Eingang die Besuchszimmer waren. Zwei S.S.-Männer überwachten die Gespräche. Ich mußte hinter dem Tisch Platz nehmen, neben mir noch zwei andere Schutzhäftlinge, die in demselben Zimmer zu gleicher Zeit ihren Besuch hatten.

Ich war aufgeregt und entsetzlich verlegen. Was konnte man sich sagen, in den fünf Minuten? Und in Gegenwart der S.S.?

Die Tür ging auf. Mit einem Köfferchen in der Hand kam mein Vater herein, mit ihm die beiden Frauen der andern Gefangenen. Er sah alt und abgespannt aus. Ueber den Tisch weg gaben wir uns einen Kuß. Er war ebenso befangen wie ich. Wir saßen uns stumm gegenüber.

„Wie gehts zu Hause?"

„Ganz gut, mein Junge. Weißt Du, wir wohnen nicht mehr in unserer Wohnung."

„So. — —"

Ich blickte auf die Frauen meiner beiden Mitgefangenen, die ihre Männer an der Hand hielten und flüsternd und weinend mit ihnen sprachen. Die S.S.-Männer standen dabei und achteten auf jedes Wort.

„Und Renate?"

„Ich schrieb Dir ja schon, sie ist im Krankenhaus. Nach der Haussuchung waren die Aufregungen doch zu groß für sie."

„Ach, bei Euch war noch eine Haussuchung, nach meiner Verhaftung?"

„Ja. Drei — bis wir auszogen."

Mein Vater schlug die Augen hoch ,schloß sie wieder und nickte mit dem Kopf. Mehr konnte er nicht sagen, aber diese Sprache war für mich deutlich genug.

„Wir sind alle sehr froh, mein lieber Junge, daß Du hier bist. Es wäre draußen jetzt für Dich doch nicht das Richtige."

Wieder sagten seine Augen mehr als der Mund.

„Bekommt Ihr denn Geld vom Theater? Ihr müßt doch irgend etwas zum Leben haben."

„Nein, das Theater zahlt Dein Gehalt nicht mehr aus. Auf dem Büro sagten sie mir, die ganze Sache müsse erst geklärt sein."

„Ja, aber was macht Ihr dann?"

„Gott, — man hilft sich eben gegenseitig so durch. Irgendwie muß es doch weitergehen."

Unsere Hände lagen ineinander. Neben uns weinten die beiden Frauen und wir saßen uns alle ratlos gegen-über.

„Abbrechen! Die andern wollen auch noch dran!"

„Dann also — auf Wiedersehn. Halt Dich tapfer, Junge."

„Sicher, Vater — und grüß' die Renate. Sie soll bald gesund werden. Ich warte auf ihren Besuch."

Mein Vater hatte mir im Köfferchen Wäsche, Obst und Zigaretten mitgebracht. Die S.S.-Männer unter-suchten die Sachen und ich durfte sie mit in die Zelle nehmen.

Ich sah meinen Vater im Gang verschwinden. Er ging, alt und klein, drehte sich an der Türe um und winkte mir noch einmal zu. Ich wurde in meine Zelle zurückgeführt.

Später habe ich jede Woche einmal Besuch bekommen und immer war es dasselbe: Man saß sich mit übervollem Herzen gegenüber und konnte kein Wort über die Lippen bringen. Nie waren Freude und Schmerz so eng beieinander wie in diesen fünf Minuten Besuchszeit. —

— — — — — — — — — —

Auch in der Zelle hatten wir Besuche. Während der Schlageter-Feier kamen viele fremde S.S.-Männer und ließen sich die Zelle zeigen, in der Schlageter gelegen hatte, ehe er auf der Derendorfer Heide erschossen wurde. Nach Besichtigung der Zelle kamen sie gewöhnlich zu uns. Sie ließen sich aufschließen und gafften uns an, als wenn sie im Zoo wären. Einmal kam ein baumlanger S.S.-Mann mit mehreren Sternen am Kragen herein. Hinter ihm sein Chauffeur. Er erkundigte sich gleich bei dem Hilfswärter:

„Hoffentlich werden die Kerls hier auch richtig erzogen? Bei uns hauen wir sie zusammen, daß sie in keinen Sarg mehr passen!"

Dann wandte er sich an uns und brüllte mit Donnerstimme:

„Heil Hitler!"

— — — — —

„Heil Hitler!"

— — — — —

Ich sagte: „Guten Tag."

„Heil Hitler, heißt das, verstanden!!"

— — — —

„Wie heißt das?! — Wirds bald?!"

Er rollte die Augen, als ob er uns auffressen wollte.

Ich sagte: „Man hat uns hier eingesperrt, weil wir nicht rechtzeitig „Heil Hitler" gerufen haben. Sie können nicht von uns verlangen, daß wir es jetzt hinterher tun."

Er blickte mich an, als hätte er nicht recht gehört.

„Wie alt sind Sie?"

„Dreiunddreißig."

„Was sind Sie von Beruf?"

„Schauspieler."

„So — Sie wollen also ein gebildeter Mensch sein. Wie? Schauspieler sind Sie?"

„Ja."

„Wissen Sie, was Sie sind? — — Ein Arschloch sind Sie, verstanden!"

Dann wandte er sich an den Hilfswärter und an seinen Chauffeur:

„Da, seht ihn Euch an! So sehen die intellektuellen Volksverführer aus! Solche Kerle gehören kalt gemacht."

Er ging zwei Schritte auf mich los. Dem Hilfswärter, einem S.A.-Mann, wurde das doch ein bißchen zu viel. Er stellte sich dazwischen.

„Kamerad, Sie haben hier in der Zelle nichts zu suchen. Wir behandeln die Gefangenen schon richtig."

Nach einer langen Pause, in der er uns unschlüssig anstarrte, wandte er sich zum Gehen:

„Ihr solltet mal zu uns nach Oberhausen kommen!

Hier habt Ihr noch nicht die richtigen Methoden! Solche wie der, das sind ganz Verstockte. Mit denen muß anders umgesprungen werden!"

An der Tür drehte er sich nocheinmal um:

„Schauspieler?! — Ein Arschloch sind Sie!"

Als er fort war kam der S.A.-Mann zu uns in die Zelle zurück und sagte:

„Das war der Letzte. Wir lassen keinen mehr rein. Ihr könnt mir glauben: Was jetzt alles in S.S.- oder S.A.-Uniform herumläuft, hat mit uns nichts zu tun. Die Herren, die mit Autos und eigenen Chauffeuren kommen — für die bedanken wir uns. Das sind keine alten Kämpfer! Aber wartet nur: unsere Revolution kommt erst noch!"

Es war das erste Mal, daß ein S.A.-Mann in dieser Weise zu uns sprach. Wir fragten ihn, wie er zu den Mißhandlungen stünde, die er doch täglich selber mitansehen müsse.

„Das lehne ich auch ab! Aber da ist vorläufig nichts zu ändern. Es sind zu viele in die S.A. und in die S.S. gekommen. Die, die erst vier Wochen drin sind, das sind die größten Schläger!"

„Hör mal," meinte einer der Zellengenossen, „Ihr habt doch gesagt, daß Ihr die Schieber, die Schwerverdiener und Volksbetrüger einsperren wollt. Wie stehts denn damit? Warum sperrt Ihr denn nur Arbeiter ein, die ebenso wenig haben wie Ihr?"

„Ja, Ihr seid alle vom Juden verführt! Der Jude hat Euch alle bestochen!"

Wir mußten lachen.

„Hat Euer Gauleiter von Brandenburg nicht vom Juden Goldschmidt Geld genommen? Wenn Du so willst, dann hat sich auch Hitler von Thyssen bestechen lassen, der ihn mit Millionen finanziert. War er nicht in Köln mit dem Bankier Schröder zusammen?"

„Das ist etwas ganz anderes. Das versteht Ihr nicht. Wir nehmen das Geld, woher wirs bekommen."

„Und meint Ihr, daß Ihr das umsonst bekommt? Dafür müßt Ihr später einmal schwer bezahlen."

„Blödsinn. Wir haben jetzt die Waffen. Das ist die Hauptsache. Den Revolver da gebe ich nicht mehr weg."

„So. Und wenn er Dir einmal von Deinen eigenen Führern abgenommen wird? Von den Neuen, die heute schon mehr zu sagen haben als Du?"

„Wir sind Soldaten von Adolf Hitler! Uns nimmt keiner die Waffen ab!"

„Abwarten —"

Solche und ähnliche Gespräche haben wir noch oft mit dem S.A.-Mann geführt. Er war freundlich und hilfsbereit und erzählte uns alles, was draußen vorging. Er machte auch kleine Botengänge für uns: holte Tabak, Zigaretten oder Obst. Von den Zigaretten gaben wir ihm immer einige ab. Im Anfang sträubte er sich, aber dann meinte er:

„Na ja, wir haben ja alle zusammen nichts. Ich geh' ja auch stempeln."

„Bist Du denn nicht im Gefängnis angestellt?"

„Ne, aber vielleicht nehmen sie mich für später."

„Ich weiß nicht, das ist auch gerade kein schöner Beruf: sein ganzes Leben lang Zellen auf- und zuschließen!"

„Mensch, was willst Du! Vier Jahre lang war ich erwerbslos. Und wenn ich jetzt die Anstellung kriege, kann ich heiraten. Dafür mach' ich noch ganz was anderes, als Zellen auf- und zuschließen. Das kannst Du mir glauben."

Er besorgte uns auch Bücher und Zeitungen, die unsere Frauen bei ihm abgaben. Die Bücher mußten zuerst kontrolliert werden. Er nahm es aber nicht so genau mit der Kontrolle und schaute sich meistens nur die Titelseite an. Auf diese Weise erhielten wir manches Buch, das schon längst auf dem öffentlichen Scheiterhaufen des Dritten Reiches verbrannt war. Ein besonders lustiger Vorfall ist mir noch in Erinnerung:

Einmal hatte eine Frau Tucholsky's „Deutschland, Deutschland über alles" für ihren Mann abgegeben. Unser S.A.-Mann las:

„Deutschland, Deutschland über alles? — Ja ja, das ist eine nationale Sache, die darf er lesen."

Zu Hause.

Unterdessen hatte sich zu Hause folgendes ereignet:

In der Nacht vom achten zum neunten März kam ein S.S.-Sturm, um Haussuchung zu halten. Meine Frau, die während der Reichstagswahl bei Bekannten schlief, war gerade zurückgekommen und lag mit einer Nierenbeckenentzündung und vierzig Grad Fieber im Bett. Anwesend in der Wohnung waren noch mein Vater und meine Sekretärin, die seit zwei Jahren bei uns wohnte und die schriftlichen Arbeiten unserer sozial-wissenschaftlichen Gesellschaft machte.

Es war ein Trupp von sechs bis acht S.S.-Männern, die die ganze Wohnung zwei Stunden lang auf den Kopf stellten. Angeblich suchten sie nach Munition. Meinem Vater und meiner Sekretärin wurde der Revolver an die

Stirne gehalten, um sie zu irgend einer Aussage zu bringen.

Kaum waren sie fort, wurde beschlossen, meine Frau ins Krankenhaus oder wieder zu Bekannten zu schaffen, weil sie unerträgliche Schmerzen hatte und man nicht wissen konnte, ob sie nicht auch noch verhaftet würde. Man telefonierte zu einem Bekannten, der ein Auto besorgen sollte.

Eine Viertelstunde nach der ersten Haussuchung klingelte es schon wieder Sturm. Meine Frau glaubte, der Wagen sei gekommen, es war aber der zweite Trupp von S.S.-Männern, die vorgaben, eine erneute Haussuchung durchführen zu müssen. Sie überboten ihre Vorgänger an Brutalität und begannen die ganze Wohnung zu demolieren. Geführt wurde dieser Trupp vom persönlichen Adjutanten Sporrenbergs, eines der markantesten Führer der Düsseldorfer S.S.

Munition haben sie keine gefunden, dafür aber den Rest unseres Geldes, einen Brillantring, den mein Vater zum Andenken an die verstorbene Mutter trug, meine Schreibmaschine und fast meine gesamte Garderobe, Wäsche, Hemden, Schuhe, kurz alles das, was ich nicht im Theater hatte. Die Wohnung war ein Trümmerhaufen.

Nach ihrem Weggang kam unser Freund mit dem Auto und schaffte meine Frau zu Bekannten. Das war sehr schwierig, weil sie getragen werden mußte und die geringste Bewegung sie wahnsinnig schmerzte.

Mein Vater blieb allein im Haus zurück. Da er selbst ebenfalls seit einer Reihe von Jahren leidend ist, hatten ihn diese Aufregungen sehr mitgenommen. Er verschloß die Türe, stellte die Klingel ab, stopfte sich Watte in die Ohren und legte sich ins Bett.

Um vier oder fünf Uhr morgens begann die dritte Haussuchung:

Zwei S.S.-Männer ließen sich vom Portier die Haustüre aufschließen und kletterten dann durch den Speicher über das Dach auf unseren Balkon, drückten die Küchentüre ein und standen plötzlich in der Wohnung, wo sie das Feld erneut abgrasten. Mein Vater, der ein schweres Schlafpulver genommen hatte, konnte sich nicht mehr aufrecht halten und ließ die Beiden machen, was sie wollten.

Am andern Tag suchten mein Vater und meine Sekretärin ebenfalls Unterschlupf bei Bekannten. Freunde retteten von der Wohnung, was noch zu retten war und stellten die Sachen bei sich unter. Meine Frau wurde ins Krankenhaus überführt und blieb dort bis sie wieder soweit hergestellt war, um zu ihrer Mutter fahren zu können.

Unsere finanziellen Verhältnisse waren katastrophal. Hätten uns nicht die Schwiegermutter und ein paar Freunde mit dem Notwendigsten ausgeholfen, wäre die Situation verzweifelt gewesen.

Nachdem meine Frau wieder gesund war, kam sie nach Düsseldorf zurück, um in meiner Nähe zu sein und für mich sorgen zu können. Mit der Frau eines andern Kollegen, Heinz Ortmayr, zusammen suchte sie sich ein Zimmer. Ortmayr war ebenfalls verhaftet, weil er sich, wie ich, auf Arbeiterveranstaltungen betätigt hatte. Die Zimmersuche war nicht einfach. Ueberall, wo man ihre Namen erfuhr, weigerten sich die Hauswirte, zu vermieten

„Ihr Mann ist in Schutzhaft? — Nein, bedaure, da

kann ich Ihnen das Zimmer nicht geben. Ich will mir mein Haus von so etwas frei halten. Um Gottes Willen, da kommt mir ja die S.S. auf den Hals! Nein, nein!"

Endlich gelang es den beiden jungen Frauen, in der Nähe des Gefängnisses Unterkunft zu finden. Sie mußten dreißig Mark für das Zimmer bezahlen. Kam also auf jede fünfzehn Mark. Meine Frau hatte sich auf der Kriminalpolizei bestätigen lassen, daß ich seit dem achtundzwanzigsten Februar in Schutzhaft sei und erhielt daraufhin von der Wohlfahrtsfürsorge dreißig Mark monatlich.

Wie sie es fertig gebracht hat, mir immer noch Lebensmittel und Rauchwaren ins Gefängnis zu schicken, wo sie doch selbst kaum genügend zu essen hatte, war eins jener Rätsel, die in diesen Tagen Tausende von tapferen, mutigen Frauen lösten.

Vom Tag ihrer Ankunft ab führte sie einen zähen, unermüdlichen Kampf um meine Entlassung. Sie lief tagtäglich von Behörde zu Behörde, von Vorzimmer zu Vorzimmer, mobilisierte einflußreiche Leute — alles umsonst. Polizeipräsident Weitzel empfing sie nicht einmal.

So groß war die Furcht vor Vergeltungsmaßnahmen der Natonalsozialisten, daß meine ehemaligen Kollegen vom Stadttheater nicht einmal mehr wagten, meine Frau zu grüßen, geschweige denn mit ihr zu sprechen. Wie eine Verfehmte und Ausgestoßene lief sie durch die Stadt und fand überall verschlossene Türen. Nur zum besseren Verständnis des Folgenden will ich hier einflechten, daß ich in meiner Eigenschaft als Obmann der Schauspieler unseres Lokalverbandes einer Reihe von Kollegen die Existenz gerettet habe, als sie zu Beginn der Saison entlassen werden sollten. Aus diesem Grunde war ich bei den Kollegen ziemlich beliebt. Auf der Kriminalpolizei sagte man meiner Frau, daß eine Erklärung der Kollegen vom Stadttheater für meine Entlassung sehr förderlich sein könnte. Sie sollten nur bestätigen, daß sie mich als anständigen und menschlich einwandfreien Kollegen schätzen und kennen würden. Nicht einer war dazu zu bewegen.

Die paar Kollegen, die es getan hätten, unser Oberregisseur Leopold Lindberg, Hübner und Parker, waren fristlos entlassen worden, weil sie Juden waren. Man spielte zwar noch Lindbergs Inszenierungen, ebenso meine Inszenierung vom „Zerbrochenen Krug", aber auf dem Plakat und den Theaterzetteln waren unsere Namen nicht mehr zu finden.

Generalintendant Iltz, der sich in den ersten Tagen sehr stark für mich einsetzte, erhielt zur Antwort, er solle den Mund halten, wenn er nicht auch da hinwolle, wo ich schon sei.

Es war also nichts zu machen. Die S.S. war unumschränkter Herrscher und von ihrer Willkür hing das Schicksal jedes einzelnen Gefangenen ab.

Meinem Vater, der auf der Kriminalpolizei die gestohlenen Gegenstände reklamierte, sagte man:

„Wir können ja den S.S.-Sturm, der bei Ihnen Haussuchung hielt, antreten lassen, damit Sie die Schuldigen herausfinden. Das steht Ihnen frei. Aber in Ihrem eigenen Interesse raten wir Ihnen davon ab."

Er war klug genug, nichts zu unternehmen.

Und trotzdem hat er den Ring meiner Mutter später

wieder bekommen! Ein S.S.-Mann, der bei der Haussuchung dabei war, hatte ihn am Finger eines seiner Kameraden gesehn und ihn dann selber zur Kriminalpolizei gebracht, damit er meinem Vater wieder zugestellt würde. Solche gibt es also auch unter ihnen und nichts wäre verkehrter, als in jedem einzelnen S.S.-Mann einen Dieb, Spitzbuben oder Verbrecher zu erblicken. Ich habe mehr als einen kennen gelernt, der ehrlich an die Ziele des Nationalsozialismus glaubte und selber unter den Gemeinheiten und Brutalitäten seiner Kameraden litt.

Dasselbe Schicksal wie meine Frau — ja noch ein viel schlimmeres Schicksal, denn sie hatten keine Freunde, die ihnen hie und da einmal unter die Arme greifen konnten — teilten Tausende von Frauen und Familien.

Wir in unseren Zellen konnten uns gar nicht so richtig vorstellen, welche Sorgen, Qualen, Entbehrungen und Schikanen unsere Angehörigen ertragen mußten. Da saßen sie völlig rat- und hilflos, womöglich noch mit mehreren Kindern zu Hause und mußten von den paar Pfennigen der Wohlfahrt leben. Und auch die bekamen noch nicht einmal alle . . . .

Wenn Besuchstag war, standen sie mit ihren Markttaschen oder Paketen, die Kinder an der Hand, vor dem Gefängnistor Schlange und warteten geduldig, bis sie an der Reihe waren, ihren Mann für kurze fünf oder zehn Minuten zu sehen. Von den umliegenden Ortschaften kamen sie zu Fuß mit den Kindern an. Sie marschierten am frühen Morgen weg, waren mittags in der Stadt und holten sich auf der Kriminalpolizei einen Besuchsschein, sahen dann den Vater oder den Mann im Besuchszimmer.

lieferten ein wenig Tabak, Schmalz und ein paar Aepfel ab und marschierten dann wieder zurück, stundenlang.

Ich will hier einen Brief wiedergeben, den mir ein Zellenkamerad gezeigt hat und der mich in seiner Einfachheit tief erschüttert hat.

„Lieber Mann!

Ich wende mich an Dich mit der Bitte, ob Du Deine lieben Herrn Wachmeister bitten kannst, etwas für Deine Familie zu tun und den Kindern den lieben Papa wiedergibst. Ich weiß mich nicht mehr zu helfen. Auf der Wohlfahrt haben sie die Unterstützung verweigert und aus der Wohnung sollen wir am nächsten ersten raus. Dann weiß ich nicht mehr wohin. Sage dem Herren Wachmeister dies. Wo Du doch unschuldig bist und keinem Menschen nie etwas getan hast, da muß es doch eine Gerechtigkeit geben. Die Wurst, die ich Dir gestern geschickt habe, ist von Müllers. Sie lassen bestens grüßen, haben aber selber nichts. Ich schließe jetzt. Ich bin sehr traurig. Die Kinder fragen nach dem Papa. Es küßt Dich

Dein Muttchen."

Ein Brief von Tausenden. Den Frauen und Müttern sei gedankt. Sie haben ebenso viel, wenn nicht mehr durchgemacht, wie wir.

Im Bunker.

Ein S.S.-Mann schließt die Türe auf:
„Langhoff, zum Verhör kommen. Kriminalpolizei ist da."

Während ich mir die Jacke anziehe und meine Haare kämme, um anständig auszusehen, schießen mir tausend Gedanken durch den Kopf. ,Vielleicht wirst du jetzt entlassen! Sicher! Das wird es sein. Sie nehmen ein Protokoll auf und dann wirst du entlassen. Sie können mir ja nichts vorwerfen und wenn ich erst einmal aussagen kann, werden sie mich auch nicht länger behalten. Vielleicht ... vielleicht!'

„Los, beeil' Dich."

Ich gehe vor dem S.S.-Mann her und will an der Zentrale vorbei nach dem Verwaltungsflügel. Er aber sagt:

„Nein, hier hinunter!" und führt mich vom ersten Stock nach unten und über eine Eisentreppe weiter in den Keller.

‚Merkwürdig‘, denke ich, ‚warum sitzt der Beamte nicht vorn im Verwaltungsgebäude?‘ Mein Begleiter schließt eine Eisentüre auf. Hinter dieser Eisentüre ist ein kleiner Vorraum, dann noch eine zweite Türe. Er öffnet sie und führt mich in eine völlig leere Zelle. Nichts, kein Tisch, kein Bett, kein Spind. Nur der nackte steinerne Fußboden, getünchte hohe Wände und ganz oben ein kleines, dickes Milchglasfenster. Eisige Kälte.

„Augenblick mal", sagt der S.S.-Mann und verschwindet. Ich bleibe allein. Ein unsicheres Gefühl überkommt mich. Wozu der Ort? Wozu die Vorbereitung? Wo ist der Kriminalbeamte?

Leise öffnet sich hinter mir die Tür. Sechs oder sieben S.S.-Männer kommen herein und schließen wieder ab.

Ich sehe sie an und weiß sofort, was sie mit mir vorhaben. Ich bin nicht feige, aber meine Knie zittern. Sie stellen sich rund um mich her, ohne ein Wort zu reden und sehen mich an. Neugierige, glänzende Gesichter.

Einer zieht aus seiner Tasche eine kleine gelbe Karte, hält sie mir vor die Augen und sagt ruhig und freundlich:

„Kennst Du die Namen, die auf der Karte stehen?"

Beklommen nehme ich die Karte in die Hand. Es stehen Namen von Düsseldorfer Aerzten und Architekten darauf. Keiner war mir persönlich bekannt.

„Ich kenne die Namen nicht."

Der S.S.-Mann nimmt mir die Karte wieder aus der

Hand, spielt mit ihr zwischen den Fingern und nickt seinen Kameraden zu.

„Du mußt aber die Wahrheit sagen. — Weißt Du. Du mußt die Wahrheit sagen. —"

Alles ganz ruhig, leise und freundlich.

„Selbstverständlich. Ich sage ja auch die Wahrheit", erwidere ich und sehe, wie ein S.S.-Mann den Gummiknüppel aus dem Karabinerhaken vom Gürtel löst.

So als ob es nur zum Spaß wäre, nimmt er den Knüppel und tippt damit auf meine Brust. Ich weiche etwas zurück und stoße dabei an einen andern S.S.-Mann an, der in meinem Rücken steht.

„Na, na, na, na, nur nicht anrempeln", sagt der, auch ganz gemütlich, und gibt mir einen Schups, daß ich wieder an einen andern S.S.-Mann stoße. Der faßt mich am Aermel und lächelt:

„Also, wie ist das, — willst Du jetzt die Wahrheit sagen?"

„Schau mal hier", er wiegt seinen Gummiknüppel in der Hand. „Der zieht. — Soll ich mal probieren?"

Er versetzt mir mit dem Knüppel einen leichten Schlag gegen das Ohr.

Das war für die andern das Zeichen.

„Sag' die Wahrheit!" schreit einer los und schlägt mir mit voller Wucht über den Kopf.

„Sag' die Wahrheit! Sag' die Wahrheit!" schreien jetzt alle im Takt, während Schläge, dumpfe schwere Schläge auf mich heruntersausen. Ich halte beide Hände vors Gesicht. Ich versuche mich abzudecken, so gut es geht. Ich beginne vor Schmerzen laut zu brüllen:

„Hilfe, Hilfe! Aufhören! Um Gottes Willen aufhören! Ihr macht mich ja kaputt!"

„Du — sollst — die — Schnauze — halten!" Bei jedem Wort ein Schlag. Sie kommen in Hitze. Ihr Atem geht schwer. Mit jedem Hieb steigert sich ihre Wut. Ich falle in die Knie. Sie reißen mich hoch und schlagen auf mich ein. Ich falle wieder hin. Sie reißen mich hoch und lehnen mich an die Wand. Ich kann schon fast nichts mehr sehen. Alles verschwimmt vor meinen Augen.

„Die Jacke runter."

Ich kann die Arme nicht mehr bewegen. Einer reißt mir die Jacke von hinten über den Kopf. Meine Arme bleiben in den Aermeln stecken.

„Wo ist die Edith?"

Sie meinen meine Sekretärin.

„Welche Edith?"

„Dein Verhältnis, Du Sau! Die, die Du immer ... hast."

Die ganze Rotte brüllt lachend auf. Einer reißt mir den Kopf hoch und starrt in mein Gesicht. Mir ekelt vor seinen Augen.

„Du hast doch immer die Edith ......, Du Sau?"

Das Blut schießt mir in den Kopf.

„Das ist nicht wahr!"

„Was, Du rotes Schwein wagst zu sagen, ein S.S.-Mann lügt?"

Bauz! — Klatsch! — Bauz, geht die Schlägerei wieder los.

„Sofort sagst Du: ich habe die Edith ......! Willst Du das sagen oder nicht?!"

„Hilfe!! — Hilfeee!"

Ich strecke die Hände gegen sie aus. Sie schlagen mir mit dem Knüppel auf Hände und Arme. Einer reißt die Jacke vollends herunter. Ich flüchte in eine Ecke. Sie zerren mich vor und stellen mich wieder an die Wand.

„So. — Jetzt ist es aus mit Dir."

Aus der Revolvertasche zieht einer seinen Revolver und hält ihn mir vors Gesicht.

„Raus mit der Sprache, wo hast Du Waffen versteckt?!"

Ich weiß nicht mehr, was ich rede. Schweiß und Blut laufen mir in Strömen vom Körper. Ich kann nur noch denken: ‚Schnell, schnell! Macht nur schnell Schluß!‘

„Umdrehen!"

Ich drehe mich mit dem Gesicht zur Wand. Ich spüre den Revolverlauf im Rücken. Gott sei Dank, gleich ist es vorüber.

Der Hahn knackt — während ich mich fallen lasse, trifft mich ein Tritt ins Gesäß und die S.S.-Männer brechen in Gelächter aus. Sie lassen mich am Boden liegen.

„So, jetzt hast Du eine halbe Stunde Zeit. Dann kommen wir wieder und Du sagst uns, wo Du Waffen versteckt hast und was die Namen auf der Karte bedeuten."

Sie gehen.

In dieser halben Stunde habe ich nur immer gedacht: ‚So ist das also. — So ist das also.‘ Ich empfand keinerlei Furcht mehr. Es war mir so, als wenn ich ein Anderer wäre, der sich selbst am Boden liegen sieht.

Hundert Mal sagte ich mir vor: ‚So ist das also. — So ist das also.‘ Ich konnte keinen andern Gedanken fassen. Mein Atem flog, mir war furchtbar heiß. Ich lag platt auf dem Bauch und preßte meinen Kopf und die nackte Brust auf die kalten Steinfließen. Das kühlte. Aus Nase und Mund lief Blut. Ich lag mit dem Kopf in der Lache und wollte mich wegwälzen. Unerträgliche Schmerzen. Ich konnte mich nicht rühren. Die Haut war an vielen Stellen geplatzt. Hals und Arme dick aufgeschwollen. Mit der Zunge tastete ich meinen Mund und die Zähne ab. Vorn fehlte mir alles.

‚Verflucht, sie haben dir deine Zähne rausgeschlagen! — — Reg dich nicht auf, die haben doch keinen Zweck mehr — in einer halben Stunde kommen sie wieder und machen dich kaputt. Bestimmt‘.

In einer halben Stunde. Eine halbe Stunde noch. Kein Gedanke an den Tod, keine Furcht davor. Beinahe ein sachliches Interesse. Nebensächlichkeiten, Kleinigkeiten: „Wie hast du dich gehalten? — Bei dem oder bei dem Schlag hättest du dich besser abdecken können. Du darfst nicht in der Mitte stehen bleiben. Du mußt versuchen, in die Ecke zu kommen. Wenn du in der Ecke stehst, können höchstens nur drei Mann auf dich einschlagen. Arme und Kopf haben am meisten abbekommen.‘ —

Mit Anstrengung gelang es mir, mich ein wenig auf die Seite zu wälzen. Ich blickte die kahlen Wände hinauf. ‚So sieht also ein Bunker aus. Wer da vierzehn Tage drin liegt, der hat auch genug.‘ Draußen vor dem kleinen eingemauerten Fenster wurden Kohlen abgeladen. Ich hörte, wie der Anthrazit auf den Boden prasselte und die Schaufel hineinfuhr. — ‚Vielleicht können die mich hören!' — „Hilfe!" .... Ich konnte nicht mehr laut rufen.

‚Wenn sie jetzt wieder kommen, fängst du gleich mit ihnen ein Gespräch an. Was kannst du nur sagen? Ganz egal, was. Nur reden. Gleich reden, wenn sie hereinkommen. Ununterbrochen auf sie einsprechen. Vielleicht schlagen sie dich dann nicht mehr. — — — Schweine sind das doch, Schweine! Wie sie dich angeschaut haben! Neugierig und aufgeregt. — Wie sie gelacht haben! Der eine Rote mit den Schellfischaugen, dem hats am meisten Spaß gemacht! — — Wenn ich nur etwas zu trinken hätte!'

Ich lag und horchte auf ihre Schritte. Dann muß ich bewußtlos geworden sein. Ich kam erst wieder zu mir, als sie schon vor mir standen und mich mit einem Fußtritt aufweckten.

„Aufstehen!"

— — — „Ich kann nicht mehr."

„Du kannst nicht mehr?! Komm Kleiner, ich helf Dir ein bißchen!"

Er riß mich hoch und stellte mich auf die Beine. Ich taumelte an die Wand.

„Still gestanden! Hände an die Hosennaht! — Na siehst Du, das geht doch ganz schön! — Abteilung, marsch!"

Ich versuchte mich gerade zu halten. Ich marschierte durch die Zelle.

„So ist's recht! Links, links ... eins, zwei, eins, zwei! ... Kehrt! Marsch!"

„Meine Herren, bitte, bitte, hören Sie um Gottes

Willen auf. Gnade! Ich weiß ja nichts von dem, was Sie gefragt haben!"

„Wer hat Dir erlaubt, stehen zu bleiben?! Willst Du marschieren!"

Ich marschierte weiter.

„Halt! Bücken!"

Einer hielt mich fest. Ein anderer zog mir die Hosen herunter. Sie schlagen mit den Gummiknüppeln auf mein nacktes Gesäß. Ich habe fast nichts mehr gespürt. Ich war nicht mehr schmerzempfindlich. Wie betäubt. Wie in der Narkose. Nur mein Gehirn war wach. Merkwürdig wach. Ich konnte alles genau beobachten. Jeden Schlag registrierte ich ganz sachlich. Immer wenn der schwere Gummiknüppel auf das Fleisch sauste, flog mein Körper hin und her. Als ob er aus Gummi wäre. Ich begann in Gedanken mitzuschlagen: ‚Jetzt den noch! Der sitzt. — Und jetzt den — noch einen! Und noch einen!'

Als ich glaubte, die Schläge nicht mehr aushalten zu können, kam mir ein guter Gedanke. Ich riß mich mit letzter Kraft los, schlug die Arme in die Luft und ließ mich der Länge nach hinfallen. Ich rührte mich nicht mehr. Sie sollten mich für tot halten.

Sie traten und schlugen noch ein paar Mal auf mich ein wie auf einen Sack — ich gab keinen Laut von mir und rührte mich nicht.

„Los, haut ab! Der hat genug. Der ist fertig!"

Sie konnten sich nur schwer von mir trennen. Noch ein paar Fußtritte, dann verschwanden sie.

Stundenlang lag ich auf dem Steinboden. Alles, was ich noch empfinden konnte, war: ‚Ueberstanden! Es ist

vorbei! Mensch, du hast es überstanden! Du lebst!" —
Ich war in einem Dämmerzustand. Meine Wunden, Blut,
Durst, Hitze bekümmerten mich nicht. Ich war nur müde
und eine seltsame Ruhe kam über mich, so, als hätte ich
eine große schwere Arbeit hinter mir.

Es wurde dunkel in der Zelle. Im Halbschlaf träumte
ich vor mich hin. Es wurde alles schön. Tausend Dinge
tauchten vor mir auf: Kleine Begebenheiten von Zuhause
... Schulausflüge im Schwarzwald ... Einzelheiten aus
Rollen, die ich auf der Bühne gespielt hatte ... Vater
und Mutter ... Melodien ...

Was ich durchgemacht hatte, lag im Nebel, — weit,
weit hinter mir.

Einmal wachte ich wieder auf. Das Licht wurde an-
geknipst, die Eisentüre aufgeschlossen. Eine Menge S.S.-
Männer kamen herein. Zwei von ihnen trugen hohe Rang-
abzeichen und silberne Schnüre an den Mützen. Den einen
erkannte ich:

S.S.-Gruppenführer der Gruppe West, Polizeipräsident von Düsseldorf und jetziger Staatsrat Weitzel.

Der trat auf mich zu, beugte sich interessiert über
mich und fragte:

„Was haben Sie denn? — Sind Sie krank? Haben
Sie sich gestoßen?"

Neben ihm standen grinsend meine Peiniger und
stießen sich mit den Ellenbogen an.

„Dem fehlt nichts! Der markiert bloß, Gruppenfüh-
rer! Das ist ein ganz Gerissener!"

Weitzel lächelte, drehte sich um und verließ mit seinem Gefolge die Zelle.

„Es ist eines deutschen Mannes unwürdig . . ."

In derselben Nacht noch fand mich ein S.A.-Mann, der die Runde machte, dort im Bunker. Er kam auf mich zu, starrte mich an und schüttelte den Kopf. Er kniete nieder, nahm mich in seine Arme und flüsterte mir zu:

„Brauchst Du etwas? Soll ich Dir was holen?"

„Zu trinken. — — Kann ich eine Decke bekommen?"

„Wart. Ich komm gleich zurück."

Er brachte mir einen Strohsack, Wolldecken und einen großen Krug voll Wasser. Er legte mich auf den Strohsack, schüttete Wasser über sein Taschentuch und wusch mein Gesicht.

„Sei ganz ruhig, morgen, wenn die S.S.-Wache abgelöst wird, komm ich wieder und hol' Dich herauf. — Tuts sehr weh?"

„Ja. Jetzt fängts an. Im Rücken."

Meine Zähne klapperten, mir war abwechselnd heiß und kalt. Der S.A.-Mann packte mich in Wolldecken. Sehr behutsam. Ich konnte den Kopf nicht heben. Mein Hals war so dick wie der Kopf. Er setzte mir den Krug an die Lippen.

„Trink. Du bist nicht der Einzige. In den beiden Zellen daneben liegen noch zwei. Du brauchst keine Angst mehr zu haben. Sie kommen heute nacht nicht mehr. Morgen mittag werden sie für immer abgelöst. Das war ihr Abschied."

„Danke. — — Holst Du mich morgen bestimmt heraus?"

„Sicher. Versuch jetzt zu schlafen. Gut' Nacht."

Er schlich hinaus und schloß die Türe leise ab. Jetzt kamen erst die richtigen Wundschmerzen. Und mit ihnen die Erkenntnis, was mir geschehen war. ‚Bin ich noch ein Mensch? Darf ich noch ein Mensch sein? — Habe ich dafür gelebt, dreiunddreißig Jahre lang, erzogen und aufgewachsen mit allen Vorstellungen von Würde, Menschenrecht und Achtung vor dem Lebenden? Was haben mich denn meine Eltern, meine Lehrer für einen Unsinn gelehrt? Menschenwürde, Haltung, Mut und Todesverachtung — Lügen, lauter Lügen! Geprügelt haben sie dich, zum kleinen Kind haben sie dich geschlagen, zu einem haltlosen und stammelnden Lebewesen gemacht!' Scham überfiel mich, brennende Scham und Ekel vor mir selbst.

Der Wasserkrug stand in Reichweite neben dem Strohsack. Ich weiß nicht, wielange ich gebraucht habe, bis ich ihn am Mund hatte. Nur millimeterweise konnte ich mich bewegen. Ich mußte Wasser lassen. Aufstehen war unmöglich. Ich lag in meinem eigenen Dreck.

Das war die entsetzlichste Nacht meines Lebens. In ununterbrochener Reihenfolge spielten sich die ganzen Szenen nochmals vor mir ab. Die widerwärtigen, ekelhaften Einzelheiten, der schmutzige Sadismus, die perverse Sexualität, mit der mich diese Landsknechte quälten und das Grausamste: Weitzels Gesicht, als er sich zu mir herunterbeugte und scheinheilig fragte:

„Was haben Sie denn? Sind Sie krank? Haben Sie sich gestoßen?"

Das war das Schlimmste. Gemeiner und grausamer als die körperlichen Mißhandlungen.

Wenige Tage vorher stand in der Zeitung ein Erlaß von Rudolf Heß, dem Stellvertreter des Führers:

„Jüdisch-marxistische Elemente haben sich in die Reihen der S.S. und S.A. geschlichen und versuchen durch Provokationen das Ansehen unserer braunen Armee zu schädigen. Es ist eines deutschen Mannes unwürdig, wehrlose Gefangene zu mißhandeln. Fälle von Mißhandlungen müssen sofort gemeldet und die Betreffenden strengster Bestrafung zugeführt werden."

Es ist eines deutschen Mannes unwürdig, wehrlose Gefangene zu mißhandeln! Aber tagtäglich die grausamsten Folterungen und Mißhandlungen unter den Augen, mit Wissen und Beteiligung der Führer!

Es ist eines deutschen Mannes unwürdig, wehrlose Gefangene zu mißhandeln! Aber aus allen Konzentrationslagern — aus ausnahmslos allen — Tausende von Berichten über dieselben Quälereien, Foltern und „Erschießungen auf der Flucht"!

Es ist eines deutschen Mannes unwürdig, wehrlose Gefangene zu mißhandeln! Und die Keller der S.A. und S.S. sind rot vom Blut der Geschlagenen! Ob im Norden oder im Süden, überall die gleichen Methoden, dieselben Bestialitäten!

Es ist eines deutschen Mannes unwürdig, wehrlose Gefangene zu mißhandeln! Aber dreizehn Monate lang habe ich in deutschen Gefängnissen und in zwei Konzentrationslagern gelebt, mit Hunderten von Häftlingen aus allen Teilen Deutschlands gesprochen, die alle die gleichen Leiden hinter sich hatten, dreizehn Monate lang habe ich die Mißhandlungen mit eigenen Augen angesehen, während Radio und Zeitung des Dritten Reiches tagtäglich in die Welt hinausschrien:

,Es ist eines deutschen Mannes unwürdig, wehrlose Gefangene zu mißhandeln!'

Und das sollen die obersten Führer nicht gewußt haben? Das sollen die Leiter eines Staates, in dem doch nichts ohne ihr Wissen und ihren Willen geschehen darf, nicht gewußt haben?

Wenn es nur Ausnahmeerscheinungen gewesen wären, Terror, wie er im Verlaufe einer revolutionären Erhebung unvermeidlich ist! Wenn es nur die Späne gewesen wären, die beim Hobeln unvermeidlich fliegen!

Es ist falsch, eine Bewegung nur nach ihren Schattenseiten zu messen und zu beurteilen nach den Auswüchsen, die sich immer im Gefolge eines Umsturzes einstellen. Aber wenn die Ausnahme zum System wird, wenn Folter und

Barbarei ein von oben herunter angeordnetes Kampfmittel werden, während zu gleicher Zeit die hohe Ethik, die sittliche Weltanschauung des neuen deutschen Menschen in alle Welt hinausposaunt wird, wenn die neue Moral nur dazu da ist, eine scheußliche, bluttriefende Herrschaftspraxis zu verhüllen, wenn diejenigen, die im guten Glauben an die Unwissenheit der Führer ihre Stimme erheben wider die Greuel, selbst ins Konzentrationslager fliegen oder als Lügner und Verleumder bezeichnet werden — dann muß im innersten Kern dieser Bewegung etwas faul sein.

Dreizehn Monate lang habe ich diese verlogene Moral, diese Mischung von Sadismus und Sentimentalität, von Mannestum und Verbrecherinstinkt, von Todschläger und Heil-Apostel kennengelernt. In diesen dreizehn Monaten ist mir kein Fall bekannt geworden, wo man diese Menschenquälereien bestrafte, dagegen kenne ich Fälle, wo besonders geeignete Schläger und Schinder die Treppe hinauffielen und befördert wurden.

Damals, im Bunker unten, in dieser Nacht, die kein Ende nehmen wollte, ahnte ich noch nicht, daß mein Fall eigentlich einer der leichten Fälle war. Ich konnte von Glück sagen, daß mir nur meine Zähne ausgeschlagen wurden. Das war wenig im Verhältnis zu dem, was mir später mancher Kamerad erzählte.

Am andern Mittag um 2 Uhr holte mich derselbe S.A.-Mann, zusammen mit einem Kameraden, aus dem Keller herauf und brachte mich in eine Einzelzelle. Die S.S. war weg, endgültig aus der Wachmannschaft ausgeschieden. Der S.A.-Mann erzählte mir, wie sie sich vorgenommen hatten, dieses „Abschiedsfest" zu feiern.

Außer mir hatten sie noch zwei Schutzhäftlinge unter demselben Vorwand in den Keller gelockt und dort ebenso zusammengeschlagen. In der halben Stunde, während sie mich allein ließen, sind sie in die Nachbarzelle gegangen und haben dort einen siebzehnjährigen Jungen fast zu Tode geprügelt.

Die beiden S.A.-Männer mußten mich tragen. Das Gesicht und der ganze Körper, von den Füßen bis zum Kopf, waren blau, violett, schwarz, grün und rot angeschwollen. Ich hatte starken Brechreiz und heftiges Schwindelgefühl. Mein S.A.-Mann blieb bei mir in der Zelle und legte mir nasse Handtücher auf die am meisten schmerzenden Stellen. Weiter konnte er nichts für mich tun. Er fürchtete die Rache seiner eigenen Kameraden. Aber aus der Art und Weise, wie er mir die Hand drückte und den Kopf schüttelte, erkannte ich die Scham über seine Gesinnungsgenossen und ein tiefes menschliches Mitgefühl.

Dieser S.A.-Mann war schon von Anfang an im Gefängnis und hatte die Postkontrolle unter sich. Er und sein Kamerad haben durch ihr hilfsbereites und menschliches Verhalten uns Gefangenen manche Erleichterung verschafft. Er holte auch einen Arzt, den Polizeiarzt Dr. Simon, der mich nach zwei Tagen abends in der Zelle aufsuchte.

„Sie können mir alles erzählen, ich rede kein Wort weiter", sagte Dr. Simon, nachdem er mich entsetzt betrachtet hatte. Ich schilderte ihm die Mißhandlungen. Er schlug die Hände zusammen und konnte sich vor Entrüstung nicht genug tun.

„Ich mache sofort eine Eingabe an Göring. Das kann nicht so weiter gehn! Nein, nein, das ist nicht im Sinne des Führers!"

Er hatte es aber sehr eilig, aus der Zelle wieder hinauszukommen. Er versprach mir, Medizin zu schicken, weil mein Urin voll Blut war. Er hat sich nie wieder bei mir blicken lassen. Auch von einer Eingabe oder Beschwerde habe ich niemals etwas erfahren.

Die Mißhandlung hatte sich mit Windeseile im Gefängnis und in der ganzen Stadt herumgesprochen. Dafür sorgten die Gefängnishilfswärter, die sich aus S.A. und Stahlhelm zusammensetzten. Besonders der Stahlhelm, der sich in ewigen Rivalitätskämpfen mit den Wehrorganisationen der Nationalsozialisten befand, war empört. Man hatte mich vor allen Dingen deshalb in eine Einzelzelle gelegt, damit mich meine Mitgefangenen in diesem Zustand nicht sehen sollten. Drei Tage nach der Mißhandlung war Badetag. Ich sollte allein baden, aber zwei Stahlhelmer brachten mich mit voller Absicht in den Baderaum, wo immer zwanzig bis fünfundzwanzig Mann gleichzeitig unter den Douchen stehen. Ich mußte halb getragen werden. Die beiden Stahlhelmer zogen mich vor den andern Gefangenen aus. Als die meinen Körper sahen, ging ein Wutgeheul los.

„Pfui! Pfui! Kulturschande!"

„Das ist das Dritte Reich!"

„Seht die Handschrift des dritten Reiches!"

Badewärter und Stahlhelmer taten nichts, um die Empörung zu beschwichtigen.

„Langhoff, Mensch! Jetzt sollten wir einen Photo-apparat hier haben!"

„Laß gut sein! Das wird alles notiert!"

Ungefähr vier Wochen war ich krank. Solange lag ich in der Einzelzelle. Bei jedem Spaziergang, wenn die Kameraden an meiner Zelle vorbeikamen, schauten sie durch das Guckloch und flüsterten mir zu: „Kopf hoch, Langhoff! Du kommst bald wieder zu uns!"

Dabei klopften und streichelten sie die Eisentüre, als wäre sie meine Schulter. —

Nachdem ich wieder gehen konnte, wurde ich allein im Hof spazieren geführt. Ich lief meine halbe Stunde im Kreis herum und konnte sehen, wie in allen Zellen und hinter allen Gittern Köpfe auftauchten, die auf mich her-unterblickten und — wenn der Wärter nicht aufpaßte, mir grüßend zunickten.

In den nächsten Wochen und Monaten, als ich schon längst wieder gesund war, wachte ich jede Nacht auf. Ich sah im Traum die Gesichter der S.S.-Männer im Keller vor mir — grauenhaft deutlich, die verzerrten Gesichter, die neugierigen und erregten Augen. Ehe der erste Schlag fiel, fuhr ich meistens hoch. Nacht für Nacht hatte ich denselben Traum. Ich hatte das Erlebnis innerlich schon längst überwunden, ich dachte tagsüber nie mehr daran und doch überfielen mich in der Nacht, wenn ich wehrlos den Träumen ausgeliefert war, diese entsetzlichen Bilder. Ich bekam Angst vor dem Einschlafen. Kaum waren die Augen geschlossen, stand ein S.S.-Mann vor mir. Ich versuchte mir klar zu machen: ‚Es ist lächerlich von dir, solche Dinge zu träumen! Alles ist vorbei und du hast ein neues Leben vor dir!' — Umsonst. — Nacht für Nacht wachte ich schweißgebadet auf.'

Ich wurde später wieder in meine alte Zelle gelegt, aus der inzwischen der eine Kamerad, der sein Urteil erwartet hatte, heraus war. Die beiden andern weinten beinahe vor Freude, als sie mich in der Tür stehen sahen. Ich mußte mich sofort auf den Strohsack legen und wurde von diesem Tage an gepflegt und verwöhnt, eine Mutter hätte mich nicht besser pflegen können!

„Zugang."

Wir blieben nicht lange zu dritt. Eines Tages — wir saßen gerade beim Skatspielen — kam ein „Zugang".

„Herr Oberwachtmeister, das ist doch sicher ein Irrtum! Ich — ich bin doch entlassen! Es liegt doch gar nichts vor. Warum komme ich denn jetzt noch mal in eine Zelle? Die haben mir doch dort gesagt, ich — ich sei entlassen, ich käm' heraus!"

Er sprach mit stockender und sich überstürzender Stimme und redete noch lange an die Tür hin, die der Wachtmeister schon wieder abgeschlossen hatte.

Wir drei blickten uns fragend an. Was war mit dem? War er verrückt?

Der Zugang drehte sich um und starrte uns aus flackernden, angstverzerrten Augen an. Es war ein junger

Mensch von zwanzig bis fünfundzwanzig Jahren. Er machte einen vollkommen verstörten Eindruck. Er sah uns an, als ob er sich zu erinnern suche, woher er uns kennen würde. Er öffnete den Mund, sagte aber kein Wort und blieb mit offenem Mund vor uns stehen.

„Servus. Leg' Deine Sachen in die Ecke und setz' Dich."

Er fuhr zusammen, als hätte ich ihn angeschrien.

„Jawohl! Zu Befehl."

Er setzte sich auf den Strohsack. Ich bot ihm eine Zigarette an. Er schüttelte den Kopf, sah mich miß-trauisch an und sagte nichts.

Draußen im Flur gingen Schritte vorbei. Er fuhr ent-setzt hoch, sprang in die Ecke der Zelle und rief uns flüsternd zu:

„Kommen sie? Kommen sie?"

Er zitterte am ganzen Körper und schlug die Hände vors Gesicht.

„Schau doch durchs Guckloch! Schau doch durch, ob sie kommen!"

Wir versuchten, unsern neuen Zellengast zu beruhigen und fragten ihn, warum er so aufgeregt sei.

„Ich sage nichts, i c h sag' nichts, von m i r erfahrt Ihr nichts! Ich halt' den Mund."

Es war nichts aus ihm herauszubekommen. Aber jedes Mal, wenn Schritte vorbeikamen, stürzte er in die Ecke und flüsterte:

„Sie kommen, sie kommen!"

Wir ließen ihn in Ruhe. Am Abend wollte er sich nicht ausziehen. Er schlief in Kleidern In der Nacht

wurden wir von ihm geweckt. Er stand auf seinem Strohsack, weinte und stöhnte und schlug mit den Armen um
sich. Wir gaben ihm Wasser. Dann schlief er wieder ein.

Tagsüber saß er teilnahmslos auf seinem Strohsack
und redete kein Wort.

Nach vier, fünf Tagen hatte er sich endlich etwas
an uns gewöhnt und in der folgenden Nacht, als wir drei
uns wieder um ihn bemühten, berichtete er uns folgendes:

„Ich bin aus M. Auf der Kirmeß hab' ich Krach mit
einem Nazi bekommen. Der war in der S.A. und ist früher
mit meinem Mädel gegangen. Auf der Kirmeß hat er uns
die ganze Zeit angerempelt. Er ist immer hinter uns her
gegangen und hat dreckige Bemerkungen gemacht. Roter
Sauhund, und so. Wie ich mich einmal umgedreht habe,
hat er mir auf die Füße gespuckt. Da hab' ich ihm eine
gelangt. Wenn ich die Wut kriege, dann sehe ich nichts
mehr. Ich laß' mich doch von dem nicht anspucken. Seinen Revolver hab' ich ihm auch abgenommen. Das ist
blitzschnell gegangen. Alle sind auf uns zugerannt. Es
waren noch viele S.A.-Männer auf dem Platz. In dem
Gedränge bin ich dann davon gelaufen. Ich hab' mich bei
einem Freund versteckt, weil der S.A.-Sturm, in dem der
Kerl war, mich gesucht hat. Aber ich hab' in M. nicht
bleiben können. Ich hab' mich auf mein Rad gesetzt und
bin nach E. gefahren. Dort hab' ich einen Mann getroffen,
mit dem war ich früher im antifaschistischen Kampfbund.
Dem hab' ich alles erzählt. Er hat mir gesagt, ich soll
nach D. fahren und hat mir eine Adresse von einem Mann
gegeben, der mich aufnehmen würde. Weil ich kein Geld
gehabt habe, hab' ich mein Rad verkauft und bin zu Fuß

weiter. Nachts hab' ich im Freien geschlafen. Kohldampf geschoben.

In D. bin ich zu dem Mann gegangen. Der hat mir aber gesagt, ich würd' nur eine Nacht bei ihm bleiben können, es sei nicht mehr sicher bei ihm. Er hat nämlich für die Kommunisten gearbeitet. Ich hab' mich auf das Sofa gelegt und bin eingeschlafen. Auf einmal bin ich aufgewacht, weil sie unten an die Haustür geschlagen haben. Der Mann hat mir zugeflüstert:

„Hau schnell ab, Haussuchung."

Ich hab' die Treppe runter wollen und dann hinten durch den Hof verduften, aber sie haben mich schon auf der Treppe erwischt und festgehalten. S.S.-Männer. Sie haben mich wieder ins Zimmer zurückgeführt. Dort hab' ich mich mit dem andern Mann, Hände hoch, mit dem Gesicht an die Wand stellen müssen. Dann haben sie das Zimmer durchsucht. Die Kommode aufgerissen. Die Waschschüssel auf den Boden geschmissen. Das Geschirr aus dem Küchenschrank geschmissen, das Sofa auseinander gerissen, aber sie haben nichts gefunden. Sie haben den Mann gefragt:

„Wo ist der Vervielfältigungs-Apparat?"

Der hat gesagt:

„Ich hab' keinen Vervielfältigungs-Apparat."

Da haben sie ihm gleich mit der Faust mitten ins Gesicht geschlagen, daß ihm das Blut aus der Nase gespritzt ist.

Zu mir haben sie gesagt:

„Wer bist Du?"

Ich hab' gesagt, daß ich zu Besuch hier wäre.

100

„Zeig' Deine Papiere!"

Ich habe ihnen meine Stempelkarte gegeben und da haben sie gleich geschrien:

„Aha, aus M.! Da haben wir ja mal einen Fang gemacht! Da haben wir ja mal so einen Kurier!"

Und dabei bin ich gar nicht in der Partei.

Eine Stunde haben wir mit erhobenen Händen an der Wand stehen müssen, bis sie das ganze Zimmer kurz und klein geschlagen hatten. Dabei haben sie den Mann immer gefragt, wo er die Flugblätter und den Vervielfältigungsapparat hätte, und ein S.S.-Mann hat ihn immer mit der Faust ins Gesicht geschlagen und dabei geschrien:

„Du singst noch, mein Junge, Du singst noch, mein Junge! Wie ein Kanarienvogel wirst Du noch singen!"

Dann haben sie uns auf einen Ueberfallwagen geladen und uns die entsicherten Revolver auf die Brust gehalten. Vor einem großen Bürohaus in der Stadt haben sie gehalten. Sie haben uns vom Wagen herunter geschmissen, — das hat alles blitzschnell gehen müssen. Und dann haben sie uns in den Keller gebracht."

— — Er konnte nicht weiter sprechen. Wir haben haben lange gewartet, ehe er fortfuhr:

„Da unten war ein großer Raum mit vielen Türen. Auf der einen Seite ist ein Tisch gestanden, an dem haben S.S.-Männer gesessen. Und auf der andern Seite an der Wand ist eine Bank gestanden, auf der haben ungefähr zwanzig Arbeiter gesessen. Aber ich sage Euch: die haben ausgesehen! die haben ausgesehen!

Aus dem Mund ist ihnen das Blut über das Kinn gelaufen, oder sie haben dicke blaue Augen gehabt. Sie haben ganz aufrecht, kopfhoch, dagesessen und kein Wort gesprochen. Wie aus Wachs haben sie dagesessen. Wir mußten uns auch auf die Bank setzen und warten. Ein S.S.-Mann ist vor uns auf und ab gelaufen. Die andern haben am Tisch geschlafen. Wenn einem von uns der Kopf vornüber gefallen ist, ist er gekommen und hat mit dem Gummiknüppel von unten rauf geschlagen: „Kopf hoch!" Immer hat elektrisch Licht gebrannt. Tag und Nacht.

Auf einmal hat hinter einer Türe jemand geschrien. Immer lauter hat er geschrien und gejammert und wir haben Schläge gehört, Klatschen, Stöhnen, Schreien, Schlagen. Wir haben gehört, wie einer: „Gnade, Gnade" geschrien hat. Es ist aber immer weiter geschlagen worden, bis der da drin plötzlich aufgehört hat zu schreien, und dann ist es wieder ganz still geworden. — Wir haben uns nicht angesehen. Auf einmal ist die Türe aufgegangen, und ein Mann ist herausgefallen. Der S.S.-Mann ist auf ihn losgesprungen und hat ihn hochgerissen. Sein Kopf hat gewackelt und dann ist er wieder hingefallen und auf allen Vieren weitergekrochen. Der S.S.-Mann hat ihn in den Hintern getreten und ihn in einen Verschlag unter der Treppe gebracht. Dort ist er liegen geblieben.

Dann ist ein großer S.S.-Mann in Hemdsärmeln aus einem Zimmer gekommen und hat sich vor uns hingestellt. Das Gesicht von dem werd' ich nie vergessen. Er hat einen Schmiß in der Backe gehabt und ganz wässerige, blaue Augen. Der hat uns angebrüllt:

„Aufstehen. Still gestanden!"

Wir sind mindestens eine Viertelstunde stramm gestanden, und er hat nichts gemacht, als jeden Einzelnen von uns angeschaut. Ohne ein Wort zu reden ist er vor uns gestanden und hat uns angestiert. Dabei hat er geschnauft, als wenn wir Weiber wären und seine Augen haben sich verschleiert. Plötzlich hat er sich umgedreht, ist zur Wand gelaufen und hat eine lange Hundepeitsche, die dort gehangen ist, heruntergeholt. Er hat sie zwei-, dreimal durch die Luft sausen lassen, dann hat er sich wieder vor uns hingestellt und hat noch einmal „Still gestanden" gesagt und uns die Peitsche mitten durchs Gesicht gezogen.

„Wer hat gezuckt? Wer hat da gezuckt?", hat er gebrüllt und einen an der Brust gepackt und aus der Reihe herausgerissen.

„Hast Du gezuckt? Warum hast Du gezuckt?" Und mit dem Peitschenende hat er ihm über den Kopf geschlagen.

„Daß mir keiner zuckt! Wehe, wenn ich einen sehe, der zuckt!"

Und dann hat er uns schnell hintereinander drei-, viermal mit der Peitsche ins Gesicht geschlagen, hat die Peitsche weggeschmissen und ist in das Zimmer zurückgerannt, aus dem er herausgekommen war.

Wir haben uns wieder setzen dürfen.

Bis zum Morgen ist nichts mehr passiert. Dann ist aber die S.S.-Ablösung gekommen, und da ist es erst recht losgegangen! Sie haben einen neuen Gefangenen mitgebracht, einen kleinen, buckligen Mann mit langen Haaren. Den haben sie an den Haaren hochgerissen und geschrien:

„Der da hat Euch verpfiffen! Das kleine Miststück

hat Euch verpfiffen! Der singt alles, was wir wollen, nicht wahr, Karlchen?"

Und das Karlchen hat gerufen: „Nicht mehr schlagen, bitte, bitte, nicht mehr schlagen!"

In seine langen Haare haben sie dann mit einem Rasiermesser ein Hakenkreuz eingeschnitten, daß er am Kopf geblutet hat, und dann hat er Lieder singen müssen und im Keller herummarschieren.

„Karlchen, mach' mir die Schuhe zu!" „Karlchen, bring' mir Kaffee!" Karlchen hier und Karlchen dort! —

(Ich muß hier einflechten, daß es sich bei diesem Karlchen um den Düsseldorfer Kunstmaler Karl Schwesig handelt, einem hochbegabten und bekannten Künstler aus der Gruppe Otto Dix und Wollheim. Soviel ich weiß, ist er heute verurteilt und im Gefängnis oder Zuchthaus, weil in seinem Atelier unter anderen auch links gerichtete Politiker verkehrten.)

— „Mit dem Karlchen haben sie sich den ganzen Tag amüsiert. Und das Karlchen ist hin- und hergerannt wie ein Wiesel. Von Zeit zu Zeit haben sie aus dem Nebenzimmer einen Namen gerufen, dann hat einer von uns „Hier" gesagt und zwei S.S.-Männer haben ihn in das Nebenzimmer geführt. Erst war es eine Weile still und dann hat der da drin zu schreien angefangen. So haben sie es mit Jedem gemacht.

Hohe Tiere von der S.S. und der S.A. sind auch in den Keller gekommen. Der Standartenführer Lohbeck und der Sturmbannführer Sporrenberg sind oft dagewesen. Die haben dann immer große Reden an uns gehalten, besonders nachts, wenn sie besoffen waren, und uns gedroht, daß sie uns über den Haufen schießen, wenn einer von uns etwas aus dem Keller erzählen würde. Der Lohbeck hat gesagt: „Heute haben sie einen aus dem Rhein gefischt. Vier Löcher im Bauch. Der hat auch die Schnauze nicht halten können." Sieben Tage bin ich dort unten gewesen und hab' alles gesehn! Versteht Ihr, s i e b e n Tage!"

Er warf sich schluchzend auf seinen Strohsack, ich legte den Arm um ihn und sagte:

„Sei ruhig jetzt, Kamerad. Das vergeht. Du brauchst uns nichts mehr zu erzählen."

Aber er war nicht mehr aufzuhalten. Die Erinnerung hatte ihn gepackt, und er erzählte uns stundenlang Einzelheiten.

„Eine Frau hatten sie auch in den Keller geschleift, zu der sagten sie „Mathilde" und „Regimentshure". Die hat zusehen müssen und nachher mit Eimer und Wasser das Blut vom Boden aufwaschen.

Am schlimmsten war's immer, wenn Polizeistunde war und die Lokale geschlossen wurden. Dann sind die angetrunkenen S.A.- und S.S.-Männer in den Keller gekommen, und jeder, der wollte, hat auf die Gefangenen eingeschlagen."

„Und Dich selbst, haben sie Dich beim Verhör auch geschlagen?"

Er packte mich am Arm, sah mir in die Augen und sagte:

„Ich bin auch verhört worden...."

Alles hat er uns erzählt, aber über das, was sie mit ihm im Verhörzimmer gemacht hatten, sprach er kein Wort. Er sagte nur noch:

„Nachher hat mich ein S.S.-Mann auf den Abort
geführt. Ich hab' meinen Kopf rein gesteckt und mir das
Wasser über den Kopf laufen lassen."

Ab ins Moor.

Meine Frau setzte Himmel und Hölle in Bewegung, um mich herauszubekommen. Ein Hoffnungsstrahl war erschienen. Man hatte ihr auf der Kriminalpolizei und auf dem Polizeipräsidium gesagt, daß ich sicher entlassen würde, wenn ich einen Engagementsnachweis an eine deutschsprachige ausländische Bühne beibringen könnte. Sie schrieb an unsere Freunde, an Agenten, und hatte kurze Zeit darauf eine Reihe von Engagementsangeboten in der Hand. Von Wien, von Salzburg, von Graz, von Zürich und sogar von Serbien. Sie korrespondierte mit einem Wiener Kollegen, der sich sehr für mich einsetzte und dafür sorgte, daß eine Reihe von Verträgen ankamen. Bei manchen dieser Verträge handelte es sich nur um ein fiktives Engagement, das mir nur meine Freiheit verschaffen sollte.

Wer kann ermessen, wie groß die Aufregung und Hoffnung auf baldige Entlassung war. In jedem Brief meiner Frau klang die Freude durch: Jetzt geht es sicher nur noch ein paar Tage! Bald, bald bist Du wieder bei mir!

Auf ihren Wunsch schrieb ich eine Eingabe an den Regierungspräsidenten Schmidt von Düsseldorf, in der ich ihm meine Situation schilderte und um Aufhebung der über mich verhängten Schutzhaft ersuchte. Jeden Tag mußte die Antwort kommen! Inzwischen erhielt meine Frau vom Zürcher Schauspielhaus Brief und Bestätigungstelegramm, daß das Engagement perfekt sei. Sie lief damit zur Kriminalpolizei. Von dort zur Regierung. Von der Regierung zum Polizeipräsidium. Weitzel hatte das letzte Wort zu sprechen.

Er hat es gesprochen.

„Auf Ihr Gesuch vom ..... wird Ihnen mitgeteilt, daß aus Gründen von Sicherheit von Volk und Staat eine Aufhebung der Schutzhaft vorläufig nicht erfolgen kann."

Das war alles.

Keine Begründung, keine weitere Bemerkung. Ich saß mit dem Schreiben in der Hand in der Zelle. Vorbei. Aus. Es war nichts mit der Entlassung. — An diesem selben Tag bekam ich noch einen zweiten Brief. Vom Stadttheater in Düsseldorf.

„Wir teilen Ihnen mit, daß der Herr kommissarische Oberbürgermeister Ihre fristlose Entlassung ausgesprochen hat."

Ich kann die Niedergeschlagenheit, die mich ergriff, nicht schildern. So nahe, so nahe hatte ich schon die Entlassung vor mir gesehen. Ich konnte gar nicht an meine Frau denken. Wenn ich mir ausmalte, was sie wohl jetzt in ihrem kleinen Zimmer empfand, stiegen mir die Tränen hoch. — Seit dieser Zeit hatte ich mir abgewöhnt, auf Entlassung zu hoffen. Die Tage nach der Ablehnung meines Gesuchs waren furchtbar. Stundenlang lief ich in der Zelle auf und ab, grübelte vor mich hin und hatte jeden Lebensmut verloren.

Draußen war Frühling. Der Rasen auf unserem vorderen Gefängnishof stand in saftigem Grün. Die Kronen der Birn- und Apfelbäume, die hinter der hohen roten Gefängnismauer zu sehen waren, leuchteten weiß und rosa. Dieses Stückchen Rasen und die drei oder vier Baumkuppen waren das einzige bißchen Natur, das wir hatten. Ich beobachtete tagtäglich beim Spaziergang das Wachsen. Auch ein paar Rosen standen im Rasen. Ich zählte die Knospen und freute mich, wenn wieder eine aufgegangen war.

Ende Mai tauchten die ersten Gerüchte über die Bildung von Konzentrationslagern auf. Ein S.A.-Mann erzählte uns, daß irgendwo im Moor hinter Osnabrück Lager geschaffen werden sollten.

„Wißt Ihr, einige von Euch werden ja doch Zeit ihres Lebens drin bleiben. Das sind die Unverbesserlichen. Die kommen dann dorthin und müssen das Moor kultivieren."

Von da ab bildeten die Gespräche über Konzentrationslager unsere Hauptunterhaltung. Vor allen Dingen interessierte es uns, ob dort Polizei- oder S.S.-Bewachung wäre, wie die Verpflegung und die Arbeit sei, und ob es stimme, daß man seine Frau mitnehmen könne. Mancher malte sich da ein schönes ländliches Idyll aus, wobei die Aussicht, wieder mit seiner Frau zusammenleben zu können, die Hauptsache war.

Ende Juni wurde der erste Transport für das Konzentrationslager zusammengestellt. Ich war noch nicht darunter. Ca. 50 Mann waren es, meistens Handwerker, Maurer, Schreiner und Zimmerleute, die bei der Aufbauarbeit des Lagers verwendet werden sollten.

Meine Frau, die sich sehr vor einer größeren Trennung fürchtete, versuchte auf der Kriminalpolizei durchzusetzen, daß ich im Düsseldorfer Gefängnis bliebe. Ich selbst wäre ganz gern mit dem ersten Transport gegangen. Nur einmal heraus aus den engen vier Wänden! Schlimmer kann es dort auch nicht sein, und wenn man täglich in frischer Luft ist und Bewegung hat, ist das sicher noch besser, als hier in der Zelle verfaulen!

Drei Wochen darauf war die Reihe an mir. Unser S.A.-Mann von der Post sagte mir schon einen Tag vorher Bescheid. Er hatte auf der Kriminalpolizei die Liste gelesen. Auf meine Bitte hin verständigte er meine Frau. Sie sollte sich noch einmal Besucherlaubnis holen. Es war aber schon zu spät. Sie konnte mir nur noch einen Rucksack schicken mit Wäsche, derben Stiefeln, einer Arbeitshose und Lebensmitteln. Und einen Zettel mit tausend Abschiedsgrüßen. —

Abend. Eine Liste von ungefähr hundert Mann ist verlesen worden. Wir haben unsere Sachen gepackt, Bettwäsche, Wolldecken, Eßnapf und Geschirr abgegeben und werden auf besondere Zellen gelegt. Um drei Uhr mor-

110

gens soll der Transport abgehen. Im ganzen Bau herrscht Aufregung. Die Wachtmeister laufen von Zelle zu Zelle, notieren sich ixmal Namen, Alter und Beruf. Abschiedsworte werden von einer Zelle zur andern gerufen, ausgeliehene Bücher zurückgeschickt, es geht wie in einem Bienenstock zu. Ich habe meinen Rucksack fachmännisch gepackt. Es ging nicht alles herein. Ein Kamerad hat mir noch seinen Pappkarton gegeben. Dann reichten wir uns die Hand. Alle drei blieben zurück. Wir haben viel zusammen erlebt. —

„Also, machts gut, Jungens!"

„Klar. Wir kommen bald nach. Was auch passiert, immer Kopf oben behalten!"

„Sicher. Mir kann nichts mehr imponieren."

„In Ordnung. Dann auf Wiedersehn — draußen! Wenn unsere Stunde geschlagen hat!"

„Ja, draußen! Lebt wohl!"

Wir sind mit vier Mann in der neuen Zelle. An Schlaf ist nicht zu denken. Wir sitzen auf den Strohsäcken und rauchen.

„Was glaubt Ihr, werden wirs dort besser haben?"

„Kommt ganz darauf an, wie die Bewachung ist!"

„Der Pahr von der Kriminalpolizei hat meiner Frau gesagt, daß Polizeimannschaften im Lager sind."

„Gott sei Dank. —"

„Na, und das bißchen Arbeiten im Moor — da haben wir schon ganz andere Sachen gemacht!"

„Aber wenn mans nicht gewöhnt ist!" werfe ich dazwischen.

„Das hast Du schnell raus. Halt' Dich an mich, ich

bin Erdarbeiter."

Das Licht wird ausgeknipst. Wir sitzen im Dunkel und rauchen.

„Still! — — Horcht!"

Die Gefängnismauern fangen an zu leben. In allen Wänden, oben und unten kann man es hören: klopf .. klopf .. klopf, klopf, klopf ... klopf ...

„Mitzählen. Zünd ein Streichholz an und schreib auf!"

Die Kameraden pochen sich Abschiedsgrüße zu. Mit dem Klopfalphabet. Wir klopfen zurück. Es dauert Stunden, bis das letzte Wort, der letzte Gruß gewechselt ist.

Um zwei Uhr wird aufgeschlossen. Wir bekommen Kaffee und in Zeitungspapier eingewickelte Brote für unterwegs. Ich habe noch kein Auge zugemacht. Ich habe die ganze Zeit an meine Frau gedacht. Unten im Hof hören wir Autos anfahren. Bremsen knirschen. Eiliges Hin- und Herlaufen. Halblaute Kommandorufe. Ich stelle mich auf einen Schemel und schaue hinunter. Im Lichtkegel der großen Hoflampe stehen vier Ueberfallwagen und zwei Personenautos. Es regnet in langen dünnen Fäden. Bei den Wagen stehen Polizisten in schwarzen Uebermänteln und naßglänzenden Tschakos. Es regnet in Strömen.

Die Zellen uns gegenüber werden aufgeschlossen und die Gefangenen hinuntergeführt.

Eine Stimme hallt über den Hof:

„Laden und sichern!"

Gewehrschlösser knacken. Wir hören, wie die Patronen ins Magazin geschoben werden.

„Ich mache Sie darauf aufmerksam, daß beim geringsten Fluchtversuch ohne Anruf geschossen wird. Aufsteigen!"

Jetzt kommen wir dran. Zum letzten Mal gehe ich die eiserne Treppe hinunter. Vor dem Eingang zählen uns die Polizisten ab. Immer fünfundzwanzig Mann kommen auf einen Wagen. In jeder Reihe zwei Schupos, den Karabiner in der Hand.

„Alles fertig!"

Wir fahren an. Noch einmal blicken wir die Gefängniswände hinauf. Aus jedem der vielen vergitterten Fensterchen, Reihe für Reihe, Stockwerk für Stockwerk, winkt ein Arm, ballt sich eine Faust, weht ein Taschentuch. Der ganze Bau hat uns zum Abschied geflaggt. Durch die nasse Regennacht hallen Abschiedsrufe:

„Rot Front!" „Auf Wiedersehn!" „Kopf hoch, Jungens!"

Das Hoftor wird aufgeschlossen. Ich sehe zum ersten Mal nach Monaten wieder eine Straße. Leer und still. Unter der Laterne in der gegenüberliegenden Ecke stehen vier oder fünf Frauen im Regen. Sie winken uns zu. Wir können sie nicht erkennen und fahren in langsamem Tempo die Straße hinunter. Die Frauen rennen mit großen Schritten hinter uns her. An der nächsten Biegung sind sie verschwunden. — Alles schläft noch in der Stadt. Vereinzelt kommen Arbeiter, die zur Frühschicht gehen, an uns vorbei, bleiben stehen und sehen uns nach. An der Kaiserswerther Straße werden Trambahnschienen ausgebessert. Die Funken sprühen. — Das ist Düsseldorf. Fünf Jahre habe ich da gelebt und gearbeitet.

Vor dem Bahnhofsgebäude müssen wir endlos lange im Regen stehen. Zeitungsverkäufer und Nachtbummler sammeln sich an. Betrunkene grüßen die Polizei mit „Heil Hitler".

Der Regen geht schon durch die Kleider. Wir haben das Gepäck abgestellt und warten. Aus der Bahnhofstraße kommen die vier Frauen angerannt. Naß wie Ratten. Die Röcke kleben an ihren Beinen, die Haare hängen in Strähnen in die Stirn. Sie versuchen, an uns heranzukommen. Die Polizisten, die uns in zwanzig Meter Abstand umstehen, drängen sie zurück.

Sie lassen sich nicht abweisen, sie haben ihre Männer erkannt. Einige S.A.-Männer in braunen Oelmänteln kommen dazu und lachen über die Frauen. Sie aber rufen und winken. Vor mir steht ein junger Schupo mit forschem, lustigem Bauerngesicht. Er ruft den S.A.-Männern zu:

‚Geht doch mal hin und tretet die Ziegen vor den Bauch, daß sie abhauen."

Dann werden wir auf den Bahnsteig geführt.

Ankunft.

Die Zugfahrt war schön. Von ungefähr fünf Uhr früh bis abends sechs Uhr waren wir unterwegs. Wir saßen zum Teil in alten Personenwagen, nur zwanzig Mann hatten es schlecht erwischt: sie kamen in einen Gefängniswagen. Dort muß man in den engen Zellen sitzen und kann nicht herausschauen. Wir andern aber standen an den Fenstern und waren glücklich, nach so langer Haft wieder einmal Wiesen, Felder, Wälder, Dörfer und Städte sehen zu können. Das Begleitpersonal bestand aus Polizisten, älteren Beamten, die uns gegenüber freundlich und anständig waren.

„Wo gehts denn hin, Herr Wachtmeister?"

„Keine Ahnung. Wir haben Euch nur abzuliefern, dann fahren wir wieder zurück."

„Herr Wachtmeister, sind Sie so freundlich und holen mir auf der nächsten Station ein paar Zigaretten?"

„Gib das Geld her, will mal sehen, was sich machen läßt."

Unterwegs wurden auf den verschiedensten Stationen neue Transporte angekoppelt. Aus Aachen, aus Essen, Hagen in Westfalen, aus Dortmund, überall her kamen die Gefangenen. In Personenwagen, in Viehwagen, in Gefängniswagen. Wir waren zum Schluß ein langer Zug.

Wir packten unsere Brote aus.

„Wollen mal sehen, was Mutter uns mitgegeben hat."

„Komisch — immer wenn ich im Zug sitze, hab 'ich Hunger."

„Hier! Ich hab' noch Speck von Zuhause! Schneid' Dir ein Stück ab!"

„Herr Wachtmeister, dürfen wir mal ein Lied singen?"

„Von mir aus! Immer los, wenn's nicht die Internationale ist!"

„Wissen Sie, Herr Wachtmeister, Sie müßten auch bei uns im Konzentrationslager sein! Wissen Sie, ob dort Schupo oder S.S. ist?"

„Keine Ahnung."

Wir sangen. Der Regen hatte aufgehört, die Sonne kam durch. Es wurde ein schöner Tag. In meinem Abteil saß ich mit einem kaufmännischen Angestellten, einem Metallarbeiter, einem Redaktor und einem ehemaligen kommunistischen Stadtverordneten zusammen. Neue Gesichter, neue Schicksale, neuer Gesprächsstoff. Endlich konnte man sich wieder einmal unterhalten, und wir beschlossen, daß wir auch im Lager zusammenbleiben wollten.

„Wir müssen uns nur immer nebeneinander halten,

beim Transport, beim Antreten und so weiter. Immer zusammen stehen bleiben, dann klappts ganz bestimmt!"

Man konnte fast das Gefühl haben, frei zu sein. Es war so, als wenn wir leicht betrunken wären. Alle waren angeregt, lachten, schwatzten und sangen durcheinander. Man war glücklich, aus der langweiligen Zelle heraus zu sein, den Gefängnishof mit dem ärmlichen Stück Rasen nicht mehr sehen zu müssen, neben andern Kameraden zu sitzen und vor allen Dingen: nicht mehr im öden Grau des immer gleichen Tagesablaufes zu stecken!

„Junge, Junge! Die müssen einen Heidenrespekt vor uns haben, daß sie uns auf Staatskosten so schöne Reisen machen lassen!"

„Das ist fast wie im Krieg. Da bist Du auch oft tagelang mit unbekanntem Reiseziel durch Deutschland gefahren!"

„Nur", sagte einer bedeutungsvoll, „hast Du damals Dein Gewehr neben Dir gehabt. — —"

In den Bahnhöfen, wenn der Zug hielt, standen die Reisenden und blickten scheu in unsere Wagen. Gesichter voll Mitleid, einzelne Gesichter voll Hohn. Kinder fragten die Eltern, wer wir seien. Wir nickten ihnen zu, oder lachten sie an. Arbeiter, die nach Hause oder zur Arbeit fuhren, grüßten uns verstohlen. Sie blickten sich vorsichtig um, ob sie nicht beobachtet würden, dann ballte einer schnell die Faust und lächelte uns zu. Es machte uns Spaß, auf jeder Station zu beobachten, wie die Einzelnen auf unsern Transport reagierten.

„Das ist ein Nazi!" „Der nicht!" „Der auch nicht!" „Das ist ein Zentrums-Mann!"

„Kinder, was es doch für eine Menge Frauen auf der Welt gibt! Seht mal die dort, ein bildschönes Weib!"

„Wo? Wo, wo, wo?" Das Fenster wurde belagert.

„Mensch, — die? Na, weißt Du, mit der kannst Du mich jagen!"

„Oho! Gib nur nicht so an. Ich möcht' Dich nicht allein mit ihr sehen!"

Im selben Wagen fuhr auch der Frisör mit, den ich in der ersten Gemeinschaftshaft kennengelernt hatte. Er wußte immer noch nicht, warum er verhaftet war und war in der ganzen Zeit nicht ein einziges Mal verhört worden. An seine neuen Kameraden hatte er sich aber inzwischen glänzend gewöhnt. Er war der Hahn im Korb, um sich einen Kreis lachender Zuschauer, denen er Zauberkunststücke vorführte.

Osnabrück war die letzte große Stadt. Dann wurde das Land immer flacher. Streckenweise tauchte Heideland auf, dazwischen kleine Föhrenwälder. Immer seltener kam eine Station. Nur vereinzelte kleine einstöckige Bauernhäuser mit Fachwerk und Strohdach standen am Bahngeleise. Ein Kanal, lang gestreckt und schnurgerade wie ein blankes Lineal, durchschnitt die Wiesen. Schwarzweiße Kühe in den Umzäunungen.

Ein Polizeileutnant ging durch die Wagen und gab den Wachtmeistern Anweisungen.

„Fertig machen, wir sind gleich da!"

Allgemeines Durcheinander, Pakete verschnüren, Mäntel anziehen und aus dem Fenster schauen.

„Also so sieht die Gegend aus. Ziemlich langweilig, was?"

„Das dort hinten ist alles Moorland. Soweit Du schauen kannst."

„Und das sollen wir alles umgraben?"

„Wird schon nicht so schlimm sein, wir werdens ja sehen."

Der Zug fuhr langsamer. Vorn tauchte ein Stationshäuschen auf.

„Könnt Ihr schon sehen, wer uns — —"

Die Köpfe am Fenster fuhren zurück.

„S.S. steht am Bahnsteig!"

Wir sahen uns an. Keiner sagte etwas. Mir zitterten die Knie. Nicht aus Feigheit, aber seit meinem Erlebnis im Keller konnte ich keinen S.S.-Mann mehr sehen, ohne daß ich einen Schock bekam. Mein Körper reagierte einfach so darauf. Es war nichts zu wollen.

Der Zug hielt. Station Dörpen. Auf dem Perron standen in Reih und Glied, Gewehr mit aufgepflanztem Bajonett, den Sturmriemen unter dem Kinn, ungefähr zweihundert S.S.-Männer.

„Aussteigen!"

Wir stolpern über die Geleise auf den Bahnsteig.

„In Viererreihen antreten! Los, los, schnell, schnell!"

Ein kleiner, untersetzter Scharführer hat den Oberbefehl. Er führt einen Wolfshund an der Leine.

„Ausrichten, das erste Glied! Zurück da, der zweite, dritte, vierte Mann! Ja Du, zurück Du Schwein! Nimm Deine Verbrechervisage zurück!"

„Abzählen!"

Wir sind 480 Mann. Der Schupoleutnant übergibt dem Scharführer den Transport und verläßt mit seinen

Beamten den Bahnsteig. Jetzt sind wir allein mit der S.S. Der Scharführer rennt die Reihen auf und ab.

„Krüppel und Invaliden hinten anschließen, marsch, marsch! Alles herhören! Es erfolgt der Abmarsch ins Lager. Während des Marsches wird kein Wort gesprochen! Jeder nimmt den Kopf nach vorn! Wer rechts oder links schaut, wird erschossen! Wir machen rücksichtslos von der Waffe Gebrauch! Bei der geringsten Bewegung aus dem Glied wird geschossen! Ich verlange tadellose Marschordnung. — Abteilung — rechts um!"

Und jetzt beginnt ein Gewaltmarsch durch die Heide, den ich in meinem Leben nie vergessen werde!

Erst gehts durch einen Föhrenwald. Im Eiltempo. Rechts und links neben uns die S.S., den Karabiner schußbereit unter dem Arm.

„Aufrücken! Ausrichten! Marsch! Links, links, links!"

„Schritt halten!" „Ausrichten!" „Abstand!"

„Richtung halten! Los! Los! Das Schwein in der zweiten Reihe dort, Augen nach vorn nehmen!"

Wir rasen stumm über die Straße, durch die Regenpfützen, unsere Kartons in der Hand oder auf der Schulter.

Von allen Seiten wird ununterbrochen auf uns eingeschrien:

„Richtung! Abstand halten!" Wir müssen genau auf Abstand achten. Wie Viehtreiber läuft die S.S. neben uns her.

Vorn ertönt ein Kommando:

„Im Laufschritt, marsch, marsch!"

Wir setzen uns in Trab. Einige kommen nicht mit. S.S.-Männer springen dazwischen.

„Los, los, ich soll Dir wohl Beine machen!"

„Verdammte Schweine, könnt Ihr keinen Abstand halten!"

Wir rennen im Laufschritt aus dem Wald. Vor uns dehnt sich eine endlose Heide. Tempo! Tempo! Unsere Pakete werden zentnerschwer. Die Kordel schneidet in die Hand. Wir sind das Laufen nicht mehr gewohnt. Das Herz klopft wie wild. Nach vier Monaten in der Zelle wird der Körper schlapp. Die S.S. ist ausgeruht. Trainiert. In der Reihe vor mir läuft der kaufmännische Angestellte. Er hat als Einziger einen Koffer. Er trägt ihn auf der Schulter und knickt fast zusammen. Der Schweiß läuft seinen Nacken herunter. Ich weiß, daß hinten im Zug Krüppel laufen. Mit Stöcken. Wir starren nach vorn. Nichts zu sehen, nur Moor und Heide.

„Im — Schritt!"

„Ausrichten! Abstand halten! Los, los los!"

Vorn gerät der Zug in Unordnung. S.S. schlägt mit dem Kolben in die Marschreihe, die Kameraden spritzen auseinander. Schreien, Fluchen, Stöhnen.

„Zusammenbleiben! Sauhunde!"

Jetzt brüllen sie hinter mir, Schläge klatschen, indes wir in wahnsinniger Hast nach vorne jagen.

Ich beiße die Zähne zusammen, schaue nicht nach rechts und nicht nach links, sehe nur die Telegraphenstangen vorne, ein Stück Kanal und den Abendhimmel.

„Komm raus, rote Sau! Raus aus dem Glied! Du hast eben gesprochen!"

Aus meiner Reihe zerren sie einen heraus. Er schreit auf. Wir jagen weiter.

Kein Dorf, kein Haus — nichts zu sehen. Endloses Flachland.

„Abteilung halt!"

Keuchend bleiben wir stehen.

„Rechts, um! Schiffen!"

Wir verrichten unsere Notdurft. Atmen auf. Kranke versuchen mit der S.S. zu verhandeln: „Wir können nicht weiter. Es geht nicht mehr."

„Maul halten! Abteilung, marsch! Links, — links, — links!"

An der Spitze haben sie drei, vier Mann abgesondert und jagen im Laufschritt mit ihnen über die Straße voraus.

„Nieder!" Sie werfen sich in den Dreck.

„Auf, marsch, marsch!" Sie springen hoch und rennen weiter.

„Nieder!" „Auf!" Abteilung kehrt!" Sie laufen zurück, bis sie wieder bei uns sind.

„Abteilung kehrt!" Marsch, marsch!" Sie rennen wieder nach vorn.

„Nieder!" „Auf!"

Wir kommen über eine Brücke. Wegweiser: Börgermoor 18 km. Das Wasser im Kanal ist schwarz und ölig. Torfmeiler stehen aufgeschichtet am Straßenrand und im Moor. Tempo, Tempo!

„Richtung halten! Abstand! Abstand! Schritt halten! Links .. links .. links!"

Jemand brüllt: „Singen!" Die S.S. brüllt die Reihe entlang: „Singen!"

Vorn wird angefangen: „Das Wandern ist des Müllers Lust, das Wa — n — dern."

„Durchsingen!"

Wir brummen mit.

„Könnt Ihr das Maul nicht aufmachen!? — Anderes Lied!"

„Los, los! Singen! Wirds bald?!"

Es hagelt Fußtritte.

Zwei Reihen vor mir fängt einer an. Ich weiß nicht mehr was. Zum Schluß immer:

„Wird nur mein Vaterland, mein Deutschland frei."

Wir versuchen die Melodie mitzusingen, und der vorn brüllt, als koste es das Leben:

„Wird nur mein Vaterland, mein Deutschland frei!"

‚Sind wir noch nicht da?' ‚Wie lange dauert dieser Marsch in die Hölle?' ‚Wie lange?' Nach einer Ewigkeit wieder:

„Abteilung halt! Schiffen!"

Wir dürfen wieder austreten. Die Krüppel werden von Kameraden untergefaßt.

„Abteilung marsch!"

Es dämmert. Graues, aufgebrochenes Oedland, soweit das Auge reicht.

„Singen!"

„Du sollst singen, rote Sau!"

Wir singen alle durcheinander. Was jedem einfällt. Und immer im gleichen Eilschritt.

Links .. links .. links! — ‚Einmal hört alles auf.' — Links . .links .. links! — ‚Wartet nur, das wird Euch nicht vergessen!' Links .. links .. links!

„Au! Ah! Au!" Einer war gefallen. Jetzt wird er aufgeprügelt.

Links .. links .. links! — ‚Wenn ich Dich jetzt an der Gurgel hätte, S.S.-Mann! Ja, Dich! Schau mich nur an!‘ Links .. links .. links!

Endlich tauchen Häuser auf am Kanal. Kleine Bauernhäuser.

„Los jetzt! Schritt fassen!"

Bauern mit ihren Kindern stehen am Straßenrand. Im Paradeschritt ziehn wir vorbei. Sie glotzen uns an.

Noch immer kein Lager.

Aber dort am Horizont gelbe Hütten. Wir kommen näher. Niedere, langgestreckte Baracken im aufgerissenen Moor. Rund herum Stacheldraht an hohen Pfählen. Zwei Holztürme. Wir biegen links ab über eine Brücke.

„Schritt halten! Ausrichten!"

Die Beine fliegen. Aus drei Baracken, die vor der Umzäunung liegen, laufen uns S.S.-Männer entgegen.

„Abteilung, halt! Links um!"

Wir stehen vor dem Toreingang des Lagers. Es ist fast Nacht. Aus der einen Baracke kommt ein riesiger, dicker S.S.-Mann, ohne Mütze, an einem Bein einen Stiefel, am anderen einen Holzschuh, eine Latte in der Hand: der Kommandant.

Der Scharführer meldet: „480 Schutzhäftlinge zur Stelle."

„Danke! Rauchwaren, Streichhölzer, Messer, alles abgeben! Bei Fluchtversuch wird geschossen! Einrücken!"

„Rechts, um! Marsch."

Wir ziehen durch das Tor des staatlichen preußischen

Konzentrationslagers Börgermoor bei Papenburg. Wir stolpern über aufgeworfene Kanalisationsgräben, Schutthaufen, Bohlen und Planken. An einem Tisch im Freien werden unsere Sachen abgenommen. Alles zusammengeschmissen. Wir werden je hundert Mann in eine Baracke getrieben und fallen dort auf die Strohsäcke der zweistöckigen Feldbetten. Wir wissen von nichts mehr, wir schlafen.

Die ersten Tage.

Der schrille Ton einer Trillerpfeife reißt uns aus schwerem Schlaf. Stiefel poltern auf dem Holzboden.

„Aufstehen! Raus aus der Furzfalle! Aber 'n bißchen plötzlich!"

Ich fahre vom Strohsack hoch. Eine Sekunde lang weiß ich nicht, wo ich bin. Ich schaue um mich. Neben mir Bett an Bett. Hochgerissene Schläfer, die sich anstarren. Ein Zentnergewicht legt sich auf mich: ‚Konzentrationslager'. Es schnürt mir die Kehle zu und nimmt mir jeden andern Gedanken. Jetzt fällt es mir wieder ein: Der gestrige Abend, der Gewaltmarsch, die Prügel. — ‚Und das soll alles so weitergehn? Weiter, wer weiß wie lange? Lieber Schluß machen. Nicht mehr leben.'

Trübes, graues Morgenlicht kommt durch die beschlagenen Barackenfenster. Verschwommen sehe ich die Umrisse der vielen Betten. Ein Wald von Eisengestellen durch die Länge der ganzen Baracke.

Wir fahren verschlafen — zerschlagen — in die Hosen. Keiner spricht mit seinem Nebenmann. Wir suchen fröstelnd unser Gepäck. ‚Wo liegt denn mein Rucksack? Ach da, unter dem Bett.‘ Ein S.S.-Mann öffnet die untere Barackentür und schreit herein:

„Alles vor der Baracke zum Waschen antreten!"

Mit nacktem Oberkörper, Handtuch über der Schulter, Seife in der Hand, stolpern wir ins Freie.

Ringsum alles Nebel. — Moornebel. Aus dem weißen, ziehenden Dunst tauchen nur die zackigen, nassen Schnüre der Stacheldrahtwand auf und das schwarze Dach der nächstliegenden Baracke. Alles andere hat der Nebel geschluckt.

Ein S.S.-Mann, weißen Tau auf dem langen Mantel, läuft unsere Reihe ab.

„Abzählen! — Stillgestanden! — Das klappt nicht, nochmal zurück! Rührt Euch! — Stillgestanden! Da hat schon wieder einer nachgeklappt! Rührt Euch! — Stillgestanden! — Rechts um! Im Gleichschritt, marsch!"

Wir werden an das Lagertor geführt zu einer Pumpe. Im grauen Dunst erscheinen die Silhouetten von S.S.-Männern, die am Weg stehen bleiben und uns schweigend mustern.

Am Tor stehen frierend die Belegschaften der andern Baracken und warten, bis sie an der Reihe sind. Die Gefangenen aus der Baracke I, die schon vier Wochen im

Lager sind und die Aufbauarbeiten gemacht haben, stehen auch da. Wir flüstern ihnen zu:

„Wie ist es hier?"

Sie ziehen die Schulter hoch, schlagen die Augen auf und pressen den Mund zusammen. Einer sagt leise:

„Mench, hier ist die Hölle! Haben sie Euch schon das Singen beigebracht?"

„Und die Arbeit?"

„Akkordarbeit ist nichts dagegen. Wartet's nur ab."

Vorn brüllt ein S.S.-Mann:

„Los! Die Nächsten an die Pumpe, aber Laufschritt, marsch, marsch!"

Ich halte die gehöhlten Hände unter das Wasser. Es ist eiskalt und bräunlich. Moorwasser. Zwei S.S.-Männer stehen an der Pumpe. Mein Nebenmann hat sich eingeseift und will sich gerade abspülen.

„Bist Du Jude?"

Er tut so, als ob er nichts gehört hätte. Wie er sich unter die Pumpe bückt, bekommt er einen Tritt in den Hintern.

„Ob Du Jude bist?"

Er fährt hoch und ruft mit finsterem, verbissenem Gesicht:

„Ja!"

„Ach, Du wunderst Dich wohl, daß ich Dich in den Arsch trete! Na warte, mein Junge, mit Dir werde ich noch ganz was anderes machen. Ich bin der Kammerbulle. Paß mal auf, wenn Du auf die Kammer kommst, zum Brocken fassen!"

Mit bösem Lächeln betrachtet er sein Opfer.

Nach dem Waschen hocken wir wieder in der Baracke und warten. So eine Baracke ist wie ein langer Stall. An der einen Fensterwand stehen die Tische, acht lange Tische mit Bänken und Schemeln. Dann ein schmaler Gang und zwei Reihen zweistöckiger Betten. Hundert Betten. An der Wand zwischen den Fenstern schmale Spinde, in denen wir unsere Sachen verstauen. An einem Ende der Baracke ist ein kleiner Raum abgeteilt: der Waschraum. Zwanzig Wasserhähne für hundert Mann. Die Leitung funktioniert noch nicht.

Ich liege am hintersten Ende der Baracke in einem oberen Bett. Neben mir der kaufmännische Angestellte. Wir haben es verstanden, zusammen zu bleiben. Jetzt sitzen wir mit zwölf Mann am Tisch und unterhalten uns nur im Flüsterton.

„Hier kommt keiner lebendig heraus, das sag' ich Euch."

„Nur nicht die Ruhe verlieren", sagt ein Arbeiter mit einer verkrüppelten Hand. Kriegsverletzung. „Wird alles nicht so heiß gegessen, wie's gekocht wird! Damals, 23, beim Kapp-Putsch, haben sie uns auch geschnappt und in Essen im Schulhaus mit den Kolben zusammengeschlagen. Da haben wir auch geglaubt, es wäre aus. Und es ist doch weiter gegangen."

„Aber hier, Menschenskind, das ist doch etwas ganz anderes! Hier im Moor können sie Dich über den Haufen schießen und kein Hahn kräht nach Dir!"

„Ob man von hier aus abhauen kann? Muß doch gar nicht weit zur holländischen Grenze sein. Höchstens zehn Kilometer."

„Mitten durchs Moor, was? Wenn Du da nicht Bescheid weißt, sackst Du ab! Unweigerlich. Immer tiefer. Dann lieber schon hier verrecken und ein paar von denen noch mitnehmen!"

„Ja, die haben gewußt, warum sie das Lager gerade in der Gegend errichtet haben!"

An unserm Tisch sitzt ein Glasbläser aus Gerresheim. Der weiß Bescheid. Er war als Kind hier in der Gegend, in Papenburg. An eine Flucht nach Holland ist nicht zu denken.

„Sechs Mann raustreten zum Kaffee holen!"

Ich gehe mit. Der Nebel hat sich ein wenig gelichtet. Ich kann jetzt unsere Barackenstadt sehen. Eine breite Straße läuft durch das Lager. Rechts und links davon stehen die Baracken, Giebelfront nach der Straße. Ich zähle fünfzehn Stück. Zehn sind für die Gefangenen, die andern für Küche, Kammer, Lazarett, Baderaum und Arrestbaracke. Um das Ganze ein drei bis vier Meter hoher Stacheldrahtzaun. Vierfach, das heißt vier Stacheldrahtwände, in der Mitte ein Patrouillengang für die Wachmannschaft. Der ganze Komplex ist nicht groß. Etwa vierhundert Meter im Durchmesser. Vor der Umzäunung. neben dem großen Eingangstor, liegen die Baracken der Kommandatur, der S.S.-Wachmannschaften und S.S.-Küche.

Und sonst nichts. — Endlose Heide soweit das Auge reicht. Keine romantische Heide. Braun und schwarz, aufgerissen, von Gräben durchzogen. Eine Reihe Telegraphenstangen, die sich bis zum Horizont verlieren. Auf einer kleinen Erhöhung dicht vor dem Lager drei oder vier

130

verkrüppelte kahle Eichbäume. Vor der Kommandaturbarracke ein hoher weißer Mast mit der Hakenkreuzfahne. — „Preußisch-Marokko" haben wir später diese Gegend getauft.

In der Küche arbeiten Schutzhäftlinge aus Baracke I. Ein S.S.-Mann ist der Küchenbulle. In drei großen Kesseln bekommen wir den Kaffee. „Muckefuck" sagen wir dazu, ein schwarzes heißes Wasser aus gebranntem Korn und einigen Zusätzen. Andere Häftlinge holen das Brot ab. Es gibt pro Mann in der Woche zwei Brote. Wir gehen über den Lagerplatz zurück. Ueberall liegen Bretter herum, Dachpappe, Kanalisationsröhren. Der ganze Platz sieht wie ein einziger Schutthaufen aus. Barackeninventar, alte Schränke, Schemel, Bänke und Tische stehen in wirrem Durcheinander im Freien. Noch nichts ist fertig. Es gibt kein Licht in den Baracken, kein Wasser.

Eine Viertelstunde darauf heißt es:

„Barackenweise antreten zum Arbeitsdienst!"

Wir würgen den letzten Bissen Brot herunter und marschieren auf den Lagerplatz, dicht am Eingang, wo sämtliche Schutzhäftlinge aus allen Baracken in Viererreihen antreten. Jetzt werden wir zunächst einmal geschliffen.

„Abzählen!"

„Eins, zwei, drei, vier, fünf, sechs, sieben, acht...."

Es geht nicht schnell genug. Fünfmal muß die Sache wiederholt werden. Dann wird „Rührt Euch" und „Still gestanden" probiert.

Der Scharführer, der die Arbeitseinteilung unter sich

hat, ist der richtige Feldwebel. Er läuft brüllend die Reihen entlang, tritt diejenigen, die nicht grade stehen, ans Schienbein, oder stößt sie vor die Brust. Dabei bleibt er vor solchen Gefangenen stehen, die ein finsteres Gesicht machen, glotzt sie an und macht: „Buh! Bäh!" und ahmt ihr finsteres Gesicht nach. Kein Muskel verzieht sich in unsern Gesichtern.

Endlich hat die Abzählerei geklappt und wir stehen zu seiner Zufriedenheit in Reih' und Glied.

Der Kommandant kommt.

„Achtung — still gestanden! Die Augen — links!"

Der Truppenführer macht Meldung. Der Kommandant, ein schwerer dicker Mann, mustert uns schweigend. Dann:

„Augen gerade — aus. Rührt Euch!"

Jetzt marschiert die S.S.-Wachmannschaft, 120—150 Mann in Zweierreihen ins Lager und nimmt uns gegenüber Aufstellung.

„Laden und sichern!" Revolver und Karabiner werden geladen.

„Wer meldet sich krank?"

Ungefähr hundert Mann treten aus der Reihe heraus oder erheben den Arm.

„Wollt Ihr zurück ins Glied, marsch, marsch! Scheißkerle, Drückeberger, Euch werden wir Eure Krankheiten austreiben! Du dort, — Du! — was fehlt Dir?"

Der Angeredete bleibt im Glied stehen.

„Hier her! Laufschritt marsch, marsch! Also, was fehlt Dir?"

„Ich habe einen Herzfehler, Herr Kommandant."

132

„Quatsch! Du willst Dich nur drücken!"

Und dann zu uns gewendet: „Daß mir keiner mehr mit Herzfehlern kommt! Herzfehler gibts hier draußen nicht. Das wäre ja noch schöner! Marsch zur Arbeit!"

Die Kranken, die Gnade gefunden haben, müssen sich am linken Flügel aufstellen und werden für die Küchen- und Barackenarbeit eingeteilt, wir andern in kleinen Arbeitstrupps zu zehn — zwölf Mann zur Aufräumungsarbeit im Lager: Planken schleppen, Gräben ausheben, altes Barackeninventar, das gerade von der kleinen Feldbahn abgeladen war, zusammentragen und Bauholz aufschichten. Jede Arbeitsgruppe hat ein oder zwei S.S.-Männer zur Bewachung. Die trotten hinter uns her, wenn wir die Sachen schleppen und jedes Mal, wenn wir die Bretter oder Barackenwände von einem Platz zum andern tragen, müssen wir wieder antreten und abzählen.

Wir dürfen kein Wort reden.

„Schnauze halten! Arbeiten!"

Die Häftlinge der Baracke I und II ziehen in zwei großen Trupps mit geschultertem Spaten aus dem Lager. Sie sind schon dunkelbraun gebrannt von der Sonne und tragen Arbeitskleidung: Alte grüne Röcke der Schutzpolizei und schirmlose Rekrutenkäppchen auf dem Kopf. Am Arm die Binde mit der Gefangenennummer. An den Füßen haben sie Holzschuhe, an denen Schäfte aus alten Autopneus angenagelt sind. Sie arbeiten vor dem Lager und tragen dort eine Anhöhe ab.

Ich war körperliche Arbeit nicht gewöhnt, aber es hat mir in den ersten Tagen nicht viel ausgemacht. Im Gegenteil, die Arbeit war eine gewisse Beruhigung für mich.

Das Neuartige dieser Beschäftigung lenkte mich ab. Ich stellte mich im Anfang sehr dumm an, bis mir meine Kameraden die kleinen Tricks und Erleichterungen zeigten, die sie als gelernte Arbeiter wußten.

Um zwölf Uhr wird Mittagspause gemacht. Wir müssen wieder antreten, abzählen und „Rechts um", „Links um", „Stillgestanden" und „Rührt Euch" probieren. Dann dürfen wir in die Baracke zum Mittagessen.

Jeder hat seinen Picknapf und Löffel bekommen. Es gibt pro Mann einen Liter Graupen. Mit Rindertalg gekocht.

„Ein Saufraß. Das kann ja nett werden!"

„Das sind doch unsere Jungens in der Küche! Die müssen erst lernen, mit den großen Kesseln zu kochen."

„Aber fressen mußt Du es, sonst machst Du schlapp."

Zwei S.S.-Männer kommen herein. Wir bleiben sitzen und schauen von unserem Essen auf.

„Was ist denn das für eine Schweinerei! Will hier keiner Achtung rufen. Wenn ein S.S.-Mann die Baracke betritt, dann springt Ihr gefälligst hoch und nehmt Haltung ein und bleibt nicht auf Eurem dreckigen Arsch sitzen!"

Wir stehen auf. Sie laufen durch die ganze Baracke, gehen zur Hintertüre hinaus. Wir setzen uns wieder. Kaum haben wir einige Löffel gegessen, da kommen sie wieder zur Vordertüre herein. Der Zunächstsitzende ruft: „Achtung!"

„Nochmal und lauter!"

„Achtung"

„Kannst Du nicht lauter brüllen!"

„Nein, ich kann nicht lauter!"

„Aber Du kannst doch singen, was?"

„Ich kann nicht singen."

„So! auch die Internationale kannst Du nicht singen?"

„Doch, die kann ich."

„Also los, sing mal."

Er fängt an: „Wacht auf Verdammte dieser Erde..." und bekommt von dem einen S.S.-Mann eine Ohrfeige, daß er in die Betten taumelt.

„Bis heute abend kannst Du das Horst Wessel Lied, verstanden! Heut' nacht kommen wir und da singst Du uns das Horst Wessel Lied vor. — Alles hinsetzen, weitermachen!"

Sie stiefeln hinaus. Am Nachmittag geht es nicht zur Arbeit. Wir müssen in der Baracke bleiben. Personalaufnahme. Wir sitzen und warten stundenlang, bis wir vernommen werden. Vor jeder Baracke steht ein S.S.-Mann Posten. Wer austreten will, muß sich mit drei Schritten Abstand vor ihn hinstellen, die Hacken zusammenschlagen, Hände an die Hosennaht nehmen und mit lauter und deutlicher Stimme melden:

„Ich bitte, austreten zu dürfen."

Der Posten, ein neunzehnjähriger Junge, betrachtet den Gefangenen von oben bis unten. Wie ein Pascha.

„Von woher bist Du?"

„Aus Haspe"

„Wo liegt das?"

„Bei Hagen."

„So. — Bei Hagen. — — Na, dann geh' scheißen."

Die Latrine war noch nicht fertig. Eine provisorische

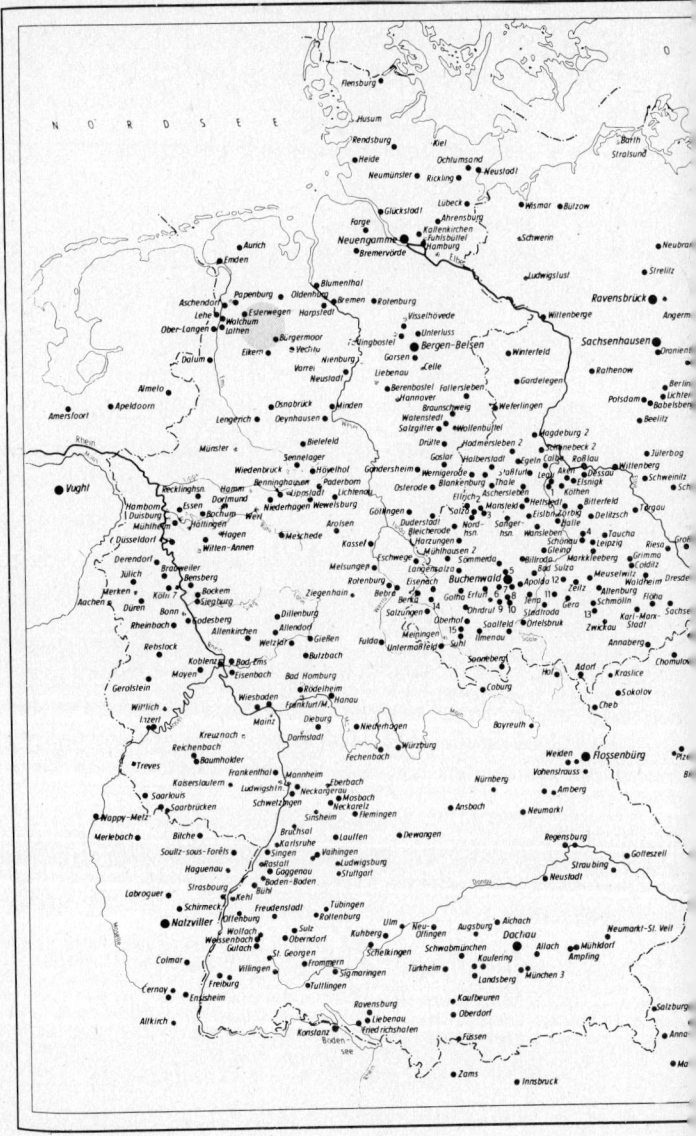

NORDSEE

Flensburg
Husum
Rendsburg · Kiel
Heide · Ochlumsond · Neustadt
Neumünster · Rickling
Lübeck · Wismar · Bützow
Farge · Glückstadt · Ahrensburg
Neuengamme · Kaltenkirchen · Schwerin · Neubran
Fuhlsbüttel · Hamburg
Emden · Bremervörde · Ludwigslust · Strelitz
Aurich · Blumenthal · Ravensbrück
Papenburg · Oldenburg · Bremen · Rotenburg · Wittenberge · Angerm
Aschendorf · Esterwegen · Harpstedt · Visselhövede
Lehe · Wolchum · Sachsenhausen · Oranien
Ober-Langen · Lathen · Burgermoor · Unterluss · Winterfeld
Eikem · Vechta · Kingbostel · Bergen-Belsen
Dalum · Nienburg · Gorsen · Gardelegen · Rathenow · Berlin
Vörrel · Celle · Liebenau · Lichten
Aimelo · Neustadt · Berenbostel · Fallersleben · Weferlingen · Potsdam · Babelsbe
Amersfoort · Apeldoorn · Lengerich · Osnabrück · Hannover · Braunschweig · Beelitz
Oeynhausen · Minden · Watenstedt · Wollenbüttel · Magdeburg 2
Salzgitter · Hadmersleben · Egeln Calbe · Roßlau · Jüterbog
Münster · Bielefeld · Drüte · Goslar · Halberstadt · Sömmeck 2 · Dessau · Wittenberg
Rheine · Wiedenbrück · Sennelager · Gondersheim · Wernigerode · Egeln Calbe · Roßlau · Schweinitz · Schl
Recklinghsn · Hagen · Höwelt · Paderborn · Osterode · Aschersleben · Helbstedt · Köthen · Bitterfeld
Hambom · Dortmund · Benninghausen · Lichtenau · Eisitsch · Eisleben Zorbig · Delitzsch · Torgau
Vught · Duisburg · Bochum · Werl · Niedernhagen Wewelsburg · Göttingen · Mansfeld · Halle · Taucha
Mühlheim · Hattingen · Arolsen · Duderstadt · Nord- · Sanger- · Schönau · Leipzig · Riesa · Gro
Düsseldorf · Witten-Annen · Kassel · Bleicherode · hsn. · hsn. · Gleina · Markkleeberg · Colditz
Hagen · Melsche · Harzungen · Mühlhausen 2 · Bilrrada · Meuselwitz · Waldheim Dresde
Derendorf · Brauweiler · Melsungen · Eschwege · Langensalza · Sömmerda · Apolda 12 · Zeitz · Allenburg · Schmölln · Floha · Sachse
Jülich · Bensberg · Rotenburg · Eisenach · Buchenwald · Gotha Erfurt · Tenp · Gera · Karl-Marx- · Zwickau · Annabera · Chomulo
Köln 7 · Siegburg · Ziegenhain · Bebra · Berg · 14 · Ohrdruf 9 · 8 · Saalfeld · Orlsbrück · Stadt!
Aachen · Merken · Bonn · Dillenburg · Salzungen · 3 · 13 · Kraslice
Düren · Godesberg · Allendorf · Gießen · Oberhof · Ilmenau · Hof · Adorf · Sokolov · Cheb
Rheinbach · Allenkirchen · Wetzlar · 15 · Meiningen · Suhl · Sonneberg
Rebstock · Koblenz · Bad Ems · Butzbach · Fulda · Untermaßfeld · Coburg
Gerolstein · Mayen · Eisenbach · Bad Homburg · Bayreuth · Weiden
Wittlich · Izert · Kreuznach · Rödelheim · Hanau · Flossenbürg
Treves · Reichenbach · Mainz · Diebug · Niederhagen · Würzburg · Vohenstrauss
Baumholder · Darmstadt · Nürnberg · Amberg · Bla
Kaiserslautern · Frankenthal · Monnheim · Eberbach · Fechenbach
Saarlouis · Ludwigshfn · Neckarelz · Mosbach · Ansbach · Neumarkt
Wappy-Metz · Saarbrücken · Schwetzingen · Simsheim · Flemingen · Regensburg
Merlebach · Bruchsal · Laufen · Dewangen · Straubing · Goltoszell
Bitche · Karlsruhe · Singen · Vaihingen · Ludwigsburg · Neustadt
Soultz-sous-Forêts · Rastatt · Gaggenau · Stuttgart
Labroguer · Haguenau · Boden-Baden · Donau
Strasbourg · Kehl · Bühl
Schirmeck · Freudenstadt · Tübingen · Neumarkt-St. Veit
Natzviller · Wolfach · Offenburg · Sulz · Rotenburg · Ulm · Neu- · Augsburg · Aichach
Weißenbach · Oberdorf · Kuhberg · Offingen · Dachau · Allach · Mühldorf
Gutach · St. Georgen · Schwabmünchen · Kaufering · Ampfing
Colmar · Villingen · Frommern · Schelkingen · Türkheim · München 3
Freiburg · Tuttlingen · Sigmaringen · Landsberg
Cernay · Ensisheim · Kaufbeuren
Ravensburg · Oberdorf · Salzbur
Altkirch · Liebenau · Füssen
Konstanz · Friedrichshafen
Baden- · see
Zams · Innsbruck · Ma

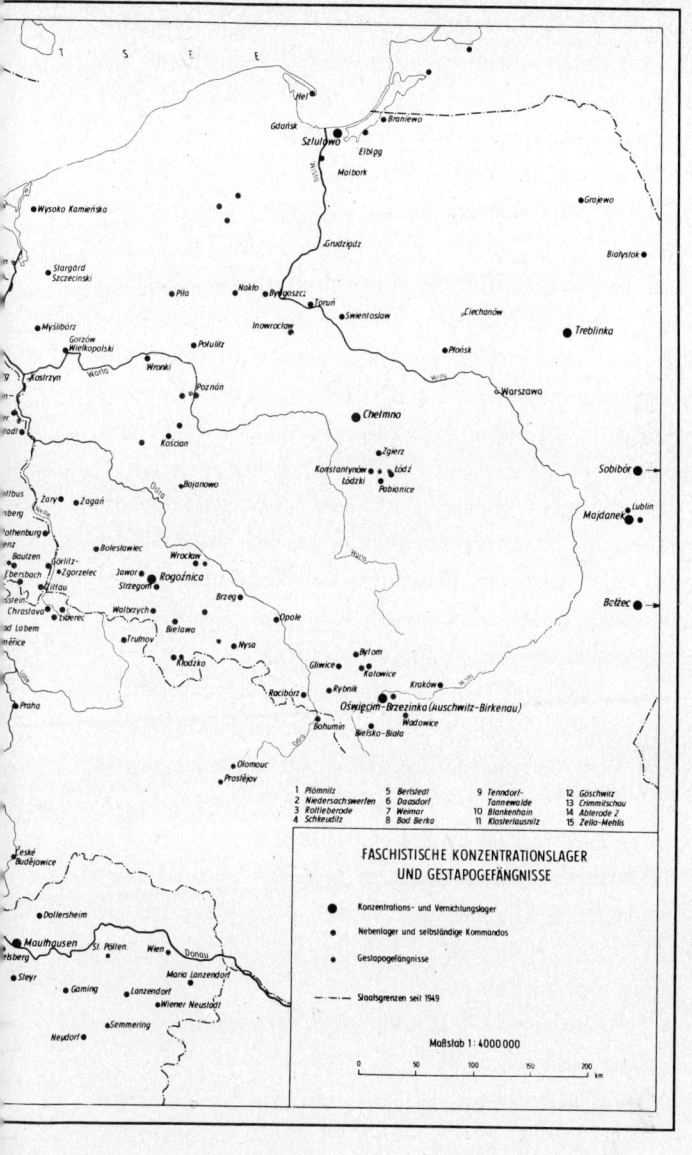

T   S   E   E

Hel

Gdańsk
Sztutowo

Braniewo

Elbląg

Malbork

Wysoka Kamieńska

Stargard
Szczeciński

Piła   Nakło

Myślibórz

Gorzów
Wielkopolski

Wronki

Poznań

Pokulitz

Inowrocław

Bydgoszcz
Toruń
Świeciosław

Grudziądz

Grajewo

Białystok

Ciechanów

Płońsk

Treblinka

Warszawa

Chełmno

Kościan

Bojanowo

Żary   Żagań

Bolesławiec

Bautzen   Görlitz
Zittau   Zgorzelec
Jawor

Liberec   Strzegom

Chrastava

Wołbrzych

Trutnov

Praha

Zgierz

Konstantynów   Łódź
Łódzki
Pabianice

Wrocław

Rogoźnica

Brzeg

Bielawa

Kłodzko

Nysa

Opole

Gliwice   Bytom
Katowice

Racibórz   Rybnik   Kraków

Sobibór

Majdanek   Lublin

Bełżec

Oświęcim-Brzezinka (Auschwitz-Birkenau)

Bohumín   Wadowice
Bielsko-Biała

Olomouc

Prostějov

České
Budějovice

Dollersheim

Mauthausen   St. Pölten   Wien
Linz   Maria Lanzendorf

Steyr   Gaming   Lanzendorf
Wiener Neustadt

Neudorf   Semmering

Donau

1 Plömnitz
2 Niedersachswerfen
3 Rottleberode
4 Schkeuditz
5 Berlstedt
6 Daasdorf
7 Weimar
8 Bad Berka
9 Tenndorf-
   Tannewalde
10 Blankenhain
11 Klosterlausnitz
12 Göschwitz
13 Crimmitschau
14 Ablerode 2
15 Zella-Mehlis

FASCHISTISCHE KONZENTRATIONSLAGER
UND GESTAPOGEFÄNGNISSE

● Konzentrations- und Vernichtungslager

• Nebenlager und selbständige Kommandos

· Gestapogefängnisse

–·–·– Staatsgrenzen seit 1949

Maßstab 1 : 4000000

0   50   100   150   200
km

Hütte, ein Brett mit zwanzig Löchern. Wenn der Gefangene zurückkommt, muß er sich wieder ebenso stramm vor dem Posten aufbauen und laut und deutlich melden:

„Melde mich vom Austreten zurück."

Wehe, wer die drei Schritte Abstand nicht einhält! Dem fährt die Faust ans Kinn, oder der Stiefel in den Bauch.

In der Baracke sitzt der stellvertretende Kommandant mit drei, vier S.S.-Männern. Wir müssen alle an den Betten antreten und stehen dort in strammer Haltung drei Stunden lang, bis jeder Einzelne vernommen ist. Wir werden in eine Liste eingetragen und erhalten eine Häftlingsnummer.

Beim Verhör erkundigt sich der Kommandant-Stellvertreter nach Parteizugehörigkeit, Funktion innerhalb der Partei und Vorstrafen. Besonders die Vorstrafen will er genau wissen. Jedesmal, wenn ein oder zwei Jahre Gefängnis angegeben werden, grinst er befriedigt.

„Das hab' ich Deiner dreckigen Verbrechervisage gleich angesehen. Mensch, Du siehst aus, als ob Du Deinen eigenen Vater umgebracht hättst! — Untermenschenpack, elendes!"

Von Zeit zu Zeit brüllte er uns alle an:

„Daß mir genaue Angaben gemacht werden! Eure Akten kommen alle hierher! Wehe, wenn einer gelogen hat!"

Die Reihe ist an mir.

„Schauspieler? — Warum sind Sie verhaftet?"

„Das weiß ich nicht."

„Aha, sieh mal an! Wieder einer von den Burschen,

die nichts wissen! Seht Euch nun einmal das Unschulds-
lamm an! Natürlich, die wissen alle nichts! Schauspieler
will der sein und hat keine Zähne mehr im Maul! Raus
mit der Sprache: Warum sind Sie verhaftet?"

Er beugt sich weit über den Tisch, die Fäuste geballt.

„Ich habe auf Arbeiterveranstaltungen vorgetra-
gen und Theatertruppen einstudiert."

„Na also! Volksverhetzer! Was, so Gedichte vor-
getragen, wo Ihr den Adolf durch den Kakao gezogen
habt? Stimmts?"

Ich weiß nicht, was ich antworten soll. Er wendet sich
zum Schreiber:

„Schreib auf: Verächtlichmacher der N.S.D.A.P.
Das werden wir Dir hier schon austreiben, mein Junge!
— Vorstrafen?"

„Keine".

„Merkwürdig. Der nächste!"

Ein Drittel unserer Belegschaft kommt aus der Aa-
chenergegend, die andern aus Düsseldorf, Köln und Umgebung, aus Westfalen und dem Bergischen Land. 95 Prozent Arbeiter, Mitglieder der Kommunistischen Partei.
Ferner der Kaufmann, ein sozialdemokratischer Regie-
rungsangestellter, ein Ingenieur, ein Redaktor und ich.

Nach Beendigung des Verhörs gibt der Kommandant-Stellvertreter Anweisung, wie wir uns zu verhalten
haben.

„Vollständiges Rauchverbot! Bei anständiger Führung
Sonntag-Nachmittags von drei bis fünf Uhr Raucherlaubnis. Wer sonst beim Rauchen erwischt wird, kann sehen,
was mit ihm passiert! Einmal im Monat könnt Ihr einen

Brief schreiben und ebenso im Monat einmal einen empfangen. Der Abgang der Post wird Barackenweise erledigt. Besuchserlaubnis gibts bis auf weiteres überhaupt nicht. Pakete dürfen geschickt werden. Wenn ein S.S.-Mann die Baracke betritt, hat der Zunächststehende laut und deutlich „Achtung" zu rufen. Alles nimmt Haltung ein, der Barackenälteste macht Meldung. Den Barackenältesten müßt Ihr bestimmen. Er ist für Sauberkeit und Ordnung in der Baracke verantwortlich. Einen tadellosen Bettenbau bitte ich mir aus! Wenn ich hier durchkomme und Betten sehe, die nicht vorschriftsmäßig gebaut sind, fliegt die ganze Baracke in den Bunker! Mit Schnur und Wasserwaage müssen die Betten ausgerichtet sein! Wollen doch mal sehen, ob wir aus Euch internationalem Verbrecherpack nicht anständige deutsche Männer machen können!"

Er wendet sich zum Gehen. Ein junger Gefangener tritt auf ihn zu. Er fragt ihn, ob er sich ins Bett legen darf, er sei krank.

„Blödsinn! Ich bin auch krank. Die Luft hier ist ausgezeichnet. Du mußt nicht so viel onanieren, dann siehst Du auch nicht so käsig aus."

Er lacht sich krank über seinen eigenen Witz und zieht mit seinen S.S.-Männern ab.

Wir fangen an, die Baracke sauber zu machen. Mit Wasser und Sand schrubben wir die Tische und den Fußboden. Inzwischen wird die Wahl des Stubenältesten besprochen.

„Das ist ein wichtiger Posten, da müssen wir unsern besten Mann hinstellen!"

140

„Wir vom Niederrhein wüßten schon einen. Aber den kennen die Aachener nicht."

„Wen meinst Du denn?"

„Na — den Kurt, Mensch. Das ist doch klar. Der hats doch auch bei uns in Düsseldorf großartig gemacht. Der hat Schneid. Der macht auch's Maul auf, wenn's drauf ankommt."

Ueberall diskutierende Gruppen. Es war schwer, unter hundert Mann, die sich nur zum Teil kannten, den richtigen Vertrauensmann zu finden. Der Kurt war derselbe, von dem ich schon einmal berichtet habe und der auf der „Ulmer Höh'" uns so gut vertreten hatte. Aber die Aachener wollten unbedingt einen Mann von sich haben. Sie schlugen ihren ältesten Gefangenen vor und vertraten bei der Wahl mehr den Standpunkt des Alters und der damit verbundenen Vertrauenswürdigkeit, während die Kameraden vom Niederrhein mehr politische Gesichtspunkte geltend machten. Abgesandte verhandelten mit dem andern Lager. So lernten sich die Kameraden zunächst einmal kennen. Schließlich einigten wir uns auf unsern Kurt und wählten den Aachener Kameraden als Stellvertreter.

Die Wahl erfolgte ganz demokratisch durch Handaufheben. Nachdem das Ergebnis heraus war, hielt Kurt eine kleine Ansprache. Wir drängten uns alle in der Mitte der Baracke zusammen, wo er am Tisch stand und leise aber eindringlich auf uns einsprach.

„Kameraden, Ihr habt mich gewählt, und ich hoffe, daß ich Euer Vertrauen verdienen werde. Ich will mich bemühen, alles richtig zu machen. Die Sache wird schon klappen, wenn wir nur fest zusammenhalten und uns alle gegenseitig unterstützen. Das ist die Hauptsache. Augenblicklich sieht es schlimm für uns aus. Es braucht aber keiner zu verzweifeln. Wir müssen lernen, uns jeder Situation anzupassen und in jeder Situation unsere Aufgabe zu erfüllen. Und da ist das Wichtigste, daß wir durch tadellose Ordnung und Disziplin der S.S. beweisen, daß wir keine Untermenschen sind. Wenn sie erst einmal das gemerkt haben, ist schon viel für uns gewonnen. Und im übrigen — nicht den Kopf hängen lassen, wenn's auch hart ist! Wir können uns das Leben erleichtern durch Kameradschaft. Je stärker der Druck von außen, desto enger unser Zusammenhalt! Ich will jetzt nicht mehr sagen — aber das ist doch alles klar, wie?"

Beifälliges Gemurmel von allen Seiten. Es war eine groteske Situation: Mitten im Lager, umgeben von Stacheldraht, Terror, Schlägen und Mißhandlungen — eine Art Parteiversammlung mit Wahl und Ansprachen! Auch der Aachener Kamerad fühlte sich verpflichtet, ein paar Worte als Stellvertreter zu reden und die Worte seines „Vorredners" zu unterstreichen und allen „wärmstens ans Herz zu legen". Für mich hatte dieses Festhalten an der Ueberlieferung etwas Rührendes. Später habe ich auch die Bedeutung und Kraft erkannt, die in dieser Ueberlieferung ruht. Denn nie in meinem ganzen Leben habe ich unter Menschen einen solchen Grad von Zusammenhalt, Treue und Kameradschaft erlebt. Und dabei war die Situation doch wirklich so, daß sie jede Art von Unkameradschaftlichkeit begünstigte! Jeder Einzelne hätte versuchen können, durch Anbiederung, Kriecherei oder Denunziation für sich selbst Vorteile herauszuschinden, so wie es in Gefängnissen ja auch wirklich der Fall ist. In der ganzen Zeit sind mir nur zwei Fälle von Denunziationen bekannt geworden. Darüber werde ich später berichten.

Natürlich, es hat auch innerhalb der Baracke Streitigkeiten und Reibereien gegeben! Aber fast immer wurden sie bereits im Keim erstickt durch die Autorität des Tisch- oder Stubenältesten. So war die gemeinsame Weltanschauung der Garant eines kameradschaftlichen Lebens.

Die Nacht der langen Latten.

Am dritten Sonntag nach unserer Einlieferung gab es zum ersten Mal Raucherlaubnis. Von nachmittags drei bis fünf Uhr.

Wir waren vollständig ausgehungert. Die letzten Reste und Kippen schon seit 14 Tagen aufgeraucht. Obwohl die schwersten Strafen auf Rauchen angedroht waren, hatte fast jeder in den ersten Tagen etwas versteckt, um früh morgens um fünf Uhr auf der Latrine ein paar Züge nehmen zu können. Da saßen dann die Raucher in der dampfenden, stinkenden Bude und rauchten zu viert, fünft und sechst an einem kleinen Zigarettenstummel, während zwei bis drei Mann am Latrinenausgang standen und Wache hielten. Einmal hat ein S.S.-Mann einen erwischt. Er mußte zuerst die Zigarette auffressen, dann kam er in die Arrestbaracke. Trotzdem wurde weiter geraucht.

Jetzt war aber alles aufgeraucht. An diesem Sonntag

sollten wir um drei Uhr die Tabakwaren zurückbekommen, die wir bei der Einlieferung abgegeben hatten.

Wir waren schon am Vormittag nervös und gespannt, wie Kinder vor Weihnachten. Alle Augenblicke sah einer auf seine Uhr:

„Noch vier Stunden!" „Noch drei Stunden und 20 Minuten." „Jetzt noch drei Stunden."

Nach dem Mittagessen gingen wir auf dem Lagerplatz und der Straße zwischen den Baracken spazieren und warteten. Unsere Stubenältesten hielten sich bereit, nach vorn auf die Poststelle zu gehen und den Tabak abzuholen. Jeden Moment kam einer von ihnen und sagte:

„Na, Menschenskinder, jetzt ist es doch schon gleich drei Uhr, die halbe Stunde macht jetzt auch nichts mehr aus!"

Zwanzig vor drei meldeten sich die zehn Stubenältesten beim Posten am Tor und verschwanden in der Post-Baracke.

„Sie müssen gleich zurückkommen! Gleich gibt's was!" Wir standen in Gruppen, wie die Raubtiere bei der Fütterung, vor dem Eingang.

,Merkwürdig', dachte ich, ,daß man von einem bißchen Rauchen so abhängig sein kann!' Und dabei stand ich selber unter den Wartenden und freute mich! Einige Kameraden gingen zu den Gruppen und sagten:

„Geht doch zurück in die Baracken! Es ist nicht nötig, daß wir der S.S. so einen Anblick bieten!"

Aber erst wollten wir sehen, ob die Stubenältesten wirklich mit den Tabakpaketen unter dem Arm zurückkämen.

Sie kamen aus der Post-Baracke mit leeren Händen.

„Was ist los?"

„Rauchverbot."

Wir sahen uns an. „Verdammte Scheiße!" —

Wir waren völlig niedergeschlagen und verkrümelten uns langsam in die Baracken. Wieder einmal alles verdorben. Ich fühlte, daß es eigentlich nicht einmal so sehr das Rauchen war — obwohl es natürlich auch das Rauchen war —, sondern das Gefühl, mit einer Zigarette im Mund wieder Mensch zu sein. ‚Du kannst dir eben eine anstecken, oder nicht, bist dein freier Mann!' Das war es, worauf wir uns alle so sehr gefreut hatten.

Der junge Heini aus Düsseldorf meinte:

„Wir müssen eine Delegation zum Alten schicken!"

„Quatsch! Auch noch bitten und betteln! Wir scheißen denen was! Verdammt nochmal, dann rauchen wir eben nicht!"

„Das mit der Delegation ist kein dummer Gedanke!"

Jetzt standen alle in der Baracke und diskutierten heftig über den Vorschlag. Es war eine Aufregung unter uns wie in einem Bienenschwarm.

„Los, der Kurt soll in die andern Baracken gehen und fragen. Und dann gehen drei Mann zum Kommandanten. Der Stubenälteste von sieben muß mit, der ist am ältesten und kanns auch am besten mit ihm!"

Die Delegationsanhänger bekamen die Ueberhand. Die Einwände der Gegner wurden immer schwächer und unsicherer, schließlich brummten sie: „Meinetwegen".

Nach zehn weiteren Minuten wurde die Delegation

abgesandt. Wir blieben aber diesmal in den Baracken sitzen und warteten auf den Ausgang.

In unserer Baracke gab es ungefähr zwanzig Schachspieler. Wir hatten uns aus Packpapier Schachbretter gemacht und aus weißem und braunem Karton die Figuren ausgeschnitten. Es ging tadellos. Unter den Arbeitern gab es hervorragende Spieler, so daß wir beschlossen, am nächsten Sonntag ein Barackentournier auszutragen.

Ich saß am Tisch und spielte mit einem Metalldreher aus Remscheid. Die Partie wurde von beiden Seiten etwas nervös gespielt. Wir waren nicht so richtig bei der Sache.

Auf einmal stürzt einer atemlos in die Baracke:

„Los, los, die Stubenältesten nach vorn kommen, Rauchwaren abholen."

Die ganze Baracke brüllte vor Vergnügen!

Und dann gabs den Tabak. Bei der Ablieferung war natürlich alles durcheinander geschmissen worden und so kam es, daß keiner die Sachen zurückerhielt, die er abgegeben hatte, sondern, daß alles einfach geteilt wurde. Und das war gut so, denn manche hatten schon bei der Einlieferung keinen Tabak mehr gehabt. Wir umdrängten den Tisch, an dem der Stubenälteste vor dem Karton saß und Zigarren, Zigaretten, Pfeifentabak, Zigarettenpapier und die Tabakspfeifen sortierte und sorgfältig einteilte.

„Wer nimmt Zigarren?"

„Hier, ich!"

„Wer Pfeifentabak?"

„Ich!" „Ich!"

Endlich war alles zur Zufriedenheit geregelt, bis auf

die Pfeifenbesitzer, deren Pfeifen alle durcheinander geschmissen waren, und die nun ihre eigenen nicht mehr
herausfinden konnten.

Und dann ging die Schmaucherei los! Mit hochroten
Köpfen, die Zigarette im Mund, gingen wir in unserer
Barackenstadt spazieren. Schon nach den ersten heftigen
Lungenzügen waren wir wie benebelt, wie betrunken.
Zigarette um Zigarette wurde geraucht. Das war doch
mal ein Sonntag! Die Gespräche wurden laut. Jeder
machte Witze mit dem andern: Wir waren in gehobener
Stimmung. Vergessen die drei Wochen im Lager, ver-
gessen die Quälereien, der Arrest, die Arbeit.

An diesem Sonntag-Nachmittag festigten sich die
Bande der Freundschaft. Man hockte enger zusammen an
den Tischen, erzählte sich von zu Hause, von der Familie,
von seinen politischen Arbeiten und langsam löste sich
die Erstarrung, die seit unserer Einlieferung wie ein Alp-
druck auf uns gelastet hatte.

Mein Gegenüber zog eine Photographie aus der
Tasche. Sofort beugten sich alle Köpfe darüber.

„Ist das Deine Madam?"

„Mensch, ein strammer Brocken!"

„Du Willi, schau' Dir mal dem seine an! Das ist
ein Weib!"

„Das ist noch gar nichts, willst Du mal meine sehen?"

Und jetzt wurden die Bilder betrachtet. Abgeschätzt.
Fachmännisch taxiert. Mütter, Frauen, Bräute und Kinder
marschierten auf. Gruppenbilder vor gemalten Landschaf-
ten, vor der See, an der sie nie waren, die Kinder starr und
steif im einzigen guten Anzug, der Schwager am Steuerrad,

die Braut mit Kranz und Schleier, wie eine Schaufenster-figur, die Hand auf der hölzernen Ballustrade mit dem einen Blumentopf, der Gefangene selbst als Soldat auf Urlaub („Mensch, schau mal, was der da noch für einen Schnurrbart gehabt hat!") im Kreise der Familie, — fast alle Photographien verdreckt, zerknittert und doch der größte Schatz, den jeder hier im Lager besaß!

Ich mußte auch Bilder von meiner Frau zeigen.

„Donnerwetter, hat die eine feine Kluft an! Na ja, Du hast sicher schwer Geld verdient!"

In diesem Augenblick tat es mir leid, daß meine Frau nicht ebensolche Kleider trug, wie die Frauen meiner Mit-gefangenen. Warum haben sie zuerst aufs Kleid und nicht ins Gesicht geschaut? Ich fühlte wieder dieses „Unter-schiedensein", die feine Trennung, die ich trotz aller Kameradschaft und gleichen Leidens noch immer nicht überbrückt hatte. Das fing schon beim Dialekt an, den ich nicht beherrschte. Außerdem wollte ich mich nicht „anbiedern" und verachtete auch im übrigen jene gemachte Pose der Proletarisierung gewisser intellektueller Kreise, die sich extra einen schäbigen Anzug anziehen oder die Hemdärmel aufkrempeln, wenn sie in Arbeiterversammlun-gen gehen. Aber in diesem Fall war das etwas anderes. Meine Frau hatte jetzt nicht mehr und nicht weniger als ihre Leidensgefährtinnen, und die besseren Kleider aus einer vergangenen besseren Zeit täuschten nur eine Lage vor, die in Wirklichkeit nicht mehr bestand. —

Ich ging durch die Baracke. An allen Tischen Fest-stimmung. Mir kam der Gedanke, daß es doch gut wäre, wenn man eine solche Stimmung nicht nur anläßlich der

Raucherlaubnis schaffen, sondern durch gemeinsames Singen oder gemeinsame Spiele jeden Sonntag erwecken könnte. Ich nahm mir den Kurt beiseite und sprach mit ihm darüber.

„Mensch, das ist eine glänzende Idee! Du kannst uns doch auch mal ein paar Gedichte vortragen oder Witze erzählen. Die Hauptsache ist, daß wir die Kameraden aufmuntern! Das wäre ein glänzender Weg dazu."

„Aber wenn es uns die da vorn verbieten?"

„Ach was, in unserer Freistunde können wir machen, was wir wollen! Wir müssens nur probieren! Weißt Du was, wir machen das nicht nur für unsere Baracke, sondern für das ganze Lager! Am nächsten oder übernächsten Sonntag setzen wir uns alle zusammen und dann wird gesungen und jeder, der etwas kann, soll was vortragen. Stimmung im Lager, das ist so wichtig wie Brot! Die da vorn sollen wissen, daß sie uns nicht klein kriegen, daß wir trotz allem den Kopf hoch halten! Komm mal mit."

Wir gingen aus der Baracke und spazierten im Lager auf und ab. Bald gesellte sich ein Dritter, ein Vierter dazu, und Kurt erkundigte sich nach der Stimmung in den einzelnen Baracken und erzählte von unserm Plan.

Begeisterte Zustimmung!

„Herrschaften, das wird knorke! Wir haben doch hier einen richtiggehenden Schauspieler unter uns und der muß das alles organisieren! Ihr erkundigt Euch in den andern Baracken, wer etwas zum besten geben kann. Die Remscheider sind großartige Sänger, vielleicht können die einen Gesangverein aufmachen!"

„Ja, in unserer Baracke haben wir sogar einen, der

kann dichten! Wunderbare Gedichte, sag' ich Euch! Und einen Akrobaten haben wir auch! Der macht Euch einen Handstand und springt auf den Händen vom Tisch auf den Stuhl und dann auf den Boden!"

„Wichtig ist nur, daß wir 800 Mann uns kennen lernen! — Ihr versteht schon, was ich meine."

„Hört mal zu, Kinder," sagte ein älterer Arbeiter, „das ist ganz falsch, was Ihr da machen wollt. Wenn die sehen, daß wir noch lachen und singen können, paßt mal auf, was sie mit uns alles aufstellen werden! Oder sie gehen hin und photographieren uns und veröffentlichen in der Zeitung das Bild, und dann heißt es: Schaut mal, wie glänzend es den Gefangenen im Konzentrationslager geht!"

Inzwischen hatten sich immer mehr Gefangene unserm Spaziergang angeschlossen und hörten neugierig zu.

„Haut doch ab, die riechen sonst Lunte! Los, verduftet!"

Mit zufriedenem Lächeln zogen sich die Neugierigen wieder zurück.

Kurt meinte: „Paßt mal auf, wir besprechen das alles in jeder Baracke. Aber nur mit sicheren Leuten. Und am Mittwoch abend treffen wir uns in einer Baracke und kommen zu einem Beschluß. Abgemacht?"

„Klar. Die Sache wird gemacht."

Ich war von diesem Gedanken begeistert und überlegte mir, welche Form wir einem solchen Unterhaltungsnachmittag am besten geben könnten. Ein Kamerad kam auf mich zu und zog am Arm einen andern mit.

„Du bist doch der Schauspieler, was? Also, das hier ist unser Dichter. Der hat schon im „Ruhr-Echo"

Gedichte drin gehabt, und für bürgerliche Gesangvereine hat er sogar schon Lieder geschrieben!"

Wir liefen nebeneinander. Der „Dichter" war Bergarbeiter von Beruf, ein älterer, ruhiger Mann. Ich sagte ihm:

„Könntest Du nicht mal so ein Lied dichten, das wir dann alle zusammen im Lager singen können? Verstehst Du, das darf natürlich kein Lied sein, das die S.S. uns verbieten kann. Es müßte auf unser Lager Bezug nehmen und auf unsere Familien zu Hause. Weißt Du, so ein Heimatlied, bloß nicht so kitschig, wie „Nach der Heimat möcht' ich wieder.."

„Ja, so etwas kann ich schon machen," sagte der Kamerad bedächtig. „Ich will mich mal dran geben und bring' Dir dann im Laufe der Woche das Gedicht in Deine Baracke."

Wir drückten uns die Hand und ich hielt nach weiteren Opfern für meine Veranstaltung Ausschau.

Ueberall standen die Kameraden in kleinen Gruppen und steckten die Köpfe zusammen. Das, was sie besprachen, schien geheimer Natur zu sein. Sobald ich dazu trat, redeten sie vom Wetter oder andern nebensächlichen Dingen.

Nur wo sie mich kannten, wurde weiter gesprochen. Und zwar über Zusammenhalt im Lager, über die S.S., über Wege des organisierten Widerstands. So begangen die ersten Versuche, eine einheitliche Haltung der Gefangenen zu erzielen.

Um fünf Uhr mußten wir den Rest unserer Rauchwaren und die Streichhölzer wieder abliefern. Diese letzte Viertelstunde vor fünf Uhr war amüsant. Die Hände in

Der Moorsoldat

den Taschen, liefen die Kameraden durch die Baracken und suchten „unauffällig" Verstecke, wo sie ihren Tabak, den sie nicht abgeben wollten, unterbringen konnten.

Man flüsterte sich zu: „Du, ich vergrab' meine Schachtel im Sand!"

„Ich hab' was todsicheres. In der Baracke sind zwei Fußdielen locker, die heben wir hoch und legen das Zeug drunter."

„Zwischen die Balken oben am Dach kann man auch großartig etwas verstauen!"

„Paßt aber bloß auf, daß sie keinen erwischen!"

„Ich binds mir einfach mit einem Säckchen unter den Bauch. Das ist das Sicherste!"

Um fünf Uhr wurde nur ein winziger, kümmerlicher Rest von Pfeifentabak, Zigarettenpapier und Tabakspfeifen abgegeben. Der Stubenälteste machte erschrockene Augen.

„Herrschaften, das geht doch nicht! Die merken doch was, wenn wir nur das da abgeben. Soviel können wir doch beim besten Willen nicht geraucht haben!"

Aber es war nichts zu wollen, alles war bereits sicher versteckt.

Die zehn Stubenältesten zogen mit ihren kleinen Päckchen nach vorn.

Kurz darauf kam der Befehl: „Alles barackenweise antreten!"

Wir mußten uns in zwei langen Reihen aufstellen und dann kamen die beiden S.S.-Männer von der Postkontrolle und visitierten unsere Taschen. Dabei mußten wir die Arme wagrecht ausstrecken. Sie fanden nichts.

„Also, wer Tabak zurückbehalten hat, der kann es jetzt noch sagen!"

Todesstille.

„Keiner? Na, schön!" Und sie gingen zur nächsten Baracke, um dort zu visitieren. — Ergebnislos.—

An diesem Abend konnten wir alle lange nicht einschlafen. Gelächter und Scherzworte flogen von Bett zu Bett. Einem wurden die Decken weggezogen und es gab eine richtige Kopfkissenschlacht.

„Ruhig, Kameraden, hört Ihr nichts?"

Stille. Draußen hörten wir die S.S. singen.

„... die rote Front, schlagt sie zu Brei..."

„Jungens, die sitzen in der Kantine und saufen sich voll. Macht jetzt bloß keinen Krach mehr, sonst kriegen wir noch Besuch!"

„Der Bauunternehmer hat ihnen ein Faß Bier ausgegeben. Die saufen wie die Löcher."

„... S.S. marschiert, die Straße frei!"

In der Stille hörten wir sie gröhlen und den Takt auf den Tisch hämmern. — Mondschein kam durch die kleinen Barackenfenster und beleuchtete die langen Tische, auf denen sich die Schatten der Fensterkreuze abzeichneten. Wir lagen jetzt alle still und horchten auf den Gesang. Der viele Nikotingenuß ließ mich nicht schlafen. Mein Herz schlug laut.

Die S.S. draußen vor dem Lager hatte zu singen aufgehört. Von Zeit zu Zeit erscholl lautes Gelächter.

Aus dem Dunkel unserer Baracke begann plötzlich eine Stimme zu reden. Nicht laut, aber ganz tief, so als ob sie sich künstlich verstellte:

„Achtung! Achtung! Hier ist der rote Sender..."
„Ssst. Ssst. Ruhig doch!"
„Wer war das? Seid doch still!"

Die Stimme kam ungefähr von der Mitte der Baracke. aus einem der oberen Betten. Langsam und deutlich, leise und dunkel, so als ob sie in die hohlen Hände spräche, begann die Stimme wieder:

„Genossen, von heute nacht ab wird der rote Sender regelmäßig zu Euch sprechen. Wer den roten Sender an die S.S. verrät, den trifft die Rache des Proletariats. Wir wissen alles und achten auf Jeden. Genossen, seht Euch die S.S.-Männer genau an. Versucht während der Arbeit mit ihnen zu sprechen. Nicht alle sind Bluthunde. Ihr müßt versuchen, einen Keil zwischen sie zu treiben. Diskutiert mit denen, die mit Euch sprechen wollen. Fragt sie, ob sie zufrieden sind mit ihrer Revolution. Fragt sie, ob die Schieber, die Ausbeuter auch ins Konzentrationslager kämen. Nehmt die täglichen Erlasse von der Beendigung der Revolution zum Anlass, mit ihnen darüber zu sprechen. Der rote Sender wird Euch in Zukunft die Parolen ausgeben, über die Ihr am nächsten Tag mit der S.S. diskutieren müßt. Denkt nicht immer nur an Eure Entlassung! Denkt an die Genossen draußen, die weiter arbeiten. Sie erwarten von uns, daß wir auch im Lager die alten bleiben! — — Achtung, Achtung, der rote Sender verabschiedet sich von Euch mit einem: Rot Front."

Aus vielen Betten antwortete es leise und zischend: „Rot Front."

In der Kantine begann die S.S. ein neues Lied.

Mein Nebenmann flüsterte zu mir herüber: „Was, das

haben die Jungens gut gemacht! Ich weiß auch, wer es ist!"

„Halt die Klappe", rief eine Stimme vom unteren Bett. „Das geht keinen was an."

Und damit wurde es endgültig still. Die ersten Schnarcher, die in Schlaf gefallen waren, fingen zu sägen an.

‚Morgen früh geht es wieder raus ins Moor, sieh‘ zu, daß du einschläfst.‘

Von immer ferner erklang der Lärm aus der Kantine. Ich schlief ein.

Eine schrille Pfeife, — ein-, zwei-, dreimal —, weckte mich auf. Ich fuhr hoch. Schon halb fünf Uhr? Noch stockdunkel. Mein Nebenmann fährt hoch und packt mich an:

„Mensch, was ist los?"

Wir hören viele schwere Tritte über die Holzdiele stampfen. Vom Eingang der Baracke her brüllt eine Stimme

„Alles raus aus den Betten!"

‚Das muß doch noch mitten in der Nacht sein? Was ist denn los?‘ Ich kriege meine Gedanken nicht zusammen und springe aus dem Bett. Vorn blitzen Taschenlampen auf. Ich ahne, daß eine Menge S.S.-Männer in der Baracke stehen. Sie flüstern miteinander. Wir stehen verschlafen und erschrocken an unsern Betten.

— — „Wer hier in der Baracke Tabak versteckt hat, der kann sich jetzt noch freiwillig melden." —

Tiefe Stille. Also das ist es. Verflucht, das kann schön werden.

„Wer meldet sich freiwillig? — Laßt uns bloß nicht

zu suchen anfangen! Wenn wir suchen und es wird etwas gefunden, dann ist der Bart ab!"

Keiner meldet sich. Kaum hörbar flüstert mein Nebenmann:

„Du, das ist der „Alte" selber. — Jetzt ist es aus."

„Zum letzten Mal: Wer meldet sich freiwillig? Sind denn alles Scheißkerle und Feiglinge?"

Drei, vier Taschenscheinwerfer leuchten zwischen die Betten in verwirrte und starre Gesichter. — Wenn man nur etwas sehen könnte!

„Jeder an seinen Spind und keine Bewegung! Los! Spinde und Betten durchsuchen."

Sie fangen unten in der Baracke an und werfen alles aus den Spinden auf den Boden. Wir stehen oben und warten. Man hört die Spindtüren knarren, die Eßnäpfe auf den Boden fallen und leise Stimmen:

„Das ist meine Brieftasche, da hab' ich nichts drin." Oder: „In dem Karton ist meine schmutzige Wäsche."

Wir warten, bis die Reihe an uns kommt. Jetzt sind sie in der Mitte.

„Aha! Sturmführer, hier ist Tabak! Zwei Pakete sogar!"

Uns durchzuckt ein Todesschreck. Die Pakete waren hinter einem Spind eingeklemmt.

„Wem gehören die beiden Pakete Tabak?"

Eine Stimme voll Todesangst antwortet:

„Mir gehören sie nicht. Ich hab' sie nicht hinter meinen Spind gesteckt."

„Die vier Mann von den Spinden daneben, vortreten! Gehört Dir der Tabak!"

„Nein."

„Und Dir?"

Nein, Herr Kommandant, ich bin Nichtraucher."

„Und Du, bist Du auch Nichtraucher?"

„Nein, aber ich habe den Tabak nicht versteckt."

„Hier liegt noch was!" kommt es aus einer andern Ecke.

Die S.S. hat den Tabak unter den Dielen gefunden. Er lag direkt unter einem Tisch, der die schadhaften Bohlen verdeckte.

„Wer sitzt an diesem Tisch? — Hierher kommen!"

Aus dem Dunkel der Betten treten zehn Mann ins Mondlicht an den Tisch. Wie arme Sünder, in kurzen Hemden und barfuß.

„Wer von Euch hat den Tabak da versteckt?"

Keine Antwort.

„Der Erste: bücken!"

Klatsch! Klatsch!

„Au!"

„Der Zweite: bücken!"

Sie schlagen auf den nackten Hintern. Mit Latten, die sie draußen auf dem Platz aufgelesen haben.

Leise, unterdrückt stöhnen die Geschlagenen auf, wir andern stehen zitternd an unsern Spinden.

Jetzt kommt Truppführer Großkopf an meinen Schrank.

„Aufmachen! Aber ein bißchen plötzlich!"

Er blendet mit seiner Taschenlampe in meine Augen. Sein Bieratem schlägt mir ins Gesicht. Ich breite meine Sachen vor ihm aus. Er durchstöbert meinen Rucksack.

Er findet eine französische Sprachlehre, blättert und buchstabiert:

„Dix — huit — i ème — le çon."

„Au, au, oh, ich bin krank!" ruft einer der Geschlagenen.

Aus lauter Nervosität sage ich leise:

„Ach, Sie sprechen französisch?"

„Klar, Mensch."

Und er liest mit scheußlicher Aussprache: „Je m'en vais, tu t'en vas, il s'en va, nous nous en allons..."

„Da haben die Schweine schon wieder was", ruft ein S.S.-Mann aus der Dunkelheit und man hört Ohrfeigen klatschen.

Großkopf ist ganz ins Französische versunken:

„Was? — Ach Quatsch! ... Vous vous en allez, ils s'en vont.." Dann wirft er das Buch in den Spind:

„Blödsinn! Französich! Deutscher Mann! Franzosen werden verkloppt — — Keinen Tabak versteckt?" Er kann sich nicht mehr gerade auf den Beinen halten und lehnt sich an die eisernen Bettstellen.

„Nein, Truppführer."

In der Mitte der Baracke steht der Kommandant und schnauzt:

„Kein Schwein meldet sich freiwillig! Feige Aasbande! Untermenschen! Ihr seid den Fraß nicht wert, den Ihr hier bekommt! Viel zu human sind wir mit Euch Banditen! Alle aufgestellt — und mit M.G.s dazwischen."

Seine Stimme schwoll immer lauter an, er verhaspelte sich und schrie zum Schluß drei-, viermal:

„Jetzt ist der Bart ab! Jetzt ist der Bart ab!"

Es war zu dunkel, um sehen zu können, was im unteren Teil der Baracke vorging. Aber dort begann der Tumult.

Schreie, Stöhnen, Schläge.

‚Jetzt gehts los! Jetzt gehts los!'

Alle Ordnung ist aufgelöst. Wir bleiben nicht mehr an den Spinden stehen. Wir rennen alle instinktiv hinter die Betten und suchen Deckung. In dem schmalen Gang zwischen Barackenwand und Betten drängen wir uns zusammen. Trillerpfeifen schrillen dazwischen und der Kommandant brüllt:

„Alles in die Betten, marsch, marsch, wer ist noch nicht drin?!"

In wahnsinniger Hast stürzen wir uns in die Betten. Jeder in das, das ihm am nächsten steht, während die S.S. auf alles einschlägt, was nicht gleich ein Bett erwischt. Zu zweit, zu dritt und zu viert liegen wir in den untern Betten. Mit Hechtsprüngen landen wir auf andern Körpern. Wer nach oben klettern muß, bekommt die meisten Prügel.

Der Kommandant pfeift seine Leute zurück.

„Schluß! S.S., hier her!"

In der kurzen Atempause verkriechen wir uns unter die Decken. Ich höre Kommandorufe draußen vor der Baracke. Die Alarmsirene heult auf. Am Fenster sehe ich die schwarzen Umrisse von S.S.-Männern vorbeirennen, die Karabiner unter dem Arm. Die ganze Wachmannschaft, 180 Mann, sind alarmiert und eilen auf unsere Baracke zu.

‚So, jetzt ist es aus', denke ich. ‚Das ist das Ende'.

„Alles raus, aus der Baracke und draußen antreten!"

Wir werden in drei großen Schubs durch die enge

Barackentüre ins Freie gejagt. Durch eine Gasse von S.S.-Männern, die mit Füßen, Kolben und Latten, an denen noch die Nägel waren, auf uns einschlagen. Jedesmal, wenn 20 oder 30 Mann in wahnsinnigem Tempo durch die Türe gesaust sind, stoppen zwei S.S.-Männer den Strom ab, damit auch alle etwas abbekommen. Ich bin an der Spitze der letzten Abteilung. Gerade bei mir brüllt der S.S.-Mann: „Halt, stehen bleiben."

Aber ich gehe weiter. So kommt es, daß ich allein durch die Reihen gehe, ganz langsam und ruhig, obwohl ich mich kaum auf den Füßen halten kann.

Und wie durch ein Wunder bekomme ich keinen Schlag ab. Sei es, daß sie nur auf ein rennendes Rudel eingeschlagen haben, oder den nächsten Schub erwarten — auf jeden Fall, ich komme in dieser Kampfpause heil durch die Gasse.

Die andern stehen schon in Reih' und Glied vor der Baracke. Hundert Mann in Hemden.

So, als wäre es eben geschehen, sehe ich die Kameraden vor mir: — Das endlose dunkle Moor, aus dem weiße Nebel steigen — der Stacheldrahtwall — das Mondlicht und die dunkle Baracke — und da stehen mit nackten Füßen auf dem Sand hundert Mann und atmen so laut — wie Tiere bei einer Feuersbrunst. Unheimlich, dieses Schnauben, diese Atemstöße! Es läßt sich nicht beschreiben; wer es nicht gehört hat, weiß nicht, wie Menschen in äußerster Anspannung, Todesfurcht und letzter Entschlossenheit atmen. Ich war überzeugt: Beim geringsten Angriff geht es jetzt Mann gegen Mann.

Im großen Kreis um uns herum stellt sich die S.S.

auf, den Karabiner schußbereit. Sie selbst sind nervös und aufgeregt wie vor einem Gefecht.

„Geh mir aus der Schußlinie", brüllt einer den andern an.

Als letzter humpelt ein alter Kamerad aus der Baracke auf einem Krückstock, den er sich selbst fabriziert hat. Fußtritte und Schläge helfen ihm weiter. Da ruft es aus den Reihen der S.S. ganz laut und deutlich:

„Pfui! einen alten Mann schlagen!"

„Maul halten, Maul halten", schreien sofort viele Stimmen.

Der Kommandant rast. Er hat jede Beherrschung verloren.

„So! Ihr Hunde! Jetzt haben wir Euch da, wo wir Euch haben wollen. Früher haben wir vor Euch gezittert, Ihr Pack! Jetzt wird der Spieß umgedreht! Ich sage Euch nur das eine: Wenn sich diejenigen nicht freiwillig melden, die den Tabak versteckt haben, dann bleibt Ihr bis zum Morgen hier draußen stehen! Das ist mir ganz egal.

Seine Stimme überschlägt sich.

Von den hundert Mann tritt nicht einer vor. Auch keiner von denen, die keinen Tabak versteckt haben und doch wissen, wer ihn versteckt hat.

So stehen wir still, vielleicht 10 Minuten. Die Nächte im Moor sind kalt, auch im Sommer. Wir frieren und klappern mit den Zähnen.

Es wird kein Wort mehr gesprochen. Unbeweglich steht die S.S. und wartet.

Die Scharführer und Truppführer stellen sich zum Kommandanten. Sie beraten.

162

„Also, wie ist das? Will sich noch keiner freiwillig melden?"

Er hätte uns auch fragen können: „Wer will sterben?"

„Die Folgen habt Ihr alle zu tragen!" Alle — ohne Ausnahme!"

Jetzt tritt ein Mann von uns vor die Front. Klein, untersetzt. Glatzköpfig. Einer, der in der Baracke am wenigsten spricht.

Er sagt ruhig, beinahe nebensächlich:

„Herr Kommandant, ich möchte die Strafe auf mich nehmen, damit die Kameraden nicht länger in der Kälte zu stehen brauchen."

Der Kommandant ist sprachlos.

„Haben Sie den Tabak versteckt?"

„Nein, das nicht. Ich kann aber die Strafe auf mich nehmen."

Es dauert eine Weile, bis sich der Kommandant gefaßt hat. Dann poltert er los:

„Da! Schaut Euch d e n an! D a s ist ein Kerl! Ihr Feiglinge! Da! — der da! D a s ist ein Mann! Verstanden! — Das ist wenigstens noch ein K e r l ! — — Alles in die Betten, marsch, marsch!"

Wir rennen in die Baracke zurück. —

Dem Mann ist auch später nichts geschehen. Er hat in der richtigen Sekunde gesprochen, als alles an einem Faden hing.

Mannesmut, Ehre, Treue und Schneid sind Dinge, die die Nazis sehr schätzen — an andern.

Diese Nacht haben wir später die „Nacht der langen Latten" getauft.

Ihr Ergebnis war: drei Schwerverletzte, wovon der eine monatelang im Lazarett lag mit Brustfellentzündung, der andere Nierenblutungen hatte und der Dritte eine schwere Hüftverletzung davon trug.

Wir andern hatten nur geprellte Arme, Hintern und Beine.

„Baracke 11".

Der Baracke 10 gegenüber stand die Arrestbaracke. Wir nannten sie die „Baracke 11".
Sie war gebaut wie die andern Baracken, nur drinnen
war sie eingeteilt in 30 kleine, enge Zellen. In jeder Zelle
stand nur eine Holzbritsche, ohne Matratze, ohne Strohsack, nicht einmal ein Holzbrett aus einem Stück, sondern
quer genagelte Latten.

Könnten diese Wände erzählen von den Folterungen,
den täglichen Prügeln, den Selbstmordversuchen, aufge-
schnittenen Pulsadern, vom täglichen Stöhnen und Schreien
der Gequälten: alle Schilderungen menschlicher Leiden
müßten verblassen!

Wie oft haben wir morgens oder abends, wenn wir
angetreten vor der Baracke standen, das Jammern gehört
durch die dünnen Holzwände, die flehentlichen Bitten um
aufhören!

Ich will hier die Geschichte zweier Juden erzählen, die wochenlang in der Arrestbaracke gelegen sind.

Der eine war ein Mann aus der Umgebung, de Jong mit Namen. Er war 63 Jahre alt, ein kleiner, verwitterter Mann mit einem grauen Knebelbart. Er hatte ein gutgehendes Fahrradgeschäft. Er gehörte keiner Partei an. Vor dem nationalsozialistischen Umsturz hatte er eine Differenz mit dem Hauptnazi seines Ortes, dem er ein Motorrad auf Ratenzahlung geliefert hatte. Nachdem der Nazi 1½ Jahre lang nichts abbezahlte, verklagte ihn der jüdische Händler und setzte die Pfändung durch. Was Wunder, daß er sofort nach dem Umsturz verhaftet wurde, mit der Begründung, er hätte den „Roten" umsonst Fahr- und Motorräder gegeben!

Um diesen Mann in die Arrestbaracke zu bringen, hatten sich ein paar S.S.-Männer einen teuflischen Plan ausgedacht. Einer trat im Lager an ihn heran und machte ihm den Vorschlag, er solle seiner Frau einen Zettel schreiben, auf den hin der betreffende S.S.-Mann sich ein Motorrad abholen könne. Der S.S.-Mann wollte dafür für seine Freilassung sorgen. Der Händler war aber schlau genug, den S.S.-Mann darauf aufmerksam zu machen, daß man ihm das als einen Bestechungsversuch auslegen könnte, und daß er unter keinen Umständen darauf eingehen würde.

Jetzt gingen die beiden S.S.-Männer ohne einen solchen Zettel zur Frau des Händlers und sagten ihr, sie kämen im Auftrage ihres Mannes, und sie solle ihnen ein Motorrad aushändigen. In der Nacht kamen die beiden S.S.-Männer mit dem Motorrad im Lager an. Sie wurden pro Forma festgenommen und sagten im Verhör aus, der alte Jude hätte ihnen dieses Angebot gemacht, um auf diese Weise seine Freilassung zu erwirken. Noch in derselben Nacht wurde der alte Mann aus der Baracke herausgeholt und in den Bunker, die Arrestbaracke, gebracht. Dort blieb er sechs Wochen. Ich habe ihn nachher im Konzentrationslager Lichtenburg getroffen. Er hat mir alles erzählt.

Es ist in diesen sechs Wochen kein Tag vergangen, an dem er nicht mißhandelt wurde. Die Arrestbaracke war die Domäne, wo sich alle S.S.-Männer der „Schlägergruppe" austoben konnten. Wenn wir von der Arbeit kamen, sahen wir sie zu zweit oder zu dritt in der Arrestbaracke verschwinden und wußten: Jetzt steht unsern Kameraden drin wieder eine schwere Stunde bevor. Am meisten tat sich der „Zachel" hervor. „Zachel" war ein einfacher S.S.-Mann und doch der heimliche Kommandant des Lagers. Sein richtiger Name war Kern. „Zachel" heißt Messer, und so hat er sich selbst getauft. In der Kammer, wo er die Kleiderausgabe unter sich hat, steht in der Ecke ein großer, dicker und schwerer Wurzelstock. Den hat er selber draußen im Moor ausgegraben. Wie die Zacken von einem Morgenstern sehen die Spitzen der abgeschnittenen Aeste an diesem Stocke aus. Das war seine „Hausordnung". Viele von uns haben die „Hausordnung" zu spüren bekommen, wenn sie allein auf die Kammer kamen, und „Zachel" in der richtigen Stimmung war. Später ist dieser Stock in die Arrestbaracke übersiedelt, wo er tagtäglich im Gebrauch war.

Wenn „Zachel" die Zellentüre das alten Mannes aufschloß, mußte er bereits auf den Knien liegen und ein Lied singen, das so begann:

„Ich bin ein Jude, kennt Ihr meine Nase."

Nach dem Lied kam eine Art Gebet, das ich leider im Wortlaut nicht mehr weiß. Es war aber so gemein und obszön, daß ich kein Wort mehr reden konnte, als es mir der alte Kamerad im Hof der Lichtenburg beim Spaziergang aufsagte.

Das war der erste Teil des Morgenprogramms. Dann gings weiter:

„Was hast Du heute zu Essen bekommen?"

Die Arrestanten erhielten nur jeden zweiten Tag Verpflegung.

„Ich habe keinerlei Beschwerden über die Ernährung. Sie ist reichlich und ausgezeichnet. Heute morgen habe ich Milch-Kaffe mit Zucker und Brot mit Butter und Wurst erhalten. Gestern mittag gab es eine Bouillon und ein ausreichendes Eintopfgericht mit viel Fleisch."

Man hatte ihm diesen Satz auf einen Zettel aufgeschrieben, den er auswendig lernen mußte. Konnte er ihn nicht fließend und schnell heruntersagen, so holte der „Zachel" die „Hausordnung", und dann kam der zweite Teil des Programms, das Furchtbarste, was es wohl für einen Menschen geben kann:

„Zachel" schloß die Nachbarzelle auf und holte einen anderen Gefangenen, einen jungen Ostjuden heraus. Er gab ihm den Knüppel in die Hand.

„Isidor! Der alte Jid hat heute wieder einmal nichts gelernt. Gib ihm die tägliche Abreibung! Los, gib's ihm, aber feste!"

Und der Junge hat es getan. Es soll aber keiner wagen, ihn darum zu verurteilen! Das waren keine Menschen mehr, die in diesen Zellen ihr Leben fristeten! Nur wer selber in einer solchen Arrestbaracke saß, kann beurteilen, wie weit menschliche Widerstandskraft geht und wann der Mensch zum willenlosen Objekt seiner Peiniger wird!

Auch im Lager hatten wir solche Fälle, wo ein Gefangener den andern schlagen sollte. Und zwar war das in der Kleiderkammer, in „Zachels" Revier. Von zwei Gefangenen weiß ich, daß sie es getan haben. Der eine war ein siebzehnjähriger Junge, der aus lauter Angst dem Befehl nachkam, der andere ein kriminelles Element, einer von denen, die uns auch sonst im Lager viel zu schaffen machten.

Von vielen aber weiß ich, daß sie es nicht getan haben. Obwohl sie selber dafür leiden mußten.

In der Kammer arbeiteten drei Gefangene als Gehilfen. Es waren junge Burschen im Alter von 22 bis 25 Jahren. Wurde nun ein Neuer eingeliefert, so machte sich „Zachel" folgendes Fest:

Kaum betrat der Neuankömmling die Kleiderkammer, um „Brocken zu fassen", bekam er zunächst einmal einen Tritt und flog wieder aus der Kammer heraus, weil er vergessen hatte, draußen anzuklopfen, abzuwarten, bis „Zachel" von drinnen rief: „Was ist denn los?" und zu antworten: „Ich bitte, eintreten zu dürfen", dann in strammer, militärischer Haltung in der offenen Türe stehen zu bleiben und wiederum zu sagen: „Ich bitte, näher treten zu dürfen."

„Zachel" hatte sich ein hohes Pult in der Kammer aufgestellt, hinter dem er wie ein Götze thronte und sein Opfer von oben herunter anstierte. Waren die Eintrittsformalitäten endlich zu seiner Zufriedenheit erfüllt, dann ließ er von dem Gehilfen die Türe verschließen, Wolldecken vor die Fenster hängen, knipste das elektrische Licht an und holte zwei oder drei Gummiknüppel aus einer Ecke hervor und sagte zu seinen Gehilfen:

„Das Schwein ist neu. Der weiß noch nicht, welche Ordnung hier im Lager herrscht. Zeigt's ihm einmal."

Die drei Kameraden weigerten sich.

„Wenn Ihr das nicht macht, dann bekommt ihr die Wucht."

Aber die drei Kameraden rührten die Gummiknüppel nicht an. Der eine von den Dreien war übrigens der Komponist unseres Börgermoorliedes und hat mir abends in der Baracke diese Vorfälle geschildert. Das Typische bei der Sache war das, daß sich der „Zachel" nicht getraute, die Drei zu prügeln, so lange er allein mit ihnen in der Kammer war. Es hatte ständig Furcht, von ihnen überfallen zu werden. Erst am nächsten Tag, wenn er seinen Stellvertreter mitgebracht und die beiden andern Gefangenen weggeschickt hatte, fiel er über den einen her schlug ihn grün und blau.

So haben diese drei Kameraden im Verlauf von einem Monat viermal geduldig die Prügel für einen andern eingesteckt.

Auch ein anderer Fall, der hier Erwähnung verdient, ist mir in Erinnerung.

Fritz Ebert, der Sohn des verstorbenen Reichspräsidenten Ebert, der zusammen mit Heilmann, Armin Th. Wegener und anderen von Oranienburg nach dem Börgermoor transportiert wurde, bekam gleich am ersten Tag eine große Holzlatte in die Hand gedrückt und sollte seine drei Kameraden, die mit ihm eine Lore schieben mußten, verprügeln. Ebert, der überhaupt eine mutige und entschlossene Haltung einnahm, warf den S.S.-Männern den Knüppel vor die Füße:

„Ich will für meine drei Kameraden mitarbeiten, aber schlagen tu ich sie nicht!"

Diese Antwort hat bei der S.S. einen gewaltigen Eindruck gemacht. Er wurde nicht mehr, so wie Heilmann gequält und geschunden, sondern man ließ ihn ganz in Ruhe.

Doch zurück in die Arrestbaracke. Nachdem die S.S. den Juden lange genug „bearbeitet" hatten, veranlaßten sie, daß er sich bei der Kommandantur meldete, um „freiwillig" ein Protokoll zu unterschreiben, in dem er seinen Bestechungsversuch zugab.

Noch etwas anderes hat ein S.S.-Mann in der Arrestbaracke mit ihm gemacht. Er ließ den Juden ein *Testament* verfertigen, in welchem er ihn zum Alleinerben seines Vermögens und seines Geschäftes machte. Wer kann ermessen, wer kann sich ausdenken, wie diese Verhandlungen, bis er das Testament niederschrieb, ausgesehen haben! Er sollte sterben in der Baracke 11.

Dem Kommandanten scheint dann die Sache selber allzu gefährlich geworden zu sein, denn nach sechs oder sieben Wochen wurde der alte Mann ohne jede weitere

Begründung aus dem Arrest entlassen und später mit anderen zusammen nach dem Konzentrationslager Lichtenburg abtransportiert.

Die Geschichte des Jungen, der ihn im Arrest prügeln mußte, ist noch tragischer. Er wurde in Düsseldorf verhaftet, weil er Flugblätter verteilt hatte. Von Beruf war er Portier in einem kleinen Altstadt-Hotel. Er war Analphabet, ein gutmütiger, immer freundlicher junger Kerl, der aber von Politik keinen blassen Schimmer hatte. Er hatte weder Angehörige noch Bekannte, kein Mensch kümmerte sich um ihn oder schickte ihm mal ein Paket mit Lebensmitteln. Die Kameraden nahmen sich seiner an und er wurde einer der „Paketgemeinschaften" zugeteilt. Es war nämlich so, daß sich immer ein Kreis von Kameraden zusammentaten und alles, was sie von zu Hause geschickt bekamen, untereinander teilten. Dadurch erhielten auch die, die sonst weniger bedacht wurden, ihren Teil.

Dieser junge Jude sah nun ganz so aus, wie die Nazis den Juden in der Karikatur darstellen: Eine riesige Nase, krumme Beine, schwarze kleingekräuselte Locken, schlechte, vornübergebeugte Haltung — in der alten Schupouniform mit der schirmlosen Mütze auf dem Kopf wirklich ein Bild des Jammers. Aber herrliche Augen hatte er. Ich habe selten bei einem Menschen so leuchtende, strahlende und gute Augen gesehen.

Das ganze Verbrechen, das er begangen hatte, um in den Arrest zu fliegen, war folgendes:

Im Waschraum in der Baracke war einmal die Rede über den Arrest und da sagte er:

„Im Düsseldorfer-Bunker war es noch besser als

hier. Dort hat man wenigstens einen Strohsack hereingelegt bekommen."

Das hörte ein S.S.-Mann, der am Fenster des Waschraumes stand, und er wurde sofort wegen versuchter „Aufwiegelung" und „Meuterei" abgeführt.

Auch er blieb wochenlang im Arrest. Täglich geschlagen, gepeinigt, verhört. Später wurde er fast jeden Tag in die Lazarettbaracke geführt, weil seine Wunden — faustgroße Löcher im Gesäß — nicht mehr zuheilen wollten. Ich habe ihn dort selbst gesehen, als ich einmal wegen eines Furunkels in der Ambulanz war. Man hatte ihm seine Haare abrasiert. Er war schon damals im Kopf nicht mehr klar und redete allerlei verworrenes Zeug. Mit freundlichem Lächeln ließ er sich Jod über seine Wunden gießen, so als ob er keinerlei Schmerzen empfände.

Kurze Zeit darauf wurde er vollständig geistesgestört. Er konnte nicht mehr austreten und jeden Morgen mußten andere Kameraden seine beschmutzte Zelle reinigen.

Einige S.S.-Männer machten sich mit ihm folgenden Spaß:

Sie führten ihn durch das Lager und sagten ihm, das sei Jerusalem. Verklärt lächelnd betrachtete sich der arme Kerl die Baracken.

„Sieh mal, das ist der Tempel!" Er kniete an den Barackenstufen und betete.

„Gefällt Dir Jerusalem?"

„Oh ja — sehr!"

Sein Wesen strahlte eine solche Güte aus, er sprach so freundlich mit den S.S.-Männern, die sich über ihn kaputt lachten, daß wir alle, die wir diesen Vorgang beobachteten, die Tränen nicht zurückhalten konnten.

Ueber ihn weiß ich weiter nichts, als daß er dann mit einem anderen Transport verladen wurde und von Brandenburg aus in eine Irrenanstalt kam.

Das sind zwei Schicksale aus der „Baracke 11". Nur zwei.

Nie in meinem Leben, niemals werde ich die Baracke 11 vergessen! Immer werde ich sie vor mir sehen, die traurige Kolonne der Arrestanten, wenn sie abends oder morgens hintereinander zur Latrine geführt wurden, das Nachtgeschirr zum Ausleeren in der Hand, die zerschlagenen Gesichter erstarrt, Masken aus Stein, humpelnd und hinkend, oder mit hochgebundenem Arm, wenn sich einer die Pulsader geöffnet hatte, um seine Qual zu beenden,— nie werde ich vergessen, daß diese Zustände keine Einzelerscheinungen, keine vorübergehenden Maßnahmen, sondern Dauereinrichtungen mit Wissen und auf Veranlaßung der führenden Stellen waren. Nie werde ich das vergessen —

„Zirkus Konzentrazani".

Drei Wochen nach der Nacht der „langen Latten" veranstalteten wir am Sonntag nachmittag zur allgemeinen Aufmunterung eine „Zirkusvorstellung". Wir hatten von der Kommandatur die Erlaubnis erhalten, und vom Kommandanten bis herunter zum Wachtmann nahm die gesamte S.S. als Zuschauer teil.

Es hatte viele Kämpfe gekostet unter den eigenen Kameraden, bis sich unser Plan durchsetzte.

Tausenderlei Bedenken tauchten auf. Das wichtigste Argument gegen unsere Absicht war, daß unsere Veranstaltung photographiert werden und als Propaganda für die „humane" Gefangenenbehandlung in deutschen Konzentrationslagern verwandt werden könnte. Wir hielten aber dagegen, daß es jetzt vor allen Dingen darauf ankäme, trotz

175

allen Mißhandlungen den Kopf hochzutragen und uns nicht unterkriegen zu lassen.

„Ich sage Euch, Ihr seid verrückt!" meinte ein alter Düsseldorfer Arbeiter. „Die S.S. sind unsere Todfeinde und jetzt wollt Ihr denen auch noch was vorspielen! Wenn sie das sehen, werden sie sagen: denen geht es noch viel zu gut! Wir haben sie noch nicht genug verdroschen!"

„Willi, das mußt Du doch begreifen! Wir sind hier Gefangene. Gut, aber sie haben es auch fertig gebracht, uns einzuschüchtern! Uns moralisch kaputt zu machen! Wir lassen die Köpfe hängen und laufen im Lager herum, wie die geprügelten Hunde. Wenn wir ihnen aber jetzt zeigen, daß wir richtige Kerle sind und daß sie uns mit ihren Mißhandlungen den Buckel runterrutschen können, paß mal auf, was das für einen Eindruck auf sie macht! Kapiert? Die halten uns doch für Untermenschen! Wenn sie aber sehen, wie wir zusammenhalten, dann wird sich der eine oder der andere S.S.-Mann, der genau so ein Prolet ist wie wir, doch fragen, ob die Art, wie sie uns jetzt behandeln, die richtige ist. Und schon haben wir etwas gewonnen. Und dann auch unsere Jungens selber! Wenn die Vorstellung gut wird, werden alle stolz darauf sein und werden sich überlegen, ob man nicht noch andere wichtigere Sachen hier im Lager gemeinsam machen kann!"

„Sehr richtig", warf unser Stubenältester ein, „Kinder, wir müssen eine Bresche in die Reihen der S.S. schlagen! Es sind ganz anständige Kerle unter ihnen. Zum Beispiel der Lange, zu dem sie immer „Maikäfer" sagen. Habt Ihr beobachtet, daß der bei der Arbeit nie antreibt? Solche wie den müssen wir für uns zu gewinnen versuchen. Aber erst heißt's einmal, an sie heranzukommen. Und das können wir nur durch eine solche Veranstaltung! Das wird denen imponieren! So etwas bringen die von sich aus nie auf die Beine."

„Stimmt. Die langweilen sich hier zu tot. Mir hat einer gesagt: Wir sind hier Gefangene zweiter Klasse."

„Und dann vergeßt das eine nicht: wenn wir jetzt den Zirkus vorbereiten, dann können wir ganz unverdächtig zusammen kommen, — wir haben ja die Erlaubnis dazu — und Fragen miteinander besprechen, die — na ja, Ihr wißt doch, was ich meine. Es muß hier doch etwas organisiert werden!"

„Mensch, sei ruhig! So was von Unvorsichtigkeit! Was weißt Du denn, wieviel Spitzel im Lager sind!"

„Genossen", entschied der Stubenälteste, „über diese Frage wird jetzt nicht gesprochen. Dafür sind andere Leute da. Wir haben Disziplin zu bewahren und das Maul zu halten."

„Na ja, ich meine ja bloß! — Wenn andere Leute da sind, ist die Sache ja in Ordnung."

Schließlich wurde Einigkeit erzielt und die Vorbereitungen begannen.

Ich hatte in jeder Baracke anfragen lassen, was für artistische, humoristische und andere Talente vorhanden seien und war erstaunt über die Fülle von Anträgen, die mir da gemacht wurden. Alles war vertreten: Akrobaten, Turner, Boxer, Humoristen, Sänger, Tierimitatoren, Keulenschwinger und andere mehr.

Wir probierten abends hinter unserer Baracke und keiner durfte zuschauen. Nur die S.S.-Männer, die in dem Stacheldrahtgang Wache schoben, blieben stehen und sahen neugierig unseren Proben zu. Ich spürte, wie sehr sie eine solche Abwechslung begrüßten, denn aus sich selbst heraus waren sie nicht in der Lage, irgend eine Form der Unterhaltung zu entwickeln.

In ihren Mannschaftsbaracken herrschten Stumpfsinn und Saufereien. Sie kamen sich selber wie verbannt vor. Weit und breit keine Stadt, wo sie Urlaub oder Freizeit verbringen konnten. So hockten sie dann in der Kantine und soffen. Bekamen sie Sonntag abends Urlaub, zogen sie in die Dörfer der Umgebung. Stundenlang mußten sie zu Fuß laufen, um an irgend einer Dorftanzerei teilzunehmen. Dort entwickelte sich dann folgendes:

Die S.S., als Herren der Situation, — in ihren schneidigen schwarzen Uniformen, — spannte den Dorfburschen die Mädels aus und verzog sich mit ihnen in die Gärten. Die Bauernburschen waren aber fast alle in der S.A., und das Ende vom Lied war dann eine blutige Schlägerei zwischen S.S. und S.A., die meistens mit einer Niederlage der S.S. endete, die in der Minderheit war und ins Lager zurückkam mit verbundenen Köpfen, zerrissenen Jacken, — wie zerzauste Wölfe und für den nächsten Sonntag Rache schwur.

Ihre Unterhaltungen in der Baracke entsprachen gewissen Kasernenhofscherzen; z. B. wenn sie alle bis zur Besinnungslosigkeit betrunken waren, fielen sie über einen jungen S.S.-Mann her, der erst frisch zur Wachmannschaft gekommen war, und beschmierten seinen Geschlechtsteil mit schwarzer Schuhwichse oder holten Jod aus der Lazarettbaracke und malten das Gesicht des Betrunkenen mit Jod ein, daß er tagelang wie ein Indianer herumlief. Das war aber schon das Höchste an Humor, was sie aufbrachten.

Hauptsache war und blieb die Sauferei.. Das wurde von ihnen auch ganz ehrlich als zur deutschen Mannestugend gehörend verteidigt. Der Kommandant soff selber mit ihnen — sie waren stolz, wieviel er vertragen konnte! — und aus dieser Atmosphäre heraus ist auch ihre Kameradschaft zu verstehen. Alte Zechbrüderschaft, — Raufgemeinschaft durch Dick und Dünn — das war ihr Ideal! Abgrundtiefe Verachtung für alle Waschlappen, „Nurpolitiker" und Spießer. Daß ihre Saufereien und flachen Ehr- und Treuebegriffe selber nur wildgewordenes Spießbürgertum waren, kam ihnen dabei nicht in den Sinn! Ihr Lieblingslied war:

„Dies und das — Suff und Fraß
muß ein Landsknecht,
muß ein Landsknecht haben!"

Ich will nicht einmal behaupten, daß diese Haltung Verlogenheit oder Pose war — im Gegenteil, sie hätten sicher auch ihr Leben für diese seltsamen Begriffe von „deutschem Mannestum" eingesetzt. — Wenigstens manche von ihnen! —

Ihre soziale Zusammensetzung war so: ca. 60 % waren Söhne von verarmten Kaufleuten, Gastwirten, kleinen Ladenbesitzern, Post- und Eisenbahnbeamten, deren Eltern ihnen kein Studium, keine Zukunft mehr bieten konnten. 20 % waren „Gebildete", das heißt, verkrachte Lehrer, Ingenieure, Techniker, Studenten — und ungefähr 20 % Arbeiter.

Die Führerstellen waren aber fast durchweg mit den „Gebildeten" besetzt oder mit alten Berufssoldaten aus der Reichswehr und Baltikumkämpfern. Von Arbeitern waren nur solche chargiert, die sich durch besondere Brutalität auszeichneten.

Die Hauptschlägergruppe bestand aber aus den Herren der „besseren Kreise". Z. B. „Zachel", der das Polytechnikum in Aachen besucht hat, „Entenschnabel", der ein verkrachter Junglehrer war, „Großkopf", der Laute spielte und Nietzsche las!

Diese Leute gaben auch den „politischen" Ton in der Mannschaft an. Sie ergingen sich in hochtrabenden Phrasen, halbverstandenen Zitaten und in einer Judenhetze, Marke Streicher Nürnberg, die nur aus einer verdorbenen Sexualität erklärlich ist.

— Oft standen also die Posten am Stacheldraht und riefen zu uns herüber:

„Singt doch ein schönes Lied! Irgend etwas Nettes!"

Und je nachdem wir den Posten eintaxierten oder kannten, sangen wir alle Heimatlieder, dreistimmig, und sie standen dabei und hörten zu.

Ein Malermeister aus Aachen war unser „Dirigent," Er sang selber mit viel Tremolo und Augenaufschlag. —

Bei den abendlichen Proben für unsern Zirkus achtete ich vor allen Dingen darauf, daß der gesamte Ablauf schnell, exakt und diszipliniert vor sich ging, weil ich mir sagte, daß schon allein durch straffe Ordnung und Tempo ein gewisser Eindruck auf die S.S. ausgeübt werden könne.

Eine Schrammelkapelle, — Zieharmonika und selbstfabrizierte Geige mit Schellenbaum — war vorhanden.

180

Der Sonntag kam. Wir probierten noch am Vormittag das neue Lied, das unser Bergarbeiter gedichtet hatte und wozu ein kaufmännischer Angestellter die Melodie machte.

Während dessen lief der „Karl", ein ewiger Spaßmacher, von dem die Kameraden sagten, er sei ein wenig „blöd" mit einem großen Plakat, das uns Hans K. gemalt hatte, im Lager und auch vor der Kommandatur auf und ab.

„Zirkus Konzentrazani! Heute große Galavorstellung! Riesentierschau! Die größten Ochsen der Welt. Noch nie dagewesen — das Moorballett! Luft- und Parterreakte. August — der Urkomische! Beginn 2.30".

Das Plakat allein schon erregte größte Heiterkeit. Die Kameraden zogen lachend hinter ihm her und der blöde Karl (der gar nicht so blöd war, wie er es selber den Leuten weiß machen wollte) betätigte sich als Ausrufer, wobei er über das Wort „Konzentrazani" nicht hinwegkam und immer nur schrie:

„Zirkus Kontrazani! Alles erscheint heute im Zirkus Kontrazani"!

Wir hatten ein richtige Unterhaltungskommission bestimmt, die die Einteilung der einzelnen Arbeiten übernahm.

Der Otto aus Baracke fünf war damit beschäftigt, auf dem großen Sandplatz zwischen den Baracken eine richtige „Manege" abzustecken. Rund herum wurden die Sektoren für die Baracken eingeteilt. Jede Baracke hatte ihren bestimmten Platz.

20 Häftlinge standen als Platzanweiser und Stalldiener bereit. Sie hatten sich auf ihre alten, grünen

Schuporöcke lange Reihen von blanken Knöpfen genäht und sahen prachtvoll aus.

Um 2 Uhr begann der Zustrom. Barackenweise kamen sie angezogen — jeder seinen Schemel auf der Schulter. Mit musterhafter Disziplin und Ordnung nahmen sie Platz. Wir waren alle aufgeregt, wie vor einer großen Première.

Herrliches Wetter. Strahlend blauer Himmel. Lachende Sonne.

Bis auf die Plätze, die wir für die S. S. und den Kommandanten frei gehalten hatten, war das Haus ausverkauft. Die S.S. hatten wir absichtlich so plaziert, daß sie gegen die Sonne schauen mußten, im Fall es einem einfallen sollte, einen Photo mitzubringen und zu knipsen. Außerdem hatten wir auch beschlossen, die Vorstellung sofort abzubrechen, wenn ein Photoapparat auftauchen sollte.

Neugierig, lachend und gespannt wie Kinder, saßen die Kameraden da.

Würde unser Zirkus nicht noch im letzten Moment verboten werden? — Es läßt sich schwer beschreiben, welche Stimmung uns alle ergriffen hatte. Man muß die ganze Situation berücksichtigen, in der wir lebten. Die S.S. kam sozusagen zu uns als Gast! Wir, die wir nicht mehr das Leben von Menschen führten, hatten es gewagt, für einige Stunden über uns selbst zu bestimmen, ohne Befehle, ohne Anweisungen, ganz so, als ob wir unsere eigenen Herren wären und als ob so eine Einrichtung wie Konzentrationslager nicht existierte! Dieses Gefühl war in der Masse der Zuschauer deutlich spürbar.

Einer unserer „Clowns" hatte sich ein Brett vor den Bauch gebunden und lief als Bonbon- und Eisverkäufer durch die Reihen. Er bot riesige Torfstücke an.

„Das gute Mooreis! Wer will nochmal! 10 Pfennig die Portion. Frisch gestochen!"

2.30 Uhr.

Alle Köpfe wandten sich dem Eingang zu: Mit dem Kommandanten an der Spitze zog die S.S. ein. Es wurde still unter den 900 Häftlingen. Ein wenig verlegen nahm die S. S. Platz. Neugierige Augen blickten zu ihnen hin, so wie: Na, paßt mal auf Jungens, jetzt werden w i r euch etwas zeigen! Ich hatte meine Artisten hinter einer Baracke versammelt und gab ihnen die letzten Anweisungen.

Die Vorstellung begann.

Unsere Schrammelkapelle, die am Eingang der Manege saß, ließ einen quietschenden Tusch ertönen. Die 20 Stalldiener sprangen herein und bildeten Spalier und dann betrat „Direktor Konzentrazani" mit einem riesigen Pappzylinder, einer Peitsche und dem ganzen Rock bis auf die Knie voller Orden, in Holzklotschen mit Gummischäften, die Manege.

Nicht endenwollender Empfangsapplaus. Lachsalven über Lachsalven, noch ehe er den Mund aufgemacht hatte!

Er lüftete den Zylinder. (Wiederum großes Lachen.)

„Meine sehr verehrten Moorinsassen!

Nichtvorhandene Damen und Herren! (Riesenlachen.)

Bürger vom Börgermoor!

Börgermoor-Bürger und solche, die es noch werden wollen! (Gelächter.)

Der Zirkus Konzentrazani gibt sich die Ehre, auf

seiner Reise durch diese wundervolle, herrliche und gesunde Moorgegend (Ha, ha, ha, ha!) Sie mit einer Galavorstellung zu beehren! (Bravo! Bravo!)

Unser Zirkus Konzentrazani, zur Zeit der größte Deutschlands, hat bereits die fabelhaftesten Erfolge in anderen Hauptstädten des Landes, z. B. in Esterwegen, Oranienburg (ungeheures Lachen) davon getragen und wird auch sicher Ihren vollen Beifall finden. Wir sind im Besitze einer ungeheuren Tierschau. Löwen, Bären, Pferde, Störche — Kamele haben wir keine mitgebracht, die sind ja zur Genüge hier vorhanden — (darauf folgte ein kurzes, merkwürdiges Lachen: hat er dabei auf die S.S. geblickt? oder meint er uns?). Auch fehlen in unserm Tierbestand gänzlich die „Börsenhyänen" und die „Finanztiger", jene gefährlichen Raubtiere — (auf diesen Witz wird äußerst vorsichtig reagiert: ein etwas höhnisches Lachen), aber sonst ist alles vertreten!

Aus dem Programm will ich Ihnen nicht viel verraten — ich sage Ihnen nur, Sie werden staunen!

Wir zeigen Ihnen die schönsten Girls der Welt, unsere fünf Moorgirls, die Sie bezaubern werden! (Bei der Erwähnung der Moorgirls lachte alles begeistert auf, denn die meisten wußten schon, daß es unsere fünf dicksten Lagerinsassen waren.) Es folgt dann eine Reihe anderer Attraktionen....."

Ich stand mit der Uhr in der Hand am Eingang und dirigierte meine Artisten. 900 lachende Gesichter im Kreis! —

Es ging mir durch den Kopf, daß ich vor einem solchen Publikum und für solches Publikum noch nie im

Leben gearbeitet hatte und wohl auch nie mehr arbeiten werde! Sucht Euch Menschen auf der Welt wie diese Gefangenen, die durch unmenschliche Martern und Qualen gegangen sind, fast jeder von ihnen durch die Keller der S.A. geschleift, und jetzt in einem Lager mit schwerster Fronarbeit, täglichen Mißhandlungen und der ständigen Drohung „auf der Flucht erschossen" zu werden — sucht Euch die, die dann noch den Mut aufbringen, so zu lachen, so das Leben zu bejahen —, daß die S.S., von der Ursprünglichkeit und Heiterkeit überrumpelt, mitlachte und gegen ihren eigenen Willen von ihnen beeindruckt wurde!

Der Direktor beendet seine Ansprache. Brausender Beifall! Die Kapelle spielte einen Walzer.

Unsere „Arabertruppe" — 15 Turner in Bettlaken — zog ein und baute Pyramiden. (Sachverständige Blicke — Fachurteile!)

Kaum waren sie fertig, kamen zwei „dumme Auguste". Sie hatten ihr Gesicht mit Mehl und Kohle zurecht gemacht und stürzten mit Hallo in die Manege. Der eine trug ein großes Fernrohr unter dem Arm, das er in der Mitte aufstellte.

Um den folgenden Witz verstehen zu können, muß ich vorausschicken, daß unser Kommandant Fleitmann eine ständige Redensart hatte: „Guckste durch?" Das hieß so viel wie: verstanden? schaust Du durch?" Und jedesmal, wenn er mit seinem polternden Baß einen anbrüllte oder einen Befehl gab, schloß er mit „Guckste durch?"

Der eine Clown stellte sich also ans Fernrohr, richtete es auf den Kommandanten, sah hinein und der andere stellte sich daneben und brüllte:

185

„Guckste durch, guckste durch?"

Alles wälzte sich vor Lachen. Der Kommandant übrigens auch.

„Was suchst Du denn?", fragte der eine Clown den andern. „Was suchst Du denn?"

Und der am Fernrohr schrie in höchsten Tönen:

„Die tägliche Raucherlaubnis!"

Das saß! —

Dann richtete er das Fernrohr auf den ganzen Kreis und sein Freund fragte wieder:

„Was suchst Du denn jetzt?"

„Ich suche die großen Bonzen hier im Lager."

Ein beinahe erschrockenes Lachen antwortete auf diesen agressiven Witz, denn es waren ja nur alles Arbeiter, die Aermsten der Armen, die hier von den Nazis eingesperrt waren und von den sogenannten großen „Novemberverbrechern", mit denen die Nazis so viel Propaganda machten, war nichts zu sehen.

„Hast Du denn schon welche gefunden?"

„Nein. Aber eine Menge Schieber!"

„So — Schieber?"

„Ja. — Lorenschieber."

Und damit waren unsere Kameraden gemeint, die die Loren der Feldbahn schieben mußten.

Nach diesem Intermezzo kamen zwei Keulenschwinger, die sich ihre Keulen aus Holzklötzen selbst gemacht hatten.

Es folgte ein Humorist, der sich ein Mikrophon aus einer Konservenbüchse gebaut hatte und „5 Minuten Moorfunk" brachte. Er definierte den Namen „Humorist" als einen Mann, der im „Hu! Moor ist". Verschiedene riefen: „Au"!

Dann erzählte er Witze vom „Tünnes und Scheel", den beiden Kölschen Jungens, die unter anderem auch im Konzentrationslager Börgermoor waren und sich über das Essen dort unterhielten:

„Dat Essen, Scheel, dat war Dir komisch! Dat Mehl war in der Wurst, und die Kartoffeln im Brot!"

„Jut war et nich — dafür aber wenig!"

Nach ihm kam dann unsere Spitzenleistung:

Das Moorballett!

Unsere fünf dicksten Kameraden hatten sich aus Hobelspänen kurze Röckchen gemacht, ebenso Löckchen und ein Kränzlein von Heidekraut auf den Kopf gesetzt. Büstenhalter aus Karton auf der nackten Brust und an den Füßen klobige Holzschuhe. Sie sahen überwältigend komisch aus.

Ich hatte ihnen ein paar Tanzschritte einstudiert, die sie mit heiligem Eifer und großem Ernst schon vorher im Waschraum einer Baracke einübten und nun auch mit toternstem Gesicht in der Manege vorführten.

Sie zählten leise: eins, zwei - eins, zwei, drei - eins, zwei, und waren durch kein Gelächter und keinen Beifall aus der Rolle zu bringen. Sie warfen ihrem Publikum Kußhände zu, als ob sie Backsteine werfen würden, machten Knixe, als gingen sie in die Knie, um zwei Zentner zu stemmen — und das alles mit einer Gründlichkeit und Genauigkeit, als wenn sie in der Fabrik an der Drehbank stünden.

Der Gipfelpunkt der Begeisterung! Sie tanzten wieder ab — ernst und gemessen — bis auf einen, dem der Erfolg zu Kopf gestiegen war und der nun noch einige uneinstudierte und nicht vorgesehene Bauchtanzbewegungen machte, die an Deutlichkeit nichts zu wünschen übrig ließen und einen Beifallssturm auslösten.

Dafür wurde der Improvisator aber hinter der Baracke von seinen Mittänzern gewaltig ausgeschimpft. Er machte sich aber nichts draus und war trotzdem stolz auf seinen Sondererfolg.

Eine Nummer folgte auf die andere. Pausenlos wickelte sich das Programm ab.

Ringer, Akrobaten, ein komischer Boxkampf — (der eine Boxer, ein junger Aachener Arbeiter, hatte sich den ganzen Körper mit Ruß eingeschmiert und boxte als Neger — ich erinnere mich gut an ihn, er war einer der lustigsten Burschen in der Baracke und ist später beim Rauchen erwischt worden und in den „Bunker" geflogen. Er war nur drei Tage drin. Aber er kam heraus als schweigender, stiller Mensch, — nicht wieder zu erkennen — und 14 Tage darauf wurde er in die Irrenanstalt abtransportiert. Gehirnhautentzündung.)

Großen Beifall fand ein Storch aus Bettuch, Besen und gelber Rübe als Schnabel, der bei einigen Zuschauern stehen blieb und durch Kopfnicken verschiedene Fragen beantwortete; z. B.:

„Wieviel Monate bleibt der noch im Börgermoor?"

Und der Storch hörte mit dem Nicken überhaupt nicht mehr auf. Oder nach der Kinderzahl des Scharführers Insfeldt, der ein bekannter Schürzenjäger war, gefragt, 14 Mal nickte. (Für diesen Witz hat uns der Scharführer in der Nacht um 1 Uhr aus den Betten geschmissen und mit uns herumexerziert. Von wegen der „Autorität".)

Zwei weitere Clowns kamen als „Moorsoldaten", Pat und Patachon-Ausgabe. Sie hatten die Spaten geschultert und zogen mit dem Lied, das uns allen zum Halse heraushing und das wir beim Aus- und Einmarsch fast immer singen mußten: „Des Försters Töchterlein, tirallala, tirallala" in die Manege.

Dann machten sie sich über die Abzählerei lustig. Der eine ließ den andern antreten und abzählen. Immer wieder mußte der Aermste abzählen. Dann brüllte ihn sein Kamerad an: „Singen!"

Und wieder sang er, schauderhaft falsch:

„Der Vater schoß das Hirschelein — die Tochter schoß das Bürschelein, recht tief ins junge Herz hinein, tirallala!"

Keiner unter den Zuschauern, der nicht merkte was damit bezweckt war! Denn die ewige Antreterei und das Singenmüssen war uns allen verhaßt.

Bei jedem Witz wurde immer auf die S.S. geschielt, wie sie die Sache wohl aufnehmen würde. Die waren aber vollständig vom Spiel gefangen und bemerkten kaum den Spott.

Jetzt kam unser Gesangschor. Vierzig Mann hoch, eilten sie im Laufschritt in die Manege. Sie setzten sich auf den Sand und ein Solosänger mit herrlicher Naturstimme sang aus einer sentimentalen Operette:

„Es steht ein Soldat am Wolgastrand".

Der Chor summte die Begleitung.

Alle waren gerührt. Zweimal mußte das Lied wiederholt werden.

Und dann hörten die Lagerinsaßen zum ersten Mal das „Börgermoorlied", das inzwischen schon eine volksliedhafte Popularität erreicht hat.

Einer sagte:

„Kameraden, wir singen Euch jetzt das Lied vom Börgermoor, unser Lagerlied. Hört gut zu und singt dann den Refrain mit."

Schwer und dunkel, im Marschrhythmus, begann der Chor:

> Wohin auch das Auge blicket,
> Moor und Heide nur ringsum.
> Vogelsang uns nicht erquicket,
> Eichen stehen kahl und krumm.
>> Wir sind die Moorsoldaten
>> Und ziehen mit dem Spaten
>> Ins Moor...

Tiefe Stille — Wie erstarrt saß alles da, unfähig mitzusingen und hörte noch einmal den Refrain:

>> Wir sind die Moorsoldaten
>> Und ziehen mit dem Spaten
>> Ins Moor...

> Hier in dieser öden Heide
> Ist das Lager aufgebaut,
> Wo wir ferne jeder Freude
> Hinter Stacheldraht verstaut.
>> Wir sind die Moorsoldaten
>> Und ziehen mit dem Spaten
>> Ins Moor...

Börgermoorlied.

Verfasst und komponiert von Schutzhäftlingen des Staatl. preuss. Konzentrationslagers I Börgermoor / Papenburg.

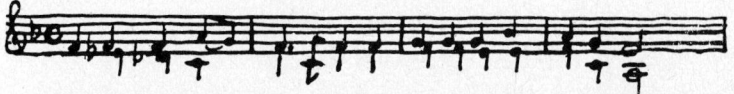

Wohin auch das Aug geblicket, Moor u. Heide nur ringsum.

Vogelsang uns nicht erquicket, Eichen stehen kahl u. krum. Wir

sind die Moorsol-da-ten, und wir ziehen mit dem Spa-ten ins

Moor.   Letzte Strophe: Dann ziehn die Moorsoldaten – nicht mehr mit
dem Spaten, ins Moor!

Morgens ziehen die Kolonnen
In das Moor zur Arbeit hin.
Graben bei dem Brand der Sonnen
Doch zur Heimat steht der Sinn.
    Wir sind die Moorsoldaten
    Und ziehen mit dem Spaten
    Ins Moor...

Leise und schwermütig begannen einige Kameraden mitzusummen. Sie blickten nicht nach rechts und nicht nach links. Ihre Augen sahen über den Stacheldraht weg — dorthin, wo der Himmel auf die endlose Heide stieß.

Heimwärts, heimwärts jeder sehnet,
Zu den Eltern, Weib und Kind.
Manche Brust ein Seufzer dehnet,
Weil wir hier gefangen sind.
    Wir sind die Moorsoldaten
    Und ziehen mit dem Spaten
    Ins Moor...

Ich sah den Kommandanten. Er saß da, den Kopf nach unten und scharrte mit dem Fuß im Sand. Die S.S. still und unbeweglich. —
Ich sah die Kameraden. Viele weinten. —

Auf und nieder geh'n die Posten,
Keiner, keiner kann hindurch.
Flucht wird nur das Leben kosten,
Vierfach ist umzäunt die Burg.
    Wir sind die Moorsoldaten
    Und ziehen mit dem Spaten
    Ins Moor...

Diese Strophe hatten die Kameraden sehr leise gesungen und setzten plötzlich laut und hart mit der letzten
Strophe ein:

> Doch für uns gibt es kein Klagen,
> Ewig kann's nicht Winter sein,
> Einmal werden froh wir sagen:
> Heimat, Du bist wieder m e i n !
>> Dann ziehn die Moorsoldaten
>> *Nicht* mehr mit dem Spaten
>> Ins Moor!

Und der letzte Refrain, das: „Nicht mehr mit dem
Spaten", wurde laut und mächtig gesungen. Die Erstarrung
löste sich. Bei der Wiederholung des Refrains sangen alle
neunhundert Mann:

>> Dann ziehn die Moorsoldaten
>> *Nicht* mehr mit dem Spaten
>> Ins Moor!

Damit schloß unsere Veranstaltung und die einzelnen
Baracken zogen diszipliniert und ruhig in ihre Quartiere
zurück.

Kaum waren wir in der Baracke, stürzten ein paar
S.S.-Männer herein:

„Jungens! Das habt Ihr großartig gemacht, das
war wunderbar!" Helle Begeisterung!

Das Eis war gebrochen und die ersten menschlichen
Worte wurden von beiden Seiten gewechselt.

„Und der Kleine, der den Moorsoldaten gemacht hat,
der war ja ausgezeichnet! Das war einfach Klasse. Bestimmt, der könnte in jedem Variété auftreten!"

„Sagt mal, wer hat denn das Börgermoorlied gemacht?"

„Ach, — das hat kein Einzelner gemacht. Das haben wir eben so alle miteinander gedichtet."

Wir hüteten uns, den Verfasser preis zu geben.

„Wo ist denn der Schauspieler?"

„Hier."

Ein S.S.-Mann nahm mich beiseite und sagte:

„Das brauchen die andern nicht zu wissen, aber — kannst Du mir nicht das Lied mal aufschreiben? Ich will's für mich persönlich haben. Weißt Du, ich hab' nämlich ein Mädel daheim, der will ich's schicken."

Ich versprach ihm, eine Abschrift des Liedes zu besorgen und auch die Noten dazu aufzuschreiben. Er dürfe es aber auf keinen Fall vorn auf der Kommandatur zeigen.

„Nee, nee, ausgeschlossen! Die Moosköppe da vorn geht das gar nichts an!"

Der Erfolg war größer, als wir erwartet hatten.

Zwei Tage darauf wurde das Lied verboten. Wahrscheinlich wegen der letzten Strophe, die ja auch wirklich mehrdeutig ausgelegt werden kann. Trotzdem waren es die S.S.-Leute, die immer wieder und wieder das Lied zu hören verlangten, und es gegen die Kommandatur durchdrückten, daß wir auf den weiten Märschen zum Arbeitsplatz das Lied sangen.

„Los, singen! Börgermoorlied!" hiess es gewöhnlich unterwegs.

„Wir dürfen nicht. Ist doch verboten," sagten dann die Kameraden.

„Ach Quatsch! Hier draußen befehle ich. Hier hört's ja auch kein Mensch!"

Die Spitze begann und die ganze Kolonne fiel kräftig ein.

Auch das Abschreiben des Liedes versuchten wir für unsere Zwecke zu verwenden. Es bekam nämlich beileibe nicht jeder S.S.-Mann das Lied, sondern nur die, die uns nicht quälten oder schlugen. Das gab dann jedesmal Gelegenheit, eine Diskussion mit dem Betreffenden anzufangen, der meistens zugab:

„Ich verurteile die Schlägereien und Gefangenenmißhandlungen genau so wie Ihr. Das hat nichts mit Nationalsozialismus zu tun! Aber was wollt' Ihr, wir können nichts machen. Wir müssen genau so das Maul halten."

„Den Nationalsozialismus, den Du Dir vorstellst, den gibt es gar nicht, Kamerad. Schau Dir doch mal an, wie Deine Führer sich bei solchen Schlägereien verhalten. Die machen ja mit und geben selber den Befehl dazu!"

„Ja, aber Adolf, unser Adolf, weiß davon nichts! Ich sage Euch, wenn der wüßte, wie es hier im Börgermoor zugeht, der würde hier schwer ausmisten!"

„So, dann ist es aber doch merkwürdig, wenn er selber sagt: 'In meiner Bewegung geschieht nichts, was nicht mit meinem Willen und meiner Kenntnis getan wird.' Wo bleibt da Euer „Führerprinzip?"

Der S.S.-Mann überlegte lange und gründlich und sagte dann:

„Es haben sich zu viele dazwischen gedrängt. Zwischen ihm und uns sind die Bonzen. Unsere Bonzen. Na, die werden wir auch noch eines Tages aus den Klubsesseln schmeißen, in die sie sich jetzt gesetzt haben."

Solche Gespräche waren von nun an bei uns an der Tagesordnung. — —

Arbeit, Marsch, Mord und Kameraden.

Um halb sieben Uhr morgens ziehen wir in Viererreihen am Geräteschuppen vorbei und empfangen die Spaten.

„Los, dalli, dalli, aufrücken!"

Die Spaten geschultert, marschieren wir in langer Kolonne auf dem Feldweg.

„Der Förster schoß das Hirschelein —
Die Tochter schoß das Bürschelein,
Recht tief ins junge Herz hinein,
Tirallala, tirallala..."

Laut schallen unsere Stimmen durch die feuchte Morgenluft. Je lauter wir singen, desto besser haben wirs bei dem Truppführer, der unsere Kolonne führt. Wenn wir nämlich gut singen, hat er beim Kommandanten einen Stein im Brett und quält uns dafür weniger. Der Kom-

mandant legt großen Wert auf forsche Haltung, fröhlichen Gesang. Und so schmettern wir das „Tirallala"
hinaus, daß es nur so dröhnt.

„Im Wald, im grünen Walde,
Da steht ein Försterhaus..."

Wie oft habe ich dieses Försterhaus verflucht! Aber
es half nichts. Immer wieder und wieder wurde befohlen·

„Los; des Försters Töchterlein!'

Vor uns weites, flaches Heideland. Wir biegen vom
Weg ab und marschieren einige Hundert Meter mitten
in die Heide hinein.

„Abteilung, halt!"

Jetzt werden wir eingeteilt in Gruppen von dreißig
bis vierzig Mann. Zu jeder Gruppe kommt ein Vorarbeiter. Diese Vorarbeiter sind Torfbauern aus der Umgegend. In S.A.-Uniform. Sie wollen sich einen Pfennig
verdienen, und um „oben" zu gefallen, behandeln sie uns
wie den letzten Dreck.

Den technischen Oberbefehl führt ein Regierungsbeamter vom Kulturbauamt. Ein riesiger Kerl, im Sportanzug, Ledergamaschen, grünem Junkerhütchen mit Gemsbart. Es dauert eine Ewigkeit, bis wir zu seiner Zufriedenheit aufgestellt sind. Er jagt uns wie Hasen im Feld
herum.

„Die vierzig Mann dort, hierher! Nein — nicht dort,
hierher!" und zur S.S.: „Los, jagt sie, tretet sie vor die
Eier, die faulen Säcke! In ihren Versammlungen haben
sie das Maul aufreißen können, aber zum Arbeiten ist die
Bande zu schlapp! Haut sie kaputt, wir haben ja genug
von der Sorte."

Sein rotweinaufgedunsenes Gesicht läuft blau an:

„Wer einen Spaten abbricht, kann was erleben! Der kriegt ihn um den Kopf geschlagen, daß er den Mond für eine Baßgeige ansieht!"

Im Abstand von ungefähr dreißig bis fünfzig Meter stehen unsere Gruppen und beginnen das Heideland aufzureißen. Zuerst muß ein Graben ausgeworfen werden. 1,10 m breit, 80 cm bis 1,30 m tief. Der Vorarbeiter steckt den Graben ab und zeigt wie „rigolt" wird. Die Spaten sind neu und noch nicht geschliffen. Mit der stumpfen Schneide versuchen wir, durch das zähe Wurzelwerk des Heidekrautes zu stoßen. Der erste Stich ist der schwerste. Kaum durchzukommen. Mit beiden Händen packe ich den Spatengriff und haue ihn von oben mit voller Wucht ins Kraut. Die Handgelenke werden heiß und schwellen an. Sie sind wie verstaucht.

„Verflucht schwer. Zeig' mal, wie machst D u denn das?"

„Maul halten, bei der Arbeit!"

Die S.S. umsteht in langer Kette das ganze Feld. Sie schauen herüber und treiben ständig an.

Wenn ein Graben ausgehoben ist, wird ein neuer abgesteckt. Die Arbeit ist gar nicht einfach. Schicht auf Schicht müssen die abgestochenen Stücke aufeinandergelegt werden, die Rasenstücke mit der unteren Seite zuoberst. Wer seine Mauer nicht exakt aufbaut, dem stürzt sie wieder ein und verschüttet den Graben. Er muß von vorn anfangen. Der Vorarbeiter flucht, nimmt seinen eigenen, scharf geschliffenen Spaten und macht ein paar Stiche vor:

Draußen im Moor

„Du Dussel! So wird das gemacht! Ist denn das so schwer?"

Nach einer Stunde komme ich schon in Schweiß. Ich ziehe das Hemd aus und arbeite mit naktem Oberkörper. Nach zwei Stunden schmerzt mein Rücken. Sobald ich mich aufrichte, um zu verschnaufen, brüllt der Vorarbeiter oder ein S.S.-Mann:

Los, los, arbeiten! Nicht herumstehen und faulenzen!"

Ich bücke mich wieder über den Spaten. ‚Verdammte Hunde!'

Um halb zehn Uhr werden zehn Minuten Pause eingeschoben. Wir werfen uns auf das Heidekraut und ziehen unser Brot aus der Tasche. Mit dem Brot müssen wir sparsam umgehen, sonst kommen wir mit unserer Wochenration nicht aus. Die meisten essen das Brot trocken. Nur wer noch vom letzten Paket etwas hat, ißt Speck oder Wurst dazu. Ich habe früher nie Speck essen wollen. Aber jetzt verlangt es der Körper. Die Kost ist viel zu fettarm. Ich schreibe oft an meine Frau: „Wenn Du mir etwas schicken willst, dann bitte Speck oder Schmalz."

Das Stück Land, das wir umzugraben haben, ist ungefähr siebzehn bis zwanzig Morgen groß. Teilweise Heide, teilweise Sumpf. Nach der Frühstückspause geht es ohne Unterbrechung weiter bis zwölf Uhr. Von zwölf bis eins ist Mittag. In großen Kesseln wird das Essen herausgefahren. Wir schlingen den Fraß hinunter, legen unsere Jacken unter den Kopf und schlafen. Um eins weckt uns die Pfeife. Es wird weiter gearbeitet bis halb sechs Uhr.

Am Abend sind meine Hände voller Blasen. Die

Glieder schmerzen mich, jeder Schritt tut weh. Ich gehe in die Lazarettbaracke und lasse meine Hände mit Jod bepinseln. Ich bin glücklich, wenn ich auf meinem Strohsack liege und schlafe sofort ein.

So geht es nun Tag für Tag. Wir arbeiten wochenlang mit fünf- bis sechshundert Mann an einem Stück Land, das mit zwei Dampfpflügen in vier Tagen bewältigt worden wäre. „Produktive Arbeit" wird das genannt. „Sklavenarbeit, Fronarbeit" sagen wir dazu. Die Vorarbeiter meinen, daß der saure Boden nach zehn oder fünfzehn Jahren einmal gut sein wird. Nun soll er aber schon im nächsten Jahr Siedlungsland werden. Der Bauer, der sich um die Pacht bewirbt, erhält vom Staat einen Kredit von dreitausend Mark.

„Nicht einmal geschenkt möcht ich das Land haben," meint einer der Vorarbeiter. Dann schon lieber im Taglohn Torfstechen".

Wir schuften monatelang bei brennender Hitze, die Haut hängt in Fetzen von unserem verbrannten Oberkörper, im Regen der bis auf die Haut geht, später bei eisiger Kälte, Hagel und Schnee, wenn der scharfe Wind, der vom Meer her kommt und auf dem flachen Land keinen Widerstand findet, wie mit Messern durch die Kleider schneidet und der Moorboden gefriert und hart wie Stein wird. Die Wachtposten haben sich große Feuer anzünden lassen. Im rauhreifbedeckten Land leuchten die Feuer rings um das Feld wie Napoleons Biwakfeuer an der Beresina.

Monatelang stehen wir im Moor, oft versacken wir bis zu den Knien im Sumpf, oft kommen unsere Spaten kaum durch die riesigen Wurzeln und Baumstümpfe der versunkenen Wälder, die es in diesem Moor gibt, oft treten wir auf Kreuzottern die im heißen Heidekraut züngeln, oft bricht einer von uns zusammen und wird von zwei Kameraden und einem Posten ins Lazarett gebracht. Und ewig die Antreiberei, die demütigenden Beschimpfungen, das peinigende Gefühl kein Mensch mehr — irgend ein Tier zu sein, das in Schaaren zusammengetrieben, in zehn langen Ställen untergebracht, mit Nummern versehen, gejagt und geprügelt, je nach Bedarf, den Launen seiner Viehtreiber ausgesetzt ist. Schmutzig und bedreckt, so wie unsere Hände und Kleider vom nassen Moorboden sind, — so kommen wir uns innerlich vor. Hätten wir uns nicht ein Gegengewicht verschafft in der Kameradschaft, im Zusammenhalt und im Versuch, allen Schikanen zum Trotz ein geheimes eigenes Leben aufzubauen, manch einer hätte diese Zeit nicht überstanden.

Der Arbeitstag im Moor nimmt kein Ende. Immer die gleichen Fragen, die wir uns im Graben zuflüstern: „Wieviel Uhr ist es?" „Wann ist Mittag?" „Wie lange gehts noch bis Feierabend?"

Mit unsern Vorarbeitern versuchen wir allmählich ins Gespräch zu kommen. Erste, vorsichtige Fragen werden an sie gestellt. Sie haben alle Angst und schauen sich um, ehe sie mit uns ein paar Worte wechseln.

„Siehst Du, Vorarbeiter, wenn Du nur trocken Brot zu fressen hättest, und die fleischlose Kost, dann könntest Du das Pensum auch nicht schaffen, das von uns verlangt wird."

„Das mag wohl stimmen, aber ich muß es dann ausbaden beim Bauführer, wenn Ihr mit dem Pensum nicht nachkommt."

„Wir werden eben alle getreten! Und weil wir diesen Zustand verändern wollten, sitzen wir jetzt hier im Lager. Das war unser ganzes Verbrechen, weiter nichts."

Der Vorarbeiter erwidert kein Wort. Am nächsten Tag fällt ihm aus Versehen ein Päckchen Tabak aus der Tasche. Er tut, als hätte er es nicht bemerkt und dreht sich um, bis der Tabak verschwunden ist. Oder er steckt sich eine Zigarette an, raucht einen Zug und wirft sie dann in den Graben, wo sie die Kameraden geduckt und hastig aufrauchen.

Einer der widerlichsten Antreiber ist der Bauführer, der nicht nur uns, sondern auch die Vorarbeiter schikaniert. Wir haben ihn den „Moorhahn" getauft, weil er beim Schimpfen und Antreiben wie ein Hahn kräht. Dieser „Moorhahn" läuft auf dem Feld herum und kontrolliert die Gräben. Um die Kameraden vor ihm zu warnen, wenn er irgendwo unversehens auftaucht, haben wir ein Signal ausgemacht. Sobald ihn der erste Mann entdeckt, beginnt er, hell und laut, einen Hahn nachzuahmen.

„Kickerikiki", klingt es über das Feld. „Kickerikiki" wird vom nächsten Graben geantwortet. Ueberall, wo er hinkommt, geht das Krähen los. So kann er keinen mehr beim Nichtstun überraschen und wird obendrein zum Gespött der Vorarbeiter, denen diese Methode der Abwehr eines Antreibers gewaltig imponiert.

Der „Moorhahn" wird wütend. Das Krähen wird uns bei schwerer Strafe verboten. Es hilft aber nichts, er ist bereits eine so komische Figur, daß sogar die S.S.

zu krähen anfängt, wenn er nur von Ferne auftaucht. Bei den Vorarbeitern hat er jede Autorität verloren, er ist mit dem Odium der Lächerlichkeit behaftet. Jetzt versucht ers andersrum, er schmust sich bei den Vorarbeitern an, schreit nicht mehr so viel, — alles umsonst: der „Moorhahn" hat ausgespielt.

Abends fahren die Vorarbeiter mit ihren Rädern nach Hause. Im Dorf berichten sie, was sie von uns erfahren haben: die Mißhandlungen im Lager, die Verpflegungsverhältnisse und was sonst noch alles bei uns geschieht. Dadurch erhält die Bevölkerung immer genauen Bescheid, was innerhalb des Stacheldrahtes los ist und sorgt ihrerseits dafür, daß es nicht nur der Nachbar, sondern auch im weiten Umkreis jedermann erfährt.

Ueber unser Lager fliegt täglich ein holländisches Verkehrsflugzeug der Strecke Amsterdam-Hannover. Wie es das erste Mal auftaucht, sind wir alle bei der Arbeit im Moor. Keiner hat es bemerkt. Es kam in unserm Rücken, senkte sich im Gleitflug mit abgestelltem Motor herab und ist plötzlich zum Greifen nahe über uns, etwa in vierzig bis fünfzig Meter Höhe. Der Motor springt an, die riesige Maschine braust über uns weg, Richtung Holland. Wer jetzt da drin säße! Wie einem Boten aus der andern Welt, aus der Freiheit, blicken wir dem Flugzeug nach, bis es am Horizont verschwindet. In der Frühstückspause wird das Ereignis besprochen.

„Kinder! Wenn der jetzt eine Strickleiter heruntergelassen hätte! Ich aber dran gesprungen — und dann hochgeschraubt auf tausend Meter — ab nach Holland!"

„Und wir andern sind wohl Neese, was, hätten noch

204

mit den Taschentüchern zum Abschied gewunken?"

„Der ist absichtlich so tief über das Lager geflogen! Bestimmt hat er auch photographiert! Habt Ihr gesehen, wie die S.S. den Karabiner unterm Arm versteckt hat?"

Wirklich hatten die S.S.-Männer ginz instinktiv ihren Karabiner von der Schulter genommen und mit der Mündung nach unten neben dem Mantel versteckt. Denn die S.S. wurde dem Ausland gegenüber als unbewaffnete Truppe hingestellt. Ueber Bewaffnung und Ausbildung der S.S. wird später noch zu reden sein.

Nachdem das Heideland vor dem Lager umgegraben ist, müssen wir weiter hinaus auf ein anderes Feld. Wir müssen oft eine, zwei, zweieinhalb Stunden marschieren, bis wir an die Arbeitsstelle kommen. Müde schleppen wir uns über die staubige Straße, an einem Kanal entlang, immer dieselbe traurige Landschaft vor Augen: Heide, Heide, Moor, Heide. Die Füße in den Holzpantinen schmerzen.

„In dem Wasser schwimmt ein Fisch,
Der ist glücklicher als ich.
Glücklich ist, wer das vergißt,
Was nun einmal nicht zu ändern ist."

„Willst Du mich noch einmal sehen,
Mußt Du hin zum Bahnhof gehen.
In dem gro-oßen Wartesa-a-al,
Schatz, da sehn wir uns zum allerletzten Mal."

Mit besonderer Inbrunst wird nun der folgende Vers gesungen.

„In der Heimat angekommen,
Fängt ein neues Leben an.

Eine Frau wird sich geno-o-mmen,
Kleine Kinder bringt der Weihnachtsmann."

Manchmal fahren wir auch mit der kleinen Feldbahn
hin. Wir stehen mit vierzig Mann auf einer Lore und
betrachten die Gegend. Sanft geschwungene Linien der
wenigen kleinen Hügel am Horizont, endlose Reihen auf-
geschichteter Torfmeiler, ein paar verlorene Bäume im
braunen Gras und der riesige Himmel, der alles bedeckt.
Im Morgendunst liegt das Land schwarz, wie bei einer
Mondfinsternis.

Der Himmel hat uns immer am meisten interessiert.
Die Wolken, die sich manchmal zu Gebirgen türmten oder
wie weiße Segel dahinzogen, von der untergehenden Sonne
angeglüht, oder schwarz und gewitterschwer vom Meer-
wind getrieben, waren mannigfaltig, abwechslungsreich und
sehenswert, im Gegensatz zum öden Flachland.

Eines Abends, als wir auf dem Heimmarsch sind,
fährt auf der Feldbahn ein großer Gefangenentransport
an uns vorbei, der ins Nachbarlager Esterwege gebracht
wird. Wir zählen neun Wagen, ungefähr 350 Mann.

Wo mögen die alle her sein, die Kameraden, die mit
hoffnungslosen Gesichtern auf den Loren stehen? Sie
grüßen nicht und nicken uns nicht zu. Mit ihren Papp-
kartons unter dem Arm stehen sie da, die Gesichter grau
wie der Abend. Wieviele Schicksale fahren hier an uns
vorbei? Und wissen Sie, was ihnen bevorsteht? Kennen
sie ihren „Empfang"?

Auf dem letzten Wagen steht eine Frau. Klein, ge-
drungen, im dunklen Mantel.

„Eine Frau, eine Frau haben sie mit!"

„Habt Ihr gesehen, eine Frau wird nach Esterwege gebracht!"

„Das dürfen sie nicht! Die dürfen keine Frauen ins Lager bringen!"

„Aber sie machens, Du siehst es ja!"

Diese Frau hat uns alle erschüttert und aufgeregt. Diese eine Frau war die Frau von uns allen.

Der Transport verschwindet im Moorland. Unsere Gedanken ziehen mit ihm bis ins Lager Esterwege. Wir kennen es, wir haben es selber mit aufgebaut.

— Jetzt werden sie ankommen. — Jetzt fallen die ersten Fußtritte, die ersten Kolbenschläge. — Jetzt werden sie in die Baracken gejagt oder einzelne werden schon in Arrest geführt. — ‚Ruhig, Kameraden, Ihr werdet auch das überstehen. Wir haben es auch überstanden. Ihr werdet Euch aus Mutlosigkeit und Verzweiflung aufraffen und wieder wissen, wer Ihr seid! Wir lieben Euch, Kameraden, die Ihr unser Schicksal teilt. Ihr seid eng mit uns verbunden!' —

Das Lager Esterwege, eigentlich zwei Lager für je tausend Mann, hat eine besonders brutale, aus allen Ländern des Reichs zusammengewürfelte Wachmannschaft.

Dort ist Eggerstadt auf der Flucht erschossen worden. Dort sind viele auf der Flucht erschossen worden.

Wie man das macht? Sehr einfach. Eggerstedt wurde abends herausgerufen und sollte Holz aus dem Wald holen. Mit einem anderen Kameraden trug er einen Baumstamm auf der Schulter. Die S.S. versetzte ihm im Wald fünf Schüsse. Der andere Kamerad bekam einen Nervenschock und fiel schreiend auf den Boden.

Ein anderer Fall:

Die Arbeit im Moor ist beendet. Ein Arbeiter aus Breslau, ich weiß seinen Namen nicht mehr, steht im letzten Graben. Schon lange hat es die S.S. auf ihn abgesehen. Er war vorher zehn Tage lang im Bunker, wo er unmenschlich mißhandelt wurde. Man kann es seinem Gesicht ansehen. Jetzt hat er den ersten Tag im Moor geschuftet. Ständig zwei S.S.-Männer hinter ihm, die ihn antreiben. In der Mittagspause, während die andern ausruhen, muß er durcharbeiten. Er steht am äußersten Ende des letzten Grabens. Die Kameraden blicken sich scheu nach ihm um. Jetzt pfeift es Feierabend, zum Sammeln. Alles strömt über das Feld nach der Straße, wo angetreten und abgezählt wird. Der Arbeiter nimmt seinen Spaten auf die Schulter und will aus dem Graben steigen.

„Den Spaten kannst Du ruhig hier lassen. Leg ihn unten in den Graben. Du kommst morgen wieder an dieselbe Stelle zurück."

Er gehorcht dem Befehl. Als Letzter trifft er bei der angetretenen Kolonne ein. Die S.S.-Männer stehen auch schon bereits auf der Straße, nur noch zwei, drei Mann schlendern über das Feld. Der Scharführer brüllt ihn an:

„Wo hast Du denn Deinen Spaten?"

„Ich hab' ihn dort lassen müssen."

„Blödsinn! Quatsch, Saukerl verfluchter! Sofort zurück, marsch, marsch, und den Spaten geholt! Aber dalli, sonst setzts was."

Er rennt dreihundert Meter zurück. Mitten über die Heide. Die drei S.S.-Männer im Feld legen die Gewehre an. Schüsse fallen. Er schlägt die Arme hoch und bleibt liegen.

„Auf der Flucht erschossen." Natürlich, er rannte ja, um den Spaten zu holen, wie ihm befohlen war. Acht Kameraden tragen die Leiche ins Lager. Dort wird sie verscharrt. Ein Fall unter vielen.

Wir kommen mit den Lagerinsassen von Esterwege oftmals bei der Arbeit zusammen. Wir treffen uns draußen im Moor. Sie kommen mit der Feldbahn, wir marschieren zu Fuß, und an einer bestimmten Stelle kreuzen wir uns an einer Kanalbrücke.

„Die Esterweger" sehen furchtbar aus. Sie haben noch keine Arbeitskleidung bekommen, sie müssen in ihren Zivilanzügen ins Moor. Wie ein Trupp verwahrloster Räuber ziehen sie daher: aufgeplatzte Schuhe, zerrissene Hosen, durchstoßene Ellenbogen, alles voll Lehm und Dreck — eine wüste Horde.

Bei diesem Kanalübergang haben wir Gelegenheit, einige Worte miteinander zu wechseln.

„Wie gehts Euch drüben?"

„Hunger haben wir. Verdammten Kohldampf. Wir kriegen viel zu wenig zu essen."

Am nächsten Tag sammeln wir in unserm Lager Brot und bringen es den Esterweger Kameraden. Es ist noch viel zu wenig. Wir organisieren bei uns eine allgemeine Brotabgabe. Das ist, wenn auch unsere Verpflegung relativ besser ist, für Viele ein großes Opfer. Kommen wir dann an den Kanalübergang, strecken die Esterweger von der Feldbahn aus uns die Arme entgegen und wir werfen ganze, halbe und Viertelsbrote von der Straße aus herauf.

Später wird es uns von der S.S. verboten. Leider sind auch Streitigkeiten unter den Esterweger Kameraden entstanden, weil manche beim Auffangen ein ganzes Brot geschnappt haben und ihren Kameraden nicht genügend abgaben. Das ist besonders am Anfang der Fall, als sich die Esterweger noch nicht genügend gefestigt und organisiert haben.

Die Esterweger S.S. trägt ständig aufgepflanztes Bajonett. Draußen bei der Arbeit haben sie nicht nur die Karabiner, sondern auch ein Schnellfeuergewehr dabei. Ihr Kommandant, Katzmann, ist einer der wüstesten Schläger.

Unter unsern Schutzhäftlingen befindet sich eine sogenannte „Gärtnerkolonne". Sie muß die Gartenanlagen rund um die Kommandanturbaracke machen. Die Gärtnerkolonne macht dieselben Arbeiten auch im Esterweger Lager. Durch sie erfahren wir dann immer, was dort vorgeht.

„Habt Ihr schon gehört, in Esterwege haben sie heute einen erschossen!" Wie ein Lauffeuer geht das Gerücht von Baracke zu Baracke.

„Wir müssen etwas unternehmen. Wir müssen protestieren!"

„Aber wie? Mann, wie? Es ist doch heller Wahnsinn, hier im Lager etwas zu unternehmen! Das wird Dir doch sofort als Meuterei ausgelegt!"

„Egal. Irgend etwas muß geschehn. Wir müssen unsere Solidarität mit dem Erschossenen zum Ausdruck bringen."

„Oder unsere Trauer."

210

— Am andern Morgen. Wir sind eben zum Früh-
appell angetreten, die Kolonne setzt sich zum Abmarsch
in Bewegung, von vorn kommt der Befehl:

„Singen!"

Die Spitze fängt an:

„Ich hatt' einen Kameraden....."

Alle fünfhundert Mann fallen ein. Den Kopf gesenkt,
langsam und schwer:

„Ich hatt' einen Kameraden,
Einen Bessern findst Du nit, ..."

Die S.S. horcht auf. Am Fenster der Kommandan-
turbaracke erscheint der Kommandant. Kein Verbot. Kein
Anruf. Wir singen weiter. Das ganze Lied, alle drei
Strophen.

Draußen im Feld kommt ein S.S.-Mann in unsern
Graben.

„Warum habt Ihr heute morgen: Ich hatt' einen Kameraden gesungen?"

Pause. Dann sagt einer:

„Das wißt Ihr doch. In Esterwege haben sie einen
von uns erschossen."

„So. — Darum. —"

Er stiefelt nachdenklich über die Erdschollen auf
seinen Platz zurück.

Die Einlieferung Hirtsiefers.

In den Mannschaftsbaracken der S.S. fällt ein Schuß. S.S.-Männer rennen ins Freie. Aus der Kommandanturbaracke kommt der Kommandant. Aus dem Lazarett wird im Laufschritt eine Bahre geholt. Nach einer Viertelstunde ist die gesamte S.S. angetreten. Die Flagge wird auf Halbmast gezogen, die Hände erheben sich zum Hitlergruß.

Ein Unfall hat sich ereignet. Die S.S.-Männer saßen in der Baracke beim Waffenreinigen. Dabei ist ein Revolverschuß losgegangen und traf den gegenüber Sitzenden ins Herz. Er war sofort tot.

An diesem selben Nachmittag, eine halbe Stunde später, wird der ehemalige preußische Wohlfahrtsminister Hirtsiefer eingeliefert.

Vergessen die Trauerfeier, vergessen der Tote! Mit

Gelächter und riesigem Hallo wird der neue Gefangene durch das Lager geführt. Hirtsiefer ist ein ungewöhnlich dicker Mann. So richtig das, was sich die S.S. unter einem „Bonzen" vorstellt. Endlich haben sie einen erwischt! Das ist ein gefundenes Fressen!

„Na, Du Zentrumsbonze! Hast Du Deinen Rosenkranz mitgebracht?!

„Schaut Euch nur den Dicken an! Der macht ja vor Angst in die Hosen!"

Er wird zur Kleiderkammer geschleppt. Dort muß er sich ausziehen. Ein junger Kommunist wird gezwungen, ihn zu prügeln. Man zieht ihm eine viel zu kurze und zu enge Hose an, die ihm vorne weit offen steht und mit einem Bindfaden über den Bauch zusammengebunden werden muß. Vorn zieht man ihm weit den Hemdzipfel heraus. Dann gibt man ihm einen Rock, den er verkehrt herum, das Futter nach außen, anziehen muß. Auf den Kopf setzt man ihm ein viel zu kleines Soldatenkäppchen. Er muß sich Holzschuhe mit langen Gummischäften anziehen, in denen er kaum gehen kann.

In diesem Aufzug wird er unter brausendem Gelächter von Baracke zu Baracke geführt. Er läßt alles geduldig mit sich geschehen. In der Küchenbaracke ist der S.S.-Mann schon auf seine Ankunft vorbereitet. Er hat sich seine Hand mit Ruß beschmiert und versetzt ihm eine Ohrfeige. Fünf schwarze Finger zeichnen sich auf Hirtsiefers Backe ab. Das erhöht die Stimmung der S.S. wesentlich.

Knapp vor einer Stunde ist ihr Kamerad ums Leben gekommen ...

Hirtsiefer wird in unsere Baracke gelegt. Zwei S.S.-

Männer bringen ihn herein:

„Hirtsiefer, Du mußt Dich beim Stubenältesten melden! Aber stramm stehen, verstanden, Du dickes Schwein?"

Hirtsiefer steht vor dem Stubenältesten stramm und meldet:

„Ich bin der Zentrumsbonze Hirtsiefer. Ich bitte, in dieser Baracke schlafen zu dürfen."

Unser Stubenältester sagt nur: „Das obere Bett dort ist frei. Das können Sie haben."

Hirtsiefer wendet ein: „Ich glaube nicht, daß ich da hinaufkomme. Kann ich nicht ein unteres Bett haben?"

„Augenblicklich nicht. Morgen vielleicht."

Die Arbeiter im Lager waren keineswegs gut auf Hirtsiefer zu sprechen. Sie erblickten in ihm einen der Vorläufer und Wegbereiter der fascistischen Diktatur. Er stößt auf Ablehnung und verbitterte Blicke. Die S.S. versucht, diese Stimmung der Arbeiter gegen Hirtsiefer für sich auszunützen.

„Das sagen wir Euch, wenn der Kerl morgen noch gerade stehen kann, dann bekommt Ihr sie von uns! Und zwar nicht zu knapp! Wir wollen nicht wissen, was Ihr heute Nacht mit dem fetten Schwein macht, das ist Eure Sache!"

Kaum sind die S.S.-Männer aus der Baracke, scharen sich die Arbeiter um Hirtsiefer und betrachten ihn. Teils verächtlich, teils neugierig, einen lebendigen Minister in ihrer Mitte zu sehen. Hirtsiefer blickt die Arbeiter unglücklich und hilfesuchend an.

Einer sagt: „Du bist doch der, der unsern Frauen die

214

Porzellantasse geschenkt hat, beim zwölften Kind?"

Einige lachen. Dieser Erlaß Hirtsiefers, der in einer Zeit furchtbarster Not, Massenerwerbslosigkeit und Hunger herauskam, hatte auf die Arbeiter wie eine Verhöhnung gewirkt. Jede Frau, die zwölf lebendige Kinder zur Welt brachte, erhielt vom Staat eine Porzellantasse als Anerkennung.

„Außer der Tasse hat die Frau auch noch zweihundert Mark bekommen", erwidert Hirtsiefer.

„Ja, und die hast Du uns von der Wohlfahrtsunterstützung abgezogen! Wieviel Frauen gibt es denn, die zwölf Kinder zur Welt bringen? Damit hast Du Dich groß getan — mit Deinen lumpigen zweihundert Mark — und w i r haben glatt verrecken können. Jetzt lernst Du auch einmal, wie's uns Arbeitern geht, — wie Hunger tut! Das kann Dir gar nichts schaden."

„Halt — Ruhe! Still, Kameraden!", ruft Kurt dazwischen und fährt dann leise fort: „Wir haben in unsere Baracke einen Mann bekommen, der ein Feind der revolutionären Arbeiterschaft ist. Wir alle wissen, wohin uns die Politik seiner Partei und seiner Auftraggeber geführt hat. Jetzt ist er mit uns zusammen im Konzentrationslager. Er gehört aber nicht zu uns, auch wenn er hier ist, er steht auf der andern Seite. Wir lehnen es daher ab, ihn als einen der Unsern zu betrachten. Das heißt aber noch lange nicht, daß wir uns jetzt zum Henker und Büttel der Fascisten machen, wie sie es gerne von uns haben wollen. Wir lehnen die Witze und Mätzchen ab, die die S.S. mit ihm gemacht hat. Keiner von uns wird die Hand gegen ihn erheben, keiner wird ihn anrühren. Und das sage ich Euch als Stubenältester: wer es doch tut, der wird aus unserer Kameradschaft ausgeschlossen und von uns isoliert. Hirtsiefer soll in unserer Baracke leben, kein Haar wird ihm gekrümmt. Aber ebenso läßt sich auch kein ehrlicher Arbeiter in ein Gespräch mit ihm ein. Wir haben uns nichts zu sagen. Wir werden weiter in der Baracke leben, als wenn er nicht unter uns wäre. Herr Hirtsiefer, wir sehen Sie nicht, wir kennen Sie nicht, Sie sind nicht da. — Und jetzt auf die Plätze, Kameraden."

Die Häftlinge gehen an ihre Tische zurück. Keiner kümmert sich mehr um Hirtsiefer. Dort, wo er sitzt, wird eine Lücke frei gelassen zwischen ihm und den andern Tischgenossen. —

Acht oder zehn Tage hat das Martyrium gedauert. Dann kam seine Tochter in einem großen Mercedeswagen, den Entlassungsschein in der Hand, und hat ihn abgeholt. Er verließ zur Wut der gesamten S.S. das Lager.

Barackenleben.

Wenn alles draußen im Moor zur Arbeit war, blieben die Kranken und die Stubenältesten in den Baracken zurück und versahen den „Barackendienst".

Sie fegten aus, schrubbten die langen Tische mit Wasser und Sand, achteten darauf, daß die Betten richtig gebaut waren, reinigten den Waschraum und die Waschbecken und säuberten draußen vor der Baracke den Weg.

Schon nach wenigen Wochen schwoll die Zahl der Kranken mächtig an. Die rauhe Luft, der feuchte Moorboden und vor allen Dingen die unzureichende Ernährung waren Ursache einer Reihe von Erkrankungen. Im Anfang liefen wir z. B. alle mit großen Furunkeln herum. Dann hatten wir eine Reihe von Lugentuberkulosen, für die dieses Klima natürlich Gift war. Kamen wir durchnäßt von der Arbeit zurück, wurden Jacken, Hosen und Hemden auf die Balken zum Trocknen gehängt. Die ganze

Baracke voll nasser Lumpen. Die Luft stickig und feucht.

Außer den „regulär" Kranken gab es noch zwei weitere Kategorien Kranker: Solche, die die Moorarbeit nicht mehr ertragen konnten und die deshalb einfach schlapp machten und solche, die „Fiole schoben".

„Fiole schieben" heißt: Krankheit simulieren. Und da gab es eine ganze Reihe, die es auf diesem Gebiet zu einer unerhörten Meisterschaft brachten. Raffinierte Systeme unsichtbarer und unfeststellbarer Krankheiten wurden ausgedacht. Ischias, Rheumatismus, Magen-, Leber- und Lungenleiden waren am beliebtesten. Viele dieser „Fioleschieber" hatten sich aus Holzlatten Stöcke und Krücken gebaut und humpelten damit in Mitleid erregendem Maße durch das Lager. In den Baracken selbst wurden diese Requisiten dann in die Ecke gestellt.

Ein Fall, der mir ganz besonders imponiert hat, war ein „Epileptiker". Der konnte auf Kommando und vorherige Ansage einen wunderbaren epileptischen Anfall bekommen. Auch nicht den kleinesten Umstand des Krankheitsbildes ließ er außer Acht, — er fabrizierte sogar Schaum vor dem Mund und führte ungeheure Ringkämpfe auf mit den Kameraden, die ihn verabredungsgemäß bei einem solchen Anfall festhalten mußten. Er hat es auch tatsächlich fertig gebracht, entlassen zu werden.

Allerdings tauchte er zwei Monate später schon wieder im Lager auf, weil die S.S. ihn — wie er behauptete — dabei geschnappt habe, wie er in seinem Heimatort einen „Kaninchenzüchterverein" ins Leben rufen wollte. Dummerweise waren die angehenden „Kaninchenzüchter" alles ehemalige Kommunisten.

Unverdrossen führte er aber auch dann seine epileptischen Anfälle wieder durch.

Von Zeit zu Zeit veranstaltete der Kommandant eine Razzia unter den Kranken. Etwa um 11 Uhr vormittags wurden alle aus den Baracken herausgetrieben und gesiebt. Wer bei einer solchen Razzia in die Latrine flüchten konnte, um sich zu verstecken, war fein raus. Bis eines Tages ein paar S.S.-Männer dahinter kamen und nun jedes Mal die Latrine kontrollierten. Bei solchen Razzien passierte es natürlich öfters, daß die wirklich Kranken ins Moor geschickt wurden, während die Simulanten in der Baracke bleiben durften.

Das gab dann einen großen Krach zwischen den wirklich Kranken und den Simulanten, der sich sogar einmal zu einer regelrechten Rauferei entwickelte, und schließlich wurde die Sache so geregelt, daß in Zukunft der Stubenälteste zu bestimmen hatte, wer krank sein oder nicht krank sein konnte. Das Simulieren wurde organisiert. Denn der Stubenälteste mußte jeden Morgen mit einer Liste ins Revier gehen, wo ihm seine Krankenkontrolle vom Sanitäter bestätigt und abgestempelt wurde.

In der Lazarettbaracke waren zwei S.S.-Männer als Sanitäter beschäftigt und zwei Gefangene als ihre Gehilfen. Der eine davon, ein Arbeitersamariter, machte sich zum eigentlichen „Doktor" im Lazarett. Er konnte am besten die Furunkel ausquetschen, Verbände anlegen, Verstauchungen einrenken, und die beiden S.S.-Männer liefen wie kleine Hundchen hinter ihm her und ließen ihm vollkommen freie Hand.

Der eigentliche Arzt kam nur von Zeit zu Zeit aus

Papenburg, ließ sich dann die Kranken vorführen und von unserem Arbeitersamariter Bericht erstatten. Seine Rezepte waren:

„Zwei Tage Schonung."

„Drei Tage Schonung."

„Jod." „Essigsaure Tonerde." „Aspirin."

Außer unserem Arbeitersamariter versah noch ein Gefangener den Arztdienst:

Professor Dr. Kantorowicz, kurz der „Kantor" genannt

Dieser Professor Kantorowicz, eine Weltkapazität auf dem Gebiet der Zahnheilkunde, Verfasser vieler wissenschaftlicher Werke und Reformator der gesamten deutschen Schulzahnpflege, Lehrer an der Universität in Bonn, war im Konzentrationslager, weil er Jude und Sozialdemokrat war.

Der „Kantor" mochte 50 Jahre alt sein. Die S.S. machte sich ein ganz besonderes Vergnügen daraus, diesen Wissenschaftler zu schikanieren und zu verhöhnen. Man ließ ihn später auch nicht mehr Lazarettdienst machen, sondern er wurde als Drückeberger mit ins Moor hinaus geschickt, wo er, wie wir andern, täglich seine 9½ Stunden schuften mußte.

Dieser „Kantor", mit dem ich mich angefreundet hatte, nahm unter den Gefangenen eine etwas isolierte Stellung ein. Sie wußten nichts mit ihm anzufangen, konnten sich nicht richtig mit ihm verständigen und waren nicht gut auf ihn zu sprechen, weil er in seiner Eigenschaft als Arzt ihren Anliegen zu wenig Verständnis entgegenbrachte.

Er war ihnen viel zu „objektiv". Als Wissenschaftler

vertrat er z. B. die Ansicht, daß die Moorarbeit „eigentlich" gesund sei. Auch in Ernährungsfragen, daß z. B. Margarine ebenso gut wie Butter sei, stieß er die Gefangenen vor den Kopf. Oder es kam einer zu ihm, blinzelte mit dem linken Auge und erzählte ihm etwas von einer furchtbaren Krankheit, die er hätte. Der „Kantor" untersuchte ihn gründlich und sagte:

„Menschenskind, freu Dich, Du bist ganz gesund! Dir fehlt nichts!"

Und der Betreffende kam in die Baracke zurück und schimpfte auf den „Kantor", das Rindvieh, der nicht einmal gemerkt hätte, wie er mit dem linken Auge geblinzelt hätte!

Abgesehen von diesem mangelnden Verständnis fürs „Fiole schieben", war der „Kantor" aber ein guter Kamerad, der alles, was er von zu Hause geschickt bekam, mit seinen Mitgefangenen teilte.

Er hatte sehr große Sorgen wegen seiner Familie.

Einmal ging ich am Sonntag mit ihm im Lager spazieren. Wir hatten uns von den andern Kameraden abgesondert und er schüttete mir sein Herz aus. Seine Frau, die ihm selber den Rat gegeben hatte, sich der Polizei zu stellen, da man ihm doch unmöglich etwas anhaben könne, hatte vor Kummer und Selbstvorwürfen, die sie sich nach seiner Gefangennahme machte, einen Selbstmordversuch begangen und sich in den Rhein gestürzt. Sie wurde gerettet, mußte aber wegen völliger Geistesverwirrung in eine Heilanstalt gebracht werden.

Der „Kantor" ging neben mir her, Weinen und Schluchzen schüttelten seinen Körper. Es war für mich erschütternd, einen 50jährigen Mann in solcher Weise weinen zu sehen. Er brachte seine Worte mit einem dünnen, hellen Kinderstimmchen heraus, wischte sich mit der Hand über die Augen und meinte hilflos:

„Ach Gott, was soll denn nun aus ihr werden! Was soll denn nun aus ihr werden!"

Die S.S. wußte von seinen Familienschwierigkeiten. Sie wußte auch, wie er darauf reagierte. Stand er draußen im Moor, dann kamen zwei oder drei Mann zu ihm hin, blickten auf ihn herunter, der im Graben stand, und fragten mit lauernder Stimme:

„Na, Kantor, wie gehts denn Deiner Frau? Was macht Deine Tochter?"

Und hilflos weinte der „Kantor", wie ein Automat, in den die Frage hineingeworfen wird und das Weinen herauskommt. —

Im Lager Börgermoor befanden sich ca. 90 Prozent kommunistische Arbeiter. Die restlichen 10 Prozent verteilten sich unter Sozialdemokraten, Intellektuellen, Parteilosen, Kriminellen, Tipelbrüdern und einem S.A.-Mann.

Dieser S.A.-Mann wurde eingeliefert, weil er sich in einer Bar in Köln als Standartenführer ausgegeben und die Zeche geprellt hatte.

Um uns zu zeigen, wie die S.S. gegen schlechte Elemente in ihren eigenen Reihen vorgeht, mußte dieser S.A.-Mann einen Leidensweg durchmachen, der aller Beschreibung spottet. Er wurde von den S.S.-Männern, die doch selbst die wüstesten Raudis, Schuldenmacher und Zechpreller waren, buchstäblich in das Lager hineingeprügelt.

Mit einem dicken Zaunpfahl wurde auf ihn eingedroschen, bis er am Boden lag, dann wurde ein Eimer Wasser über ihn geschüttet, bis er wieder zu sich kam. Man zog ihm einen alten dicken Militärmantel an, drückte ihm einen Spaten in der Hand, und er mußte in wahnsinnigem Tempo Sand schaufeln, während er unentwegt Prügel und Fußtritte erhielt. Er fiel mehrmals mit dem Gesicht in den Stacheldrahtzaun. Dann wurde er in die Arrestbaracke geschleppt, wo die Quälerei weiterging. Drei Wochen blieb er im Arrest. Dann kam er in Baracke 4.

Unser Barackenleben hatte sich inzwischen so entwickelt, daß die Kameraden der Baracke 4 befürchten mußten, der S.A.-Mann würde sie bespitzeln oder verraten. Sie sagten ihm das auch auf den Kopf zu, und er erwiderte:

„Kameraden, ich bin zwar Nationalsozialist und habe eine andere politische Anschauung wie Ihr, aber ich bin kein Lump. Spitzel sind Lumpen. Ihr könntet mich totschlagen, wenn ich auch nur ein Wort von dem was Ihr in der Baracke sprecht, der S.S. sage!"

Er ist ein ausgezeichneter Kamerad geworden.

Im Lager Börgermoor durften wir keinen Besuch erhalten. So waren wir auf den monatlichen Brief und die eine Postkarte angewiesen, die uns Nachricht von unsern Lieben gab. Die Situation unserer Frauen hatte sich ungeheuer verschlechtert. Aus allen Briefen klang Verzweiflung, Ratlosigkeit und Sorge. Die meisten Frauen erhielten nicht einmal Wohlfahrtsunterstützung und bettelten sich buchstäblich bei ihren Bekannten durch. Besonders die Frauen der Verhafteten, die in kleinen Ortschaften oder Dörfern wohnten, hatten ein schweres Los. Sie waren dort der Willkür der kleinen Dorfbeamten ausgesetzt, verfehmt und geächtet oder ängstlich gemieden von den Mitbewohnern und wußten nicht mehr ein noch aus. Ich habe Briefe gelesen, die in ihrer einfachen Schilderung und Aneinanderreihung der Tatsachen das Erschütterndste sind, was mir jemals unter die Augen gekommen ist.

Unser Kommandant, der doch über die Entlassungen nicht zu verfügen hatte, wurde mit Bittgesuchen um Freilassung des Mannes, des Vaters, des Sohnes bestürmt. Man ließ die Kinder selbst Briefe schreiben an den Landrat oder die Kriminalpolizei, worin sie um ihren Vater bitten mußten. —

An einem Sonntagmorgen sahen einige Häftlinge am Brückenkopf jenseits des Kanals einen Autobus halten, dem viele Frauen entstiegen.

„Die Frauen kommen! Die Frauen kommen!"

Alles rannte aus den Baracken ans Stacheldrahtgitter und starrte zum Kanal hinüber. Tatsächlich! Es mochten 20 bis 30 Frauen sein, die dort in ungefähr 400 Meter Entfernung standen und mit dem S.S.-Posten verhandelten.

„Von Remscheid kommen sie! Meine Frau hat mir doch geschrieben, daß sie einen Omnibus nehmen wollen, wenn's Besuchserlaubnis gibt!"

„Dann ist meine auch dabei! Mensch, dann ist die Anna auch dabei! Die bleibt doch nicht zu Hause!"

„Vielleicht haben sie auch noch welche von Hagen und Düsseldorf mitgenommen!"

Wir standen hinter dem Gitter und reckten uns die Hälse aus. Es war aber niemand zu erkennen.

„Jetzt kommt ein Posten runter! Der geht zum Alten!"

„Paßt auf, die lassen sie gar nicht rein! Sie werden wieder zurückgeschickt!"

Der Posten kam jetzt am Gitter vorbei und schrie uns zu:

„Was ist denn los, was ist denn los! Wollt Ihr machen, daß Ihr in die Baracken kommt! Was steht Ihr denn da und glotzt! Habt Ihr denn noch keinen Rock gesehn? Los — haut ab!"

Keiner dachte daran, in die Baracken zurückzugehen. Das waren unsere Frauen, die dort draußen standen, unsere Frauen!

Mit einem Male brach das durch und wurde Massenstimmung, was bisher nur jeder für sich allein gedacht und empfunden hatte:

„Da sollen die mal unsere Frauen kennenlernen! Die lassen sich nicht wegschicken! Wenn die bis hierher gekommen sind, dann kommen sie auch ins Lager! Da könnt Ihr Gift drauf nehmen."

Im Laufschritt rannten ein paar S.S.-Männer im Lager auf uns zu.

„In die Baracken, marsch, marsch!"

Unwillig und zögernd zogen wir ab. Wenn man nur wüßte, wessen Frauen da angekommen sind! Mit einem Besuch meiner Frau rechnete ich nicht, denn sie war nach Berlin gezogen, und die Reise von Berlin bis zum Börgermoor war für sie unerschwinglich.

Von Zeit zu Zeit berichteten uns Kameraden, die zur Latrine gingen, daß die Frauen immer noch am Brückenkopf stünden.

„Eine ist dabei mit einem ganz knallroten Kleid!"

„Ja, und eine winkt immer mit einem weißen Taschentuch!"

„Sie müssen auch Pakete mitgebracht haben, ich hab' so was ähnliches gesehen!"

„Jungens, — eben ist der Kommandant selber raufgefahren mit dem Fahrrad! Der verhandelt jetzt mit ihnen!"

Von 10 Uhr vormittags bis 2 Uhr nachmittags standen die Frauen oben am Brückenkopf und ließen sich nicht abweisen. Schließlich erhielten sie vom Kommandanten die Erlaubnis, ihre Angehörigen fünf Minuten lang zu sprechen.

Wir durften alle wieder aus den Baracken heraus und standen am Gitter, als der Trupp Frauen mit Paketen und Köfferchen beladen nach der Kommandanturbaracke vorüberzog.

„Hu, hu! Hu, hu!"

„Mensch, die Frieda!"

Mein Nebenmann wird bleich und rennt nach vorn.

„Hallo! Jup! Wo ist der Jup?!"

„Max!" „Franz!" „Hier", „Bist Du da?"

„Schönen Gruß an Reimers Pidder! Die Klara kommt in 14 Tagen!"

Die Frauen gingen weiter und wir liefen hinter dem Stacheldraht mit ihnen die Straße entlang. Ein S.S.-Mann kam:

„Alles in die Baracken! Die Namen werden aufgerufen, von denen, die Besuch haben!"

Diesmal ging's im Eiltempo zurück in die Baracken.

226

Die meisten wußten zwar schon, wer Besuch hatte und wer nicht, aber es war für uns alle so, als hätte jeder Einzelne Besuch. Wir waren wie eine Familie.

In unserer Baracke lebten drei Brüder, alle drei kommunistische Funktionäre, die nun Besuch von ihrer Mutter bekamen. Sie gingen furchtbar verlegen aus der Baracke, ohne nach außen hin die geringste Freude und Erregung zu zeigen und als ob ihnen gar nichts an dem Besuch läge. Ihre gleichgültigen und undurchdringlichen Gesichter, ihre linkischen und eckigen Bewegungen verrieten aber viel deutlicher ihren inneren Zustand, als es die größte Erregung und Aufgeregtheit hätte zeigen können.

Wir begleiteten unsere Kameraden bis zum Lagereingang. In 50 Meter Entfernung standen die Frauen am Geräteschuppen. Die S.S. stand dabei und paßte auf, daß keine Briefe oder Kassieber herausgeschmuggelt wurden

Für mich war es erschütternd zu sehen, wie jeder Einzelne der Gefangenen auf seine Frau oder seine Mutter zuschritt, wie sie sich die Hand gaben, wie sie sich küßten unter den Augen der neugierigen S.S. und wie sie dann steif und verlegen voreinander standen, die Hände verschlungen, wie die Frauen zu weinen begannen, wie die Kameraden ihnen unbeholfen über Gesicht oder Arm fuhren und nicht wußten, was sie sagen sollten.

Fünf Minuten dauerte der Besuch.

„Es hat viel zu lang gedauert. Ich will keinen Besuch mehr," sagte mir ein Kamerad mit verbissenem und verstörtem Gesicht.

Dann marschierten unsere tapferen Frauen, uns

allen winkend und Abschiedsworte zurufend, wieder zum Brückenkopf hin und fuhren im Omnibus davon. —

„Was haben sie erzählt? Wie steht's draußen?"

„Die haben alles gewußt, — über die Behandlung hier im Lager und so! Sogar von der Nacht der langen Latten! Die Jungens draußen arbeiten gut!"

„In unserm Ort haben sie schon wieder zwei Flugblätter herausgebracht!"

Von dichten Gruppen waren die Besuchsempfänger umlagert. Alles wollten die Kameraden wissen, alles, auch die geringste Kleinigkeit! Man erkundigte sich nach gemeinsam bekannten Familien, ob der „sitzt" oder ob er „draußen" ist, und der „sitzt" auch und „den haben sie nocht nicht geschnappt." „Stell Dir vor der Meier, der ist bei uns Bürgermeister geworden! Der ist der Richtige, der!"

Nicht müde wurden die Frager und einer erzählte es dem andern weiter.

Gegen Abend wurde es still in den Baracken. Das war die Reaktion auf das Erlebnis. Die Frauen waren wieder weg und wir blieben zurück im Moor, hinter dem Stacheldraht. Wie lange — wer weiß das!

Mit unsern Frauen waren gleichzeitig drei Frauen, die nach dem Nachbarlager Esterwege wollten, gekommen. Die hat man dort überhaupt nicht hereingelassen. Nicht einmal fünf Minuten durften sie mit ihren Männern sprechen. Sie haben vergeblich stundenlang gewartet. Die S.S. hat ihnen nur gesagt:

„Euern Männern gehts gut. Sie leben."

Das war alles. Und dafür haben sie wochenlang das

Heraus mit den politischen Gefangenen!

Geld für den Autobus gespart und zusammen gebettelt, wochenlang sich auf den Besuch gefreut....

Im nächsten Brief mußten wir unsern Frauen mitteilen, daß es keine Besuchserlaubnis gäbe und daß sie nicht den Versuch machen sollten, herzukommen.

Wer diesen Passus nicht schrieb, bekam den Brief zerrissen zurück. Die beiden S.S.-Männer auf der Post, die die Zensur unter sich hatten, gingen überhaupt vollkommen willkürlich vor. Paßte ihnen eine Handschrift nicht, oder war der Brief zu eng geschrieben, wurde er nicht befördert und nur aus besonderer Gnade und Barmherzigkeit durfte der betreffende Schreiber einen neuen Brief schreiben. Einer hat einmal geschrieben: „Lieber Willi, es geht mir gut, was ich auch von Dir hoffe. Herzliche Grüße Max." Er erhielt dafür ein öffentliches Lob.

„So müßt Ihr alle schreiben. Gut, der Mann! Kann noch einen Brief schreiben."

Die „Posthengste" hatten auch unsere Rauchwaren unter sich. Jeden Sonntag gab es erst Krach und Aufregung, ehe die Raucherlaubnis durchgesetzt war. Und jeden Sonntag abend suchten sie die Baracken nach versteektem Tabak durch.

Dabei hat sich der eine einmal folgenden grausamen Scherz gemacht:

Er griff in den Brotbeutel eines Gefangenen und zog drei oder vier Revolverpatronen heraus. Munition im Lager! Der Gefangene wurde weiß wie die Wand und der S.S.-Mann hielt ihm die Hand mit den Patronen unter's Gesicht:

„Woher kommt die Munition?"

„Ich weiß es nicht. Ich schwöre, daß ich keine Munition gehabt habe."

Man stelle sich vor, was das bedeutet! Das Auffinden der Munition konnte für uns alle die furchtbarsten Folgen haben!

„So — Du weißt es nicht", sagte nach einer endlosen Pause der S.S.-Mann. „Ich will jetzt noch keine Geschichte daraus machen. Ich werde es noch nicht melden, aber in einer halben Stunde komme ich zurück und dann wirst Du mir sagen, woher Du die Munition hast".

Die ganze Baracke war in wahnsinniger Erregung.

„Das ist eine Provokation! Die wollen ein Blutbad anrichten!"

Als der S.S.-Mann zurückkam, sprang der Stubenälteste auf ihn zu, nahm stramme Haltung an und sagte:

„Ich weiß, daß in dem Brotbeutel keine Patronen waren. Ich habe gesehen, wie Sie die Patronen selber hinein getan haben!"

„Ich auch!" „Ich auch!", riefen einige Kameraden.

Der S.S.-Mann, von der Entschlossenheit des Stubenältesten überrumpelt, grinste nur, sagte kein Wort und ging aus der Baracke.

Dieselben beiden Postleute haben sich auch noch eine andere Provokation erlaubt. Eines Nachts gingen sie ins Lager und stellten eine Leiter an den Drahtzaun. Neben der Leiter vergruben sie drei bis vier Spaten im Sand. Die Patrouille kam vorbei und schlug Alarm. Wir wurden alle aus den Betten geschmissen, das ganze Lager war in hellster Aufregung. Aber diesmal wurden sie von den eigenen Kameraden hereingelegt. Die Leiter lag nämlich draußen vor dem Lager hinter der S.S. Küchenbaracke und der Koch hatte beobachtet, wie die beiden sie geholt hatten.

Wir erwarteten alle, daß wir nun von diesen beiden Postministern befreit würden. Sie erhielten aber nur eine Verwarnung und damit war die Sache beigelegt.

Nachts mußten die Barackenfenster verschloßen sein, ebenso die beiden Barackentüren. Wenn abends kurz nach neun Uhr die letzte Kontrolle in die Baracke kam, mußte der Stubenälteste Meldung machen, während wir andern schon in den Betten lagen.

„Baracke 10. Belegt mit 98 Mann. 1 Mann im Lazarett. 1 Mann im Arrest. Alles in Ordnung."

Es war ein beliebter Trick der S.S., mit ihren Schlüsseln die eine Barackentür aufzuschließen und dann den Stubenältesten anzupfeifen:

„Alles in Ordnung? So, warum steht denn die hintere Barackentür noch offen?"

Der Stubenälteste sah nach und mußte feststellen, daß die Tür offen war.

„Ich kann das nicht verstehen, ich habe sie doch selber abgeschlossen."

„Verdammte Schlamperei! Kommt das nochmal vor, fliegst Du in den Bunker!", und sie stolperten mit ihren schweren Stiefeln wieder heraus. Je nachdem, wie die S.S.-Leute uns gegenüber eingestellt waren, sagten sie Gute Nacht oder gingen grußlos davon. Auch wir machten solche Unterschiede. Wenn wir einen S.S.-Mann gern hatten, dann brüllte die ganze Baracke: „Gute Nacht!",

war er weniger beliebt, so murmelten nur einige den Gute-
Nacht-Gruß.

Einem S.S.-Mann, einem ehemaligen Reichswehrsol-
daten, machte es ein besonderes Vergnügen, sich immer
mit mir anzubinden. Schon wenn er hereinkam, brüllte er
in der Türe:

„Wo ist der Schauspieler? Schauspieler, schläfst Du
schon?"

„Nein, noch nicht."

„Der Schauspieler, der träumt jetzt von Schiller oder
Goethe! Was, Schauspieler? Oder träumst Du von Deiner
Frau? Das ist ein ganz gerissener, der Schauspieler! Gute
Nacht, Schauspieler."

Wir hatten uns schon so an ihn gewöhnt, daß die
Kameraden von sich aus, sobald er die Türe aufmachte,
brüllten:

„Wo ist der Schauspieler?"

„Na, na, na, na! Macht nur keine faulen Witze! —
Schläfst Du schon, Schauspieler?"

Er war einer der anständigsten S.S.-Männer im Lager.
Nie hat er geschlagen, aber jeden brüllte er an, als ob
er ihn auffressen wollte. Daß ich gerade das Opfer seines
Humors wurde, war mir zwar nicht angenehm, aber ich
machte gute Miene dazu. Erst wenn seine Witze allzu derb
und obszön wurden, gab ich ihm zu verstehen, daß unsere
Situation eigentlich zu ernst für solche Scherze sei.

„Mensch, was willst Du denn, ich hab' ja auch keine
Frau hier, mir gehts ganz genau so wie dir! Muß mir auch
alles durch die Rippen schwitzen!"

Im großen und ganzen hat es bei uns im Lager kein

Sexualproblem gegeben. Ich habe andere Kameraden darüber befragt und sie haben mir es ebenfalls bestätigt. Der andauernde psychische Druck, unter dem wir standen, die Sorgen wegen der Familie, die schwere Arbeit im Moor ließen diese Fragen nicht aufkommen.

Ebert, Heilmann, die „Prominenten".

Wochenlang hat uns die S.S. darauf vorbereitet. „Paßt auf, morgen kommen die Bonzen! Die können was erleben!"

„Das sind sicher auch nur wieder so ein paar „Persilbonzen", wie wir", erwidern die Kameraden.

Vor der Ankunft unseres Transportes hatte man der S.S. nämlich auch gesagt, es kämen die Bonzen und Volksverführer an. Sie waren dann sichtlich enttäuscht, daß da gar keine „hohen Tiere", gar keine Schieber und Schwerverdiener ankamen, sondern einfache Arbeiter, mit dem Persilkarton unter dem Arm, in dem sie ihre wenigen Habseligkeiten trugen. „Persilbonzen" haben sich die Arbeiter dann selbst getauft.

Die S.S. war unzufrieden. Sie hatten die „Novemberverbrecher" erwartet. So sah sich die Leitung also genötigt, ein paar „Reklamebonzen" von Lager zu Lager zu schicken.

Ebert, der Sohn des verstorbenen Reichspräsidenten, und Heilmann, Fraktionsvorsitzender der sozialdemokratischen Partei Preußens, saßen schon seit langer Zeit im Konzentrationslager Oranienburg. Es bestand durchaus keine administrative Notwendigkeit, sie in ein anderes Lager zu verschicken, wenn man nicht eben der murrenden S.S. ein Ventil verschaffen wollte.

Es dauerte lange, ehe das Ereignis Tatsache wurde. In dieser Zeit haben sich die S.S.-Männer gegenseitig aufgeputscht, tagtäglich von der Ankunft der „Bonzen" gesprochen und versucht, die Verbitterung der kommunistischen Häftlinge gegen die sozialdemokratischen Führer für sich auszunützen.

„Morgen holen wir sie ab! Morgen kommt der Transport von Oranienburg an!"

In der Freizeit und am Abend wird in allen Baracken über die Ankunft dieser hohen sozialdemokratischen Funktionäre heftig diskutiert. Ich gebe hier ein solches Gespräch wieder, das mir noch fast wörtlich im Ohr ist.

Gewöhnlich ist es so, daß wir uns nach dem Abendessen in der Baracke zerstreuen, Schach spielen, Handarbeiten machen, Strümpfe stopfen oder versuchen, in eine andere Baracke zu gehen. Diesmal bleibt alles am Tisch sitzen. Die Meinungen platzen aufeinander.

„Geht mir doch weg! Der Ebert hat doch noch in der letzten Reichstagsitzung für Hitlers Außenpolitik gestimmt! Der, der ist einer von den Gefährlichsten!"

„Na, und der Heilmann?! Die Brüder sind ja alle

gleich! Der würde auch zehnmal lieber mit den Nazis gehen, als mit uns! Wenn er nur könnte!"

„Das ist ganz egal — augenblicklich sind wir im Lager. Und da müssen gerade w i r es ablehnen, der S.S. Vorschub zu leisten! Ihr habt doch gehört, was der Kurt gesagt hat."

„Ach was, denen schadet das gar nichts, wenn sie mal die Jacke voll kriegen! Die habens verdient."

„Sicher, aber Menschenskind, es steht nicht bei uns, in der jetzigen Situation die Richter zu spielen. Das mußt Du doch verstehen!"

„Ihr immer, mit eurer Politik! Hat der Zörrgibel am ersten Mai die dreißig Arbeiter erschießen lassen oder nicht? Und ist der Noske ein „Bluthund" oder ist er keiner? Ich hab kein Mitleid mit denen! Die haben ja auch mit uns keins gehabt."

„Hör mal zu, Karl, es kommt hier doch nicht aufs Mitleid an. Wichtig ist, was die Massen draußen dazu sagen. Und glaubst Du, die bringen Verständnis dafür auf, wenn Du jetzt gemeinsam mit den Fascisten über die sozialdemokratischen Führer herfällst?"

„Da hat er recht! Das ist ja gerade das, was die Nazis wollen! Und außerdem will ich Euch mal eins sagen: Als Arbeiter lehne ich die Bestrafungsmethoden der Nazis ab. Die viehschen Quälereien, oder die albernen Witze, die die Nazis mit ihren Opfern machen — nee, da machen wir nicht mit! Wenn wir mal dran sind, dann kommts anders! U n s e r e Feinde werden vors Volksgericht gestellt, verurteilt und wenns sein muß, erschossen und der ganzen Welt bekanntgegeben: Soundsoviele Feinde des proletarischen Staats sind erschossen worden! — Das wird unsere Art zu strafen sein. Aber nicht die Prügeleien, heimliches Todschlagen und was sie sonst noch alles machen. Wer da mitmacht, wird selbst zum Vieh! — Ich danke dafür!"

Am anderen Mittag kam der Transport von acht Mann an. Wir sahen sie draußen vor der Kommandanturbaracke in strammer Haltung stehen.

„Der Heilmann ist dabei und der Ebert und noch ein paar Judenschweine", verkündete die S.S.

Stundenlang standen die Neuankömmlinge stramm. Ich möchte jedem, der das liest, einmal empfehlen, auch nur eine Stunde lang mit dem Koffer in der Hand stramm zu stehen. Dann erst kann er ermessen, welche Strafe ein dreistündiges Strammstehen bedeutet.

Und dabei hatten sie schon allerhand hinter sich! Sie kamen in Papenburg an und wurden im Triumph unter Schlägen und Fußtritten durch die kleine Stadt geführt. An jeder Straßenecke wurde gehalten und den Bewohnern verkündet, wer da ins Konzentrationslager gebracht wird.

Nach dem Strammstehen mußten sie im Laufschritt zur Postbaracke. Ich sah, wie dem Abgeordneten Heilmann von einem S.S.-Mann ein Bein gestellt wurde, sodaß er der Länge nach hinschlug.

In der Postbaracke saßen die beiden „Posthengste", die gefährlichsten Schläger im Lager. Einzeln kamen die Neuankömmlinge herein und empfingen dort zunächst einmal ein paar Ohrfeigen und Faustschläge. Dann zog der ganze Trupp ins Lager. Die S.S.-Männer mit ihren Opfern in der Mitte. Sie gingen von Baracke zu Baracke.

„Alles raustreten!"

Wir kamen aus der Baracke und standen den „Bonzen" gegenüber. Ebert wurde in die Mitte des Kreises gestellt.

„Wer bist Du?"

Ebert, ein untersetzter stämmiger Mann, schwieg und sah uns furchtlos an. Er machte auf mich einen vollkommen ruhigen Eindruck.

„Wer bist Du?", schrie drohend der S.S.-Mann und trat ihn mit dem Stiefel ans Schienbein.

„Ich bin Friedrich Ebert, der Sohn des Landesverräters Ebert", antwortete er mechanisch und in voller Gelassenheit. Ich sah ihm deutlich an, daß er dabei dachte: na, wenn schon!

Jetzt kam Heilmann an die Reihe, der einen verstörten und zerfahrenen Eindruck machte.

„Ich bin der Obergauner Heilmann."

„Na und — weiter?!"

„Ich habe das deutsche Volk verraten und die Arbeiter betrogen."

Angewidert und tief beschämt von dieser Prozedur, wandten wir uns halb ab und sahen auf den Boden.

So zogen sie von Baracke zu Baracke. Ueberall dieselbe Vorstellung, dasselbe Theater. Dann mußten sie sofort zur Arbeit. Eine Kolonne trug vor dem Lager eine kleine Anhöhe ab. Sie wurden an die Loren gestellt, ein paar S.S.-Männer dazu, und nun jagten sie im Trab mit den Feldbahnwagen hin und her. Dabei ereignete sich jener Vorfall mit Ebert, den ich früher schon erwähnt habe. Heilmann dagegen hatte keinerlei Widerstandskraft mehr und versuchte durch Flehen und Bitten die S.S. zu erweichen. Das hatte die entgegengesetzte Wirkung. Jetzt machten sie überhaupt alles mit ihm, was ihnen an Hohn und scheußlichster Qual einfiel.

Ich will hier nur die Dinge berichten, die ich selbst mit angesehen habe, obwohl viele Kameraden, die tagsüber bei der Arbeit mit ihm zusammenkamen, uns abends in der Baracke die haarsträubendsten Berichte gaben.

Heilmann war bereits nach dem ersten Tag so zerschlagen, daß er nur mühsam gehen konnte. Er humpelte über den Platz, — den Kopf zurückgelegt, — den Mund schmerzhaft geöffnet. Man drückte ihm einen Schubkarren in die Hand, und er mußte zum Gaudium der S.S. einen kleinen jüdischen Rechtsanwalt aus Berlin in diesem Schubkarren spazieren fahren. Man sah, welche körperliche Anstrengung ihn das kostete. Der kleine Rechtsanwalt saß im Schubkarren, starr und steif wie eine Pagode.

Dann wurden sie zur Latrine geführt, man gab ihnen Schippen in die Hand und verlangte, daß sie sich mit Kot bewerfen.

Rund herum stand die lachende S.S., und Heilmann sagte:

„Ich mache ja jeden Spaß mit. Ich tue ja alles, was Ihr verlangt, nur erschießt mich nicht!“

Das Herz hat sich mir im Leibe umgedreht bei diesem Anblick.

Hinter der S.S.-Küchenbaracke stand ein Hundezwinger, ein langer Gang aus halbmannshohem Drahtgitter. In den mußte er auf allen Vieren hineinkriechen und einen

kleinen Hund am Hintern beschnuppern. Dazu mußte er
folgenden Vers aufsagen:

> „Ich bin falsch wie eine Katze
> Miau, miau,
> Und belle wie ein Hund
> Wau wau, wau wau."

An einem anderen Tag holten sie ihn, einen Rabbiner
und einen kommunistischen Reichstagsabgeordneten aus der
Baracke und die drei mußten vor der S.S. Reden halten
und über ihre Politik sprechen. Dabei hat Heilmann ge-
äußert, er verstünde gar nicht, warum ihn die S.S. so
schlecht behandle, er habe doch schon immer den Kommunismus bekämpft, und zwar schon länger und inten-
siver als sie selbst.

Diese Bemerkung hat ihm den letzten Rest von Sym-
pathie und Mitleid gekostet, der noch unter den Lagerinsassen vorhanden war.

Es ist viel geschrieben worden über das Verhalten
der kommunistischen Arbeiter im Konzentrationslager
gegenüber führenden sozialdemokratischen Funktionären.
Der Reichstagsabgeordnete Gerhart Seeger hat in seinem
Buch: „Oranienburg" wenig Lobenswertes über die kommunistischen Gefangenen berichtet. Ich war nicht in
Oranienburg, aber für das Lager Börgermoor treffen See-
gers Aeußerungen nicht zu. Die kommunistischen Arbeiter
waren wohl Gegner der sozialdemokratischen Politik und
ihrer Spitzenfunktionäre, sie haben sich aber nicht mit der
Lagerwache solidarisiert oder sich zum Handlanger der
Nationalsozialisten gemacht.

Gewiß, sie wurden nicht mit offenen Armen emp-

240

fangen, es bestand immer eine Distanz zwischen ihnen und den Kommunisten, aber in den ganzen 13 Monaten meiner Haft mußte ich feststellen, daß die führenden und verantwortungsbewußten Kommunisten im Lager jene Haltung einnahmen, wie ich sie im Gespräch vor der Ankunft Heilmanns und Eberts schilderte. Im Fall des hessischen Innenministers Leuschner und des sozialdemokratischen Reichstagsabgeordneten Mierendorf bestand sogar nicht einmal diese Distanz, sondern ein durchaus freundschaftlich-kameradschaftliches Verhältnis.

Diese oder jene bedauerliche Entgleisung mag vorgekommen sein. In einem Lager von 1000 Menschen sind die verschiedensten Charaktere vertreten. Wer wollte leugnen, daß es darunter auch Schweinehunde gab, oder solche, die ihre persönliche Verbitterung nicht zurückhalten konnten und sie in unkameradschaftlicher Weise zum Ausdruck brachten! Aber diese Fälle waren Ausnahmeerscheinungen. Man darf nicht vergessen, daß auch kriminelle, völlig unpolitische Menschen in Schutzhaft waren.

Im Fall Heilmann noch eins: In dem Maße, wie sich zum Beispiel Ebert durch sein tapferes Verhalten Achtung und Respekt auch bei seinen politischen Gegnern verschaffte, verlor Heilmann die Sympathien durch sein im tiefsten Sinne unmännliches Wesen.

Ich habe einmal gesagt, daß kein Mensch, der es nicht selbst durchgemacht hat, ermessen kann, wo die physische Grenze des Ertragbaren liegt. Von einem „Führer" dagegen — und das ist unter Umständen sein tragisches Schicksal — erwarten die Massen ein größeres Maß von Standhaftigkeit und vorbildlicher Haltung, als von einem ixbeliebigen Menschen. Und ganz besonders im Lager blickten alle Augen immer auf diejenigen, die draußen in verantwortlichen Funktionen waren. Der kleinste Fehler, das geringfügigste Vergehen gegen Solidarität und Kameradschaft verdichtete sich leicht und schnell zu einem Vorurteil. Denn hier kam es darauf an, mit dem Einsatz seiner Person, die Lehren, die der Funktionär draußen verkündete, zu erhärten! Es gab also gewisse Dinge, wo die Masse von ihren Führern über alle Grenzen der Taktik und des scheinbaren Eingehens auf die Wünsche der S.S. hinaus, ein klares „Nein" erwartete.

Der Leidensweg Heilmanns ging weiter. Die S.S. hatte sich vorgenommen, ihn „fertig" zu machen. Er wurde zu „Verhören" nach der Kommandaturbaracke gebracht, und wie es dazu gekommen ist, daß er auf der „Flucht angeschossen" wurde, kann ich nicht mit Bestimmtheit sagen. Die einen behaupten, man hätte ihm auf der Kommandatur gesagt, seine letzte Stunde sei gekommen, er solle an seine Familie schreiben, daß er freiwillig aus dem Leben gehe, die anderen sagen, er hätte diese Absicht ohne Druck der Nazis gehabt, wieder andere wollten wissen, man hätte ihm gesagt, es handle sich um einen Spaß, er solle so tun, als ob er fliehen wolle — Tatsache ist, daß Heilmann eines Nachmittags, ohne nach rechts oder links zu schauen, langsam aus dem Lager ging, — daß der Posten ihn auch ruhig passieren ließ und erst, nachdem er schon einige fünfzig Meter gegangen war, rief:

„He, Heilmann, wohin?"

Wir kamen gerade von der Arbeit zurück, als der erste Revolverschuß fiel. Wie auf ein Stichwort sprangen mehrere S.S.-Leute aus ihrer Baracke, und nun begann ein richtiges Scheibenschießen auf Heilmann. Der ging ruhig weiter, mitten ins Moor hinein. Ohne Hast, ohne Eile, ein Kind hätte ihn einholen können. Mit Revolver und Karabiner schoß die S.S. Ich zählte ungefähr fünfzehn bis zwanzig Schüsse. Schießen konnten sie nämlich auch nicht.

Wir wurden inzwischen im Eiltempo in die Baracken getrieben. Keiner durfte mehr heraus, keiner durfte sich am Fenster sehen lassen.

Beim Hineinlaufen sah ich gerade noch, wie die beiden Sanitäter in freudiger Erregung mit einer Bahre aus dem Lazarett rannten.

„Sie haben ihn getroffen! Er ist getroffen worden!"

„Ist er tot?"

Eine ungeheure Erregung hatte sich aller bemächtigt.

„Aufpassen, nicht ans Fenster gehen!!"

Ein paar Neugierige wagten es doch.

„Da bringen sie ihn an!"

„Kann man etwas sehen?"

„Nein, sie haben ihn zugedeckt."

Nach einer Viertelstunde hörten wir ein Auto ins Lager fahren und erfuhren später, daß man Heilmann abtransportiert hatte ins Krankenhaus Papenburg. Mit durchschossener Kniescheibe.

„Moritz sagt . . ."

Wo trifft sich das Lager? Wo lernt man sich kennen? Wo werden Tagesneuigkeiten aus allen Baracken ausgetauscht? Wo ist es am sichersten, ruhigsten und schönsten? — In der Latrine.

Wir haben sie „Börse" getauft, weil dort der Treffpunkt aller Kameraden ist. Es gibt zwei „Börsen". An beiden Seiten des Lagers.

Dort wandert jeder hin, morgens, mittags, abends und auch mal zwischendurch.

„Gehst Du mit auf die Börse?

„Hast Du denn was?"

Mit „was" ist eine „Kippe" gemeint, weil auf der Börse immer noch geraucht wird, — trotz Verbot, Bunker und Prügel.

244

Du machst also die Türe auf, warmer Dunst schlägt Dir entgegen. Man schließt die Türe wieder hinter sich und sitzt nun im Dämmerlicht in der Reihe seiner Kameraden, den abgeschnallten Leibriemen um den Hals gelegt. Hier bewacht uns kein S.S.-Mann, hier sind wir unter uns. Richtig gemütlich fühlst Du Dich. Daß es nebenbei auch ein Abort ist, hast Du vergessen. Es ist auch gar nicht so wichtig. Aesthetische Gesichtspunkte scheiden aus.

In der hinteren Ecke stehen drei oder vier Mann und reichen eine „Kippe" von Mund zu Mund. Mit durstigen Lungenzügen rauchen sie und stoßen den Rauch heftig aus, nach unten auf den Boden, oder in die Grube, damit er nicht in dicken, blauen Schwaden abzieht und dadurch die Raucher verrät.

„Du, Kamerad," meldet einer der noch Sitzenden an, „laß mir auch noch einen Zug!"

Man raucht gewöhnlich „Schwarzen Krausen", eine Tabaksorte, die die Vorarbeiter hineingeschmuggelt haben. Ein verteufelt schweres Zeug. Wer davon am frühen Morgen um fünf Uhr beim ersten Latrinenbesuch zwei Züge auf nüchternen Magen nimmt, taumelt wie ein selig Betrunkener aus der Latrine. Aber das ist das Schöne dran. Ebenso begehrt wie Tabak und Zigarettenpapier sind Streichhölzer. Sensationelle Erfindungen werden gemacht: Ein einziges Streichholz kann mit dem Rasiermesser in vier Streichhölzer verwandelt werden. Ein anderer hat sich ein Feuerzeug konstruiert. Mit einer Glasscherbe, einem Feuerstein, einem Stück Holz und ein wenig aus dem Lazarett geklauter Watte. Das erste Mal, wie er

seine Versuche damit macht, wird er vom Posten geschnappt. Die Zigarette kann er gerade noch verschwinden
lassen, aber sein Feuerzeug fällt dem S.S.-Mann in die
Hände.

„Was machst Du da?"

Der Häftling, ein Hamburger Seemann, von oben
bis unten tätowiert, strahlt den S.S.-Mann aus treuherzigen
Augen an:

„Tja, Herr Wachtmeister, das soll man woll nich
für möglich halten! Da hat mir doch einer gesagt, daß man
mit diesem Zeug Feuer anmachen könnte. Das wollt' ich
eben mal probieren. Weiter nichts. Is ja aber lächerlich,
geht natürlich nicht."

„Zeig' mal her!"

Dann haben es die beiden zusammen probiert. Der
Seemann scheint sich so dumm angestellt zu haben, daß es
tatsächlich nicht funktionierte. Er hat sein Feuerzeug behalten.

Gewöhnlich, wenn man in die Latrine kommt, ist das
Gespräch schon in vollem Gang. Man setzt sich dazu,
schweigt bescheiden, bis man im Bilde ist und kann dann
auch ein Wort mitreden. In Ruhe hören die Kameraden zu.

„Gestern hat mir meine Frau geschrieben: Aus unserer Gemeinde sollen dreißig Mann entlassen werden. —
Der Jupp ist dabei, Klingers Peter, der Max und ich."

„Menschenkind, das haben sie doch schon so oft
gesagt."

„Nein, nein, diesmal stimmts! Meine Frau war selber
auf'm Rauthaus!"

„Habt Ihr gehört, vorn auf der Kommandantur liegt

schon eine große Liste mit Namen. Die Heimatbehörden haben Führungszeugnisse angefordert. Wer sich gut geführt hat, wird entlassen."

„Ich hab 'was ganz anderes gehört. Der Fritz aus Baracke 3 hat's vom Küchenbullen: in einem Monat wird das ganze Lager aufgelöst. Es kommt ein Arbeitsdienstlager hier herein. 50 Prozent sollen entlassen werden und 50 Prozent kommen in ein anderes Lager. Nach Neu-Süstrum. Das ist jetzt das fünfte Lager im Papenburger-Bezirk. Soll direkt neben der holländischen Grenze liegen."

„So? Stimmt das? — Na, mich lassen sie nicht raus. Ich gehöre zu den 50 Prozent, die nach Neu-Süstrum kommen."

„Der Maikäfer (ein S.S.-Mann) hat gesagt, daß noch diese Woche ein Kommission ins Lager kommt."

„Ausländische Journalisten, was?"

„Verrückt, Mensch! Die kommen doch nicht hierher! Dafür gibts andere „Musterlager"."

„Kinder, hört doch mit dem Unsinn auf. Ich will Euch etwas sagen, das weiß ich ganz genau: Es steht gut mit den Entlassungen. Irgend eine Gnadenaktion ist unterwegs. Hitler hat angeordnet, daß alle die, gegen die kein Verfahren schwebt, entlassen werden."

„Hahaha! Nächstes Jahr Weihnachten, was?"

„Du brauchsts ja nicht zu glauben. Wirsts schon sehen, wenn Du draußen bist!"

Daher der Name „Latrinenparolen". Die unglaublichsten Gerüchte werden auf der Latrine fabriziert. Und die meisten drehen sich um die Entlassungen. Ist eine

Meldung entstanden, so läuft sie in kurzer Frist durch die ganzen Baracken. Manche Kameraden haben sich den Spaß gemacht, solche „Parolen" zu erfinden und nach einer halben Stunde auf die andere Latrine zu gehen. Dort tauchte dann diese „Parole" in völlig veränderter, „erweiterter Ausgabe" wieder auf.

Diese „Latrinenparolen" haben aber auch große Verheerungen angerichtet. Wenn die angekündigten Entlassungen nicht erfolgten, waren viele Kameraden deprimiert, niedergeschlagen und zanksüchtig. Das wirkte sich auf die ganze Baracke aus. Plötzlich entstanden Reibereien an den Tischen, Diskussionen um nichts und wieder nichts, Krachs aus heiterem Himmel, die unser ohnehin so schweres Leben unerträglich machten.

Dann fiel das Lager plötzlich wieder in eine ganz andere Stimmung. Wie ein Fieber kam das. Man tuschelte in den Ecken, bei der Arbeit, in der Latrine:

„Hitler pfeift aus dem letzten Loch! Es geht nicht mehr lang. Im Ruhrgebiet bewaffnen sich die Arbeiter schon. Der Theo hat sichere Nachrichten von draußen. Jungens, noch ein paar Wochen, und dann kommt die Sache zum klappen."

„Es spielt keine Rolle, wer mir das gesagt hat, auf jeden Fall ist es einer, der es ganz genau weiß: draußen herrscht eine revolutionäre Situation. Es hängt alles nur noch an einem Faden. Paßt auf, die Arbeiter holen uns mit den Waffen hier heraus."

„Wenn die S.S. uns nicht vorher über den Haufen schießt!"

„Wir müssen uns eben vorbereiten. Mit allen Möglichkeiten rechnen. Jeder muß wissen, was er im Notfall zu tun hat."

„Vorsicht, still!"

Das war natürlich nicht die Meinung der Klarblickenden, aber wenn ein solcher Taumel das Lager einmal ergriff, war es schwer, mit Vernunftsgründen dagegen anzugehen. Zu groß war die Sehnsucht nach Entlassung, die Hoffnung auf einen Glücksfall, die die Triebfeder solcher Phantasien waren. Wohl sagte der eine oder der andere beim Anhören solcher Gerüchte verächtlich: „Latrinenparolen", aber im stillen dachte er sich: ‚Wer kanns wissen? Vielleicht ist doch etwas Wahres dran‘.

Ein anderes beliebtes Thema war die Diskussion über Flucht und Fluchtmöglichkeiten. Die tollsten Pläne tauchten auf. Besonders stark trat die Versuchung an uns heran, wenn wir draußen im Moor bei der Arbeit waren und der dichte Moornebel uns überfiel. Das war eine unheimliche Situation. Beim Heranziehen der weißen Schwaden wurden wir alle auf dem Feldweg oder der Landstraße zusammengetrieben und die S.S. umstellte uns in dichter Kette. Bald sahen wir kaum mehr die Hand vor den Augen. So standen wir oft stundenlang und warteten. ‚Wenn man sich jetzt durch die Kette zu schleichen versucht? Sich in einem Wassergraben versteckt und dann nach Holland durchschlägt? Schießen können sie ja nicht im Nebel!‘

‚Nach Holland!‘ — Der Gedanke spukte in vielen Köpfen. Ueberrumpelung und Entwaffnung der S.S., und dann mit Waffengewalt über die Grenze, alle Mann bis auf den letzten Kranken im Lazarett! Bis ins kleinste

Detail wurde dieser Plan durchgesprochen. Er sollte verwirklicht werden im Falle eines Massakers, mit dem wir ja täglich zu rechnen hatten. Ein Attentat auf den Führer, auf Göring oder Göbbels hätte dafür genügt.

Solchen Spekulationen mußte entgegengetreten werden. Sie fraßen sich wie ein glimmender Brand durch das ganze Lager und schufen eine Atmosphäre, die durch unvorsichtige Aeußerungen oder Handlungen Einzelner uns alle gefährden konnten.

Wie es die Kameraden verstanden haben, eine einheitliche und organisierte Beeinflussung der Lagerinsassen zu schaffen, gehört zu den heroischsten Kapiteln in der Geschichte der deutschen Konzentrationslager. Ich kann hier keine Einzelheiten anführen, keine ausführlichen Berichte geben über die ersten Versuche, eine eigene Lagerleitung zu schaffen. Tatsache ist, daß schon nach wenigen Wochen ein geheimer „Kopf" im Lager bestand, den niemand kannte, aber dessen Anweisungen jedermann befolgte. Bewundernswert der Mut, mit dem diese Arbeit durchgeführt wurde! Jeder, der sich daran beteiligte, spielte mit seinem Leben.

Eine günstige Voraussetzung war die Tatsache, daß wir innerhalb der Baracken vollkommen unter uns waren. Nach Fertigstellung des Lagers standen die Posten nicht mehr vor den Baracken, sondern patrouillierten nur im Stacheldrahtgang außen um das Lager herum. In die Baracken selbst kam nur selten einer herein. Und die Vorschrift, daß laut „Achtung" gerufen werden mußte, wenn ein S.S.-Mann die Baracke betrat, wirkte sich nun zu unserem Vorteil aus. Im übrigen war es manchen S.S.-

Männern später selber peinlich, wenn alles aufsprang und stramme Haltung einnahm und sie riefen schon im Hereinkommen:

„Bleibt doch sitzen! Weitermachen, weitermachen!"

Wir begannen, in allen Baracken Unterrichtskurse in der Freizeit einzuführen. Englisch, Französisch, Stenographie und Esperanto, Wirtschaftsgeschichte, Schachunterricht. Die Lehrer waren Arbeiter, die selbst solche Kurse durchgemacht hatten.

Ein Stundenplan hing in der Baracke. Sonntag, acht bis zehn Uhr Französisch, Tisch drei. Sonntag, acht bis zehn Uhr, Esperanto, Tisch acht usw.

Es konnte aber auch passieren, daß man, wenn man an den Tisch der Esperantisten kam, die Worte aufschnappte:

„.... und deshalb ist die Gewinnung der Mehrheit der Arbeiterklasse das strategische Hauptziel ...."

Mit Esperanto hatte das wenig zu tun.

Eines Abends, als wir beim Nachtessen bei Tisch saßen, sagte ein Kamerad:

„Hört mal, Genossen, rückt ein wenig zusammen, damit ich nicht so laut sprechen muß. Also, die Sache ist so: Für unseren Tisch hier bin ich in Zukunft verantwortlich. Wenn Ihr irgendwelche Fragen habt, dann kommt zu mir. Da schwirren die verschiedensten Gerüchte und Latrinenparolen durch die Gegend, und keiner weiß, ob sie wahr sind oder nicht. Wenn Ihr in Zukunft eine Meldung hört, von der gesagt wird: „Moritz hat gesagt...", dann wißt Ihr, daß diese Parole stimmt. „Moritz hat gesagt..." ist also das, was die Meinung von Kameraden ist, die ..... na, Ihr versteht mich schon."

Und seit der Zeit gab es in unserem Lager eine geheime Leitung.

Ich will hier zwei Beispiele erzählen, die beweisen, welchen Einfluß und welche Autorität sie hatte.

7. November 1933. Es hat schon geschneit. Wir kommen verfroren von der Arbeit zurück. Wir umstehen den großen Barackenofen und wärmen die Hände. Gleich muß ich die Zeitung vorlesen. Es ist nämlich eine ständige Einrichtung bei uns, daß wir zwischen sechs und sieben Uhr in allen Baracken die Zeitung vorlesen. Alles ist gespannt auf den Reichstagsprozeß. Die fortlaufenden Berichte werden verschlungen. Heute steht in der Frankfurter Zeitung der Bericht über die Auseinandersetzung zwischen Dimitroff und Göring. Man erwartet schon, daß ich zu lesen anfange. Ein Kamerad nimmt mich beiseite und sagt leise:

„Paß gut auf: wenn Du beim Vorlesen an die Stelle kommst, wo Dimitroff sagt, daß Rußland ein Sechstel der Welt und das Vaterland aller Arbeiter ist, hörst Du zu lesen auf. Du hältst aber die Zeitung weiter vor dem Gesicht und tust so, als ob Du lesen würdest. Verstehst Du, wenn der Posten durchs Fenster sieht, muß es den Anschein haben, als würde vorgelesen. Bewege also auch die Lippen dabei. Alles andere ist unsere Sache."

An den Türen, an den Fenstern, stehen Kameraden und passen auf.

„Ruhig jetzt, der Nachrichtendienst!"

Ich stelle mich unter die Lampe und beginne zu lesen. An der bezeichneten Stelle höre ich auf. Es ist mäuschen-

still in der Baracke. Drei Sekunden Pause, dann beginnen
drei oder vier Kameraden leise zu summen. Die Melodie
der Internationale. Mir schlägt das Herz bis zum Halse
herauf, ich bewege eifrig die Lippen, als würde ich weiter-
lesen. Das Lied ist zu Ende. Ein Arbeiter liest ein Gedicht vor, das er von einem winzig kleinen Zettel, den
er in der Hand hält, abliest. Es behandelt das Lager und
die russische Revolutionsfeier. Dann spricht, ohne sich
zu erheben, ein Arbeiter ungefähr drei Minuten lang.

„Kameraden, wir feiern heute den sechzehnten Jahres-
tag der russischen Revolution..." Er spricht über das
große Konzentrationslager Deutschland, über den Sieg
der russischen Revolution.

In der Baracke herrscht Totenstille. Die Aufpasser
an den Fenstern recken die Hälse. Nach der Ansprache
summen alle gemeinsam: „Brüder, zur Sonne, zur Freiheit."

„Lies weiter", flüstert mir mein Nebenmann zu, und
ich fahre mit lauter Stimme im Prozeßbericht fort. Kurz
darauf müssen wir raustreten zum Abendappell.

Am nächsten Tag erfahren wir von den Kameraden
der andern Baracken, daß auch sie dieselbe Feier bei
sich hatten. Es stellt sich heraus, daß alle zehn Baracken
zur selben Zeit dieselbe Veranstaltung durchgeführt hatten. Diese Tatsache trug viel zur Erhöhung des Ansehens
und Stärkung der Autorität der geheimen Leitung bei.

„Die Jungens sind richtig! Das soll denen mal einer
nachmachen!"

Kein Spitzel hatte sich gefunden, der diese Feier verraten hat.

Trotzdem hat es Spitzel im Lager gegeben. Zwei Fälle sind uns bekannt geworden. Das war ziemlich zu Anfang, schon im August. Wir sind auf folgende Weise dahinter gekommen: Vorn auf der Kommandantur arbeitete eine Reihe von Schutzhäftlingen als Schreiber und Kammerburschen des Kommandanten und seines Stellvertreters. Die geheime Leitung hatte von vornherein dafür Sorge getragen, daß diese wichtigen Posten nur mit den fähigsten, zuverlässigsten Kameraden besetzt wurden. Durch sie erfuhren wir alles, was dort vorn vorging. Das war überaus wertvoll für uns, besonders im Hinblick auf die im Lager stattfindenden Verhöre, zu denen oftmals Kriminalbeamte aus den Heimatorten ankamen. So konnte der Betreffende gewarnt werden. Die beiden Verräter hatten sich beim Kommandanten melden lassen, und zwar erst nach den Dienststunden, damit sie nicht von den Kameraden gesehen wurden. Es hat ihnen aber wenig genützt, denn ein S.S.-Mann selbst hat unsere Leute auf die beiden aufmerksam gemacht und ihre Namen genannt.

„Spitzel sind Lumpen, egal, in welchem Lager sie stehen, bei uns oder bei Euch."

Gott sei Dank konnten die beiden keine genauen Angaben machen, sondern nur allgemeine Verdächtigungen aussprechen. Ein paar Mann flogen darauf in den Bunker. Sie mußten aber wieder entlassen werden, es war ihnen nichts nachzuweisen.

Die Denunzianten traf eine furchtbare Rache. Ein notwendiger Akt der Selbstjustiz, ein warnendes Beispiel für kommende Fälle. Nachts um zwölf Uhr wurden sie von ihren eigenen Kameraden aus dem Schlaf geweckt.

Einer flüsterte ihnen ihren Verrat zu, und dann fielen die Schläge hageldicht, während man ihnen das Kopfkissen auf den Mund drückte, um das Schreien zu verhindern. Die Barackeninsassen, die durch den Tumult aufwachten, verhielten sich still und redeten kein Wort dazwischen. Sie wußten Bescheid.

Am nächsten Tag mußten die beiden ins Lazarett. Sie wurden von den S.S.-Männern gefragt, wo ihnen das passiert sei und wieso sie zu den Wunden kämen. Der eine wollte sich mehrfach „gestoßen" haben, der andere gab an, er sei aus dem oberen Bett heruntergefallen. Mit keinem Wort erwähnten sie den Vorfall der Nacht, so fürchteten sie die Rache der Kameraden.

Nachdem sie wieder gehen konnten, liefen sie fortan im Lager herum, verachtet und ausgestoßen aus der Gemeinschaft ihrer Mitgefangenen. Und das war sicherlich eine härtere Strafe als die Prügel. Im Lager isoliert zu sein, war etwas Furchtbares. Täglich der Druck draußen bei der Arbeit, die seelische Qual eines Gefangenendaseins, und dann niemanden im Lager zu haben, mit dem man reden kann, der einem hilft und unterstützt, immer allein und auf sich selbst angewiesen — ich hätte ein solches Los nicht ertragen wollen.

Eine andere Machtprobe der geheimen Leitung war Hitlers erster Volksentscheid anläßlich des Austritts aus dem Völkerbund. Wir hatten nicht damit gerechnet, zur Abstimmung zugelassen zu werden, und erst wenige Tage vorher bekamen wir Mitteilung, daß wir doch zu wählen hätten. Es gab die heftigsten Diskussionen. Drei Richtungen waren vertreten: die Einen sagten, wir müßten alle mit „Ja" stimmen, um so zu dokumentieren, daß wir unter Terror stünden, die Zweiten waren für Wahlenthaltung, ebenfalls um die Rechtlosigkeit unserer Lage zu bekunden, die Dritten waren für ein entschlossenes „Nein". Sie sagten, daß die Arbeiter draußen merken müßten, daß sie im Lager die Alten geblieben seien. Keine Furcht vor Vergeltungsmaßnahmen dürfte sie abhalten, der Hitler-Regierung ein „Nein" entgegenzustellen.

Das Lager drohte, in diese drei Gruppen zu zerfallen. Endlich, einen Tag vor der Wahl, kam die Parole heraus

„Moritz sagt, es wird mit „Nein" gestimmt."

Das Ergebnis: Von ca. 1000 Mann stimmten 17 mit „Ja", alle übrigen mit „Nein".

In den „Düsseldorfer Nachrichten" konnten wir später das Ergebnis in genau umgekehrtem Verhältnis lesen.

Zur Zeit dieser Abstimmung war die S.S. als Lagerwache schon abgelöst und durch Polizeimannschaften ersetzt. Am andern Vormittag ließ uns der neue Lagerkommandant antreten und hielt folgende Ansprache:

„43 Millionen Deutsche haben mit „Ja" gestimmt! Hört Ihr das, 43 Millionen! Daß Ihr mit „Nein" gestimmt habt, kann ich Euch nicht einmal verdenken, aber daß Ihr die Stimmzettel beschmiert habt mit „Nieder der Fascismus!", „Hoch die KPD!", „Rotfront lebt!", das ist eine unerhörte Schweinerei! Wenn Ihr glaubt, daß aus diesem Lager in Zukunft noch jemand entlassen wird, dann täuscht Ihr Euch!"

Weiter ist uns aber nicht viel passiert. Wir mußten

stundenlang antreten, abzählen, stramm stehen und wurden auf diese Weise „schikaniert". Das war alles. Auch mit den Entlassungen war es nicht so schlimm. Nach wie vor fanden Entlassungen statt.

Jedem Kameraden, der herauskam, zurück in die Heimat, veranstalteten wir ein Barackenabschiedsfest. Am Abend vor seiner Entlassung sagte der Stubenälteste:

„Wir setzen uns heute alle zusammen und singen ein paar Lieder. Morgen verläßt uns unser Kamerad X. Wir wollen seinen Abschied feiern. Wenn er jetzt nach Hause kommt zu seiner Familie und unsern Freunden, die noch draußen sind, dann hoffen wir, daß er sich noch oft ans Börgermoor erinnert und an seine Kameraden, die hier zurückbleiben. Er hat hier viel gelernt und wird seine Erfahrungen draußen auszunützen verstehen. Jetzt singen wir als erstes das Börgermoorlied. Aber leise, daß es die Posten nicht hören."

Das Börgermoorlied wurde für jeden abgehenden Kameraden gesungen. Gewöhnlich sprach der Entlassene dann auch ein paar Worte:

„Auf Wiedersehen, draußen! Hoffentlich kommt Ihr alle bald nach. Ich wünsche Euch zum Abschied, daß Ihr immer so gute Kameradschaft haltet, wie jetzt. Was ich hier drin gelernt habe, das werde ich bestimmt nicht vergessen. Ihr versteht mich, wir bleiben die Alten. Auf Wiedersehen!"

Dann bekam er Abschiedsgeschenke: selbstgemachte Zigarettenetuis aus Holz, gemalte Herzen: „Gruß aus dem Börgermoor", geschnitzte Bilderrahmen, Körbchen aus Heidekraut, Brieföffner, gemalte Ansichtskarten.

Die Kameraden seines Heimatbezirkes zogen ihn in eine Ecke und gaben ihm Aufträge mit, was er alles ihren Angehörigen ausrichten sollte. Verbindungsmöglichkeiten und Nachrichtenübermittlung wurden besprochen.

Der Entlassene packte seine Habseligkeiten zusammen. Eine wichtige Frage war noch das Herausschmuggeln des Börgermoorliedes. Meistens wurde es in die Schuhe gesteckt oder in die Jacke eingenäht. Auf diese Weise ist das Lied in hunderten von Exemplaren herausgekommen.

Ein anderer Weg zur Beeinflussung, Aufmunterung und illegalen Belehrung der Kameraden waren die Vortragsabende, die wir regelmäßig in allen zehn Baracken veranstalteten. Die Kommandantur hatte uns die Erlaubnis dazu erteilt. Diese Vortragsabende gehören zu meinen schönsten Erinnerungen aus dem Börgermoor, wenn man überhaupt von „schönen" Erinnerungen sprechen kann.

Die Baracke, in der der Abend veranstaltet wurde, war gesteckt voll. Obwohl wir dasselbe Programm in allen andern Baracken wiederholten, fanden sich jedesmal so viele „Gäste" ein, als der Tagesraum überhaupt fassen konnte. Bis zur Barackentüre standen sie Kopf an Kopf. die vordersten Reihen saßen oder lagen auf dem Boden, die nächsten knieten, dann folgten die, die auf Bänken und Schemeln saßen, dahinter die Stehenden, dann kam die „Galerie", das waren die Kameraden, die auf die Spinde geklettert waren oder höher hinauf bis ins Kreuz der Dachbalken. Einmal war die Baracke so voll, daß sie sich mit einem donnerähnlichen Krach tiefer in den Moorboden senkte.

In einer Ecke wurde der Platz für die Vortragenden freigelassen. Unser Programm setzte sich zusammen aus Liedern, Musikstücken, Gedichtsvorträgen und Prosa-erzählungen. Einige Kameraden hatten die Erlaubnis er-halten, sich von zu Hause ihre Musikinstrumente kommen zu lassen. Wir besaßen eine Kapelle von zwei Geigen, drei Guitarren und einem großen Bandonium. Der Abend wurde eingeleitet mit einem gemeinsamen Lied. Am beliebtesten waren die „Wilden Gesellen".

> Wilde Gesellen, vom Sturmwind verweht,
> Fürsten in Lumpen und Loden,
> Ziehen wir dahin, bis das Herze uns steht,
> Ehrlos bis unter den Boden.
> Viele Gewand' in farbiger Pracht,
> Trefft keinen Zeisig ihr bunter!
> Ob uns auch Spötter und Speier verlacht:
> Uns geht die Sonne nicht unter.

„Uns geht die Sonne nicht unter!" Sie saßen mit glühenden Köpfen, leuchtenden Augen und dachten sich ihr Teil. Nach dem Lied mußte ich eine kleine Eröffnungs-ansprache halten.

„Kameraden, wir sind der Meinung, daß wir unser schweres Leben hier im Lager mit dem heutigen Vor-tragsabend ein wenig erleichtern wollen. Manch einer läßt draußen im Moor bei der Arbeit den Kopf hängen und kommt auf allerhand dumme Gedanken. Um ihn von den Sorgen unsres grauen Alltags abzulenken, haben wir diesen Unterhaltungsabend zusammengestellt. Wir sind aber der Ansicht, daß wir Euch heute abend keinen

Quatsch, Blödsinn oder seichte und oberflächliche Witze bringen sollen, sondern daß Ihr sicher auch Interesse für ernste und gute Kunst habt." (Hier wurde ich meistens mit lebhafter Zustimmung unterbrochen.) „Darum werden wir Euch heute abend eine Reihe von Gedichten vortragen, die die größten deutschen Dichter gemacht haben. Wir befinden uns hier im Moor und haben täglich die traurige und eigenartige Moorlandschaft vor Augen. Wie sich diese Moorlandschaft in den Augen der Dichter spiegelte, will ich Euch an zwei Beispielen zeigen."

Dann trug ich von Annette von Droste-Hülsoff „Oh schaurig ist's, über das Moor zu gehen" und von Hebbel „Der Heideknabe" vor. Ich hatte mir von meiner Frau deutsche Balladenbücher und Vortragsbände von Marcel Salzer, Plaut und anderen schicken lassen. Nach den beiden Gedichten folgte ein Konzertstück oder ein Marsch. Unsere Kapelle wagte sich an die schwierigsten Sachen. Die Remscheider hatten ein Gesangsquartett zusammengestellt und fanden mit einem „Proletarischen Wiegenlied" begeisterten Anklang. Der Schriftsteller Armin Th. Wegener las eigene Novellen und Gedichte. Wir versuchten das Programm so zu gestalten, daß wir mit klassischen und bürgerlichen Gedichten doch das zum Ausdruck brachten, was der Gesinnung der Arbeiter entsprach. Zum Beispiel: „Pidder Lüng" von Detlef von Liliencron. Das Leitwort der friesischen Bauern: „Lever duad us Slav" (lieber tot als Sklav") fand ungeheuren Widerhall, und wenn ich im Gedicht an die Stelle kam, wo Pidder Lüng den Amtmann, der mit seinen Söldlingen die Wuchersteuern eintreiben will, packt und seinen Kopf in den Napf mit glühend

heißen Brei taucht, bis er — erstickt, unterbrach mich
spontaner Beifall. Der „Pidder Lüng" wurde obliga-
torisch auf jedem Vortragsabend. Ebenso das Erntelied
von Richard Dehmel, mit dem Schluß: „Bald wird kein
Mensch mehr Hunger schreien! Mahle, Mühle, mahle!"

Hie und da kamen sogar S.S.-Männer zu unsern
Veranstaltungen. Das störte uns aber keineswegs. Sie
merkten auch nicht den tieferen Sinn unserer Vorträge
und freuten sich nur über die Abwechslung in ihrem
stupiden Wachtdienst. Einer sagte einmal:

„Ich weiß gar nicht, bei Euch in der Baracke ist
immer etwas los. Bei uns drüben ist alles langweilig."

„Mußt Dich eben auch einsperren lassen und bei uns
in der Baracke bleiben", rief ihm einer von uns lachend zu.

Tiefen Eindruck machte de Costes „Till Eulenspie-
gel", den ich kapitelweise vorlas. Die Geschichte des
unterdrückten niederländischen Volkes und des ewig fröhlichen und revolutionären Ulenspiegel, der den spanischen
Machthabern einen Streich nach dem andern spielt, ließ
manche Vergleichsmöglichkeit mit unsrer gegenwärtigen
Lage zu.

„Los, vorlesen! Ulenspiegel vorlesen", hieß es fast
jeden Abend. Daneben trug ich auch Balladen von Schiller, Goethe, Heine und andern deutschen Klassikern vor.
Als Schauspieler kann ich behaupten, daß ich niemals vor
einem aufmerksameren und empfangsbereiteren Publikum
solche Balladen gesprochen habe.

Zum Abschluß kam der humoristische Teil. Einzelne Kameraden meldeten sich zum Wort und erzählten
kleine komische Anekdoten und Witze, die wir allerdings

vorher geprüft hatten. Denn wir waren der Ansicht, daß die üblichen Witze von Schwiegermüttern, Hochzeitsnächten, Ehebrüchen und sonstigen Bettangelegenheiten nicht zu unserer Situation und unsern Vortragsabenden paßten.

Trotzdem kam tagsüber in der Arbeitspause oder in der Baracke manch einer zu mir, zog mich beiseite und sagte:

„Du, heute abend will ich einen bringen. Kennst du den schon, wie der Schwiegersohn zum Begräbnis geht...?" Es war nicht immer leicht, ihm diesen Witz dann auszureden. Wir waren bei unsern Abenden zwar nicht prüde, aber der Stil des sogenannten „Herrenabends" paßte nicht zu dem Feierstundencharakter, den unsere Veranstaltungen hatten.

Ein gemeinsames Lied und die Bekanntmachung, in welcher Baracke der nächste Abend stattfinde, beendete unsere Unterhaltung. Tagelange Diskussionen hinterher bewiesen, wie groß das Interesse war, und wie recht wir hatten, die Kameradschaft und das Lagerleben durch solche Abende zu fördern.

Ein hervorragendes Beispiel kameradschaftlicher Haltung gab das Lager anläßlich des Besuchs einer Kommission, die kurz vor der Uebergabe der Lagerbewachung an Polizeimannschaften stattfand. Es war dies die einzige Kommission, die in der ganzen Zeit vom Juli bis Dezember das Lager besichtigt hat. In dieser Kommission befanden sich keine ausländischen Journalisten oder unparteiische Persönlichkeiten, sondern nur zwei hohe S.A.-Führer, Polizeibeamte und zwei oder drei Herren von der Leitung der Geheimen Staatspolizei.

Einige Tage vorher sickerte es schon durch, daß die Kommission erscheinen würde. Wie es bei solchen Anlässen der Fall zu sein pflegt, war vorher groß Reinemachen. Auch die Verpflegung wurde sichtlich besser. Es gab mehr Fleisch und größere Stücke Wurst.

Unsere Stubenältesten aller 10 Baracken hatten beschlossen, Beschwerden vorzubringen, selbst auf die Gefahr einer nachfolgenden Rache. Die Hauptklage, die geführt werden sollte, betraf die Baracke 11, den Arrest.

„Sobald einer von der Kommission fragt: Haben Sie Beschwerden, dann springe ich vor und melde, wer alles von unserer Baracke geschlagen worden ist! Daß Ihr dann aber nicht zu feig seid! Ihr müßt vortreten und sagen, was Ihr in Baracke 11 durchgemacht habt!"

„Ausgeschlossen! Da mach' ich nicht mit. Ich will nicht noch mal in den Bunker fliegen!"

„Mensch, sei kein Schlappschwanz, das ist doch für alle! Wenn wir bei so einer Gelegenheit das Maul halten, wird's erst recht schlimm!"

„Meinetwegen — dann müssen sich aber auch alle melden, ohne Ausnahme!"

Nur durch zwei Baracken ist die Kommission gegangen. Dann hatte sie genug. Der Stubenälteste von 5 hatte sich einen ganzen Zettel zurecht gemacht, von dem er Punkt für Punkt vorlas: Mißhandlungen, Ernährung, Post- und Lazarettfragen, Raucherlaubnis, Moorarbeit. Nichts ließ er unerwähnt.

Die Kommission soll sich den Bericht ruhig angehört haben und dann wortlos aus der Baracke gegangen sein.

Auch in Baracke 4 haben sie allerhand zu hören

bekommen. Dort waren der ehemalige hessische Innenminister Leuschner mit seinem Pressechef, dem Reichstagsabgeordneten Mierendorf. Diese beiden sozialdemokratischen Funktionäre hatten es durch ihr kameradschaftliches Verhalten verstanden, mit allen Barackeninsassen im besten Einvernehmen zu sein. Leuschner gab zum Beispiel Deutsch-Unterricht in der Baracke und wußte auch sonst den Kameraden viel zu erzählen — besonders über seine Ballonfahrten, so daß für ihn und Mierendorf jene Distanzierung zwischen sozialdemokratischen Führern und kommunistischen Arbeitern nicht in Frage kam.

Leuschner hat der Kommission sofort gesagt, daß die Ernährung bei dieser schweren Arbeit völlig unzureichend sei.

„Ich selbst kann mir ja noch manchmal etwas von zu Hause schicken lassen. Aber die Kameraden an meinem Tisch bekommen fast nie etwas. Darum sind sie auf die Lagerernährung angewiesen und müssen Kohldampf schieben."

Diese mutigen Aeußerungen Leuschners haben ihm im Lager viel Anerkennung eingetragen.

Noch in derselben Nacht wurde der Stubenälteste von Baracke 5 aus dem Bett geholt und von zwei S.S.-Männern vor der Baracke mit Peitschen und Stockschlägen mißhandelt.

Der 30. Juni im Oktober.

In den Reihen der S.S. häuften sich die Stimmen der Unzufriedenheit. Immer öfters geschah es, daß sich ein S.S.-Mann an uns heranmachte und seiner Unlust Ausdruck gab. Auch der Dienst war ihnen viel zu schwer. Wenn sie nämlich ihre Wachstunden hinter sich hatten, wurden sie militärisch ausgebildet.

Sie zogen mit leichtem und schwerem Maschinengewehr durch die Heide zu einem Schießplatz, den wir angelegt hatten. Unser Lager war das reinste Waffenarsenal. Mit Lastwagen wurden Munition und Gewehre antransportiert und in einem eigens dafür gebauten unterirdischen Keller aufbewahrt.

Das Exerzieren, stundenlang „Griffe klopfen", hing den S.S.-Männern zum Hals hinaus, und sie begannen ihre trostlose Lage zu verfluchen.

Die Zahl derjenigen, die sich von Prügel und Terror

abwandten, wurde immer größer. Sie sprachen oft zu uns von ihrer Hoffnung auf die zweite „richtige" Revolution, und daß sie schon längst den Dienst hier aufgegeben hätten, wenn sie nicht die 3 Mark tägliche Löhnung für ihre Angehörigen brauchten.

Ob sie allerdings viel von ihrer Löhnung nach Hause schicken konnten, erscheint mir angesichts der Sauferei in der Kantine und den umliegenden Ortschaften fraglich.

Die S.S. hatte sich wie ein Heuschreckenschwarm auf das Land gelegt. Bei den kleinen Kaufleuten machten sie Schulden, in den Wirtschaften zerschlugen sie die Einrichtung, die Mädchen wurden geschwängert und überall, wo sie hinkamen, stießen sie auf Ablehnung und Haß. Aus den Kreisen der Bevölkerung wurden Gesuche um Abberufung der S.S. ans Ministerum gerichtet, die Fälle der „Erschießungen auf der Flucht" hatten sich herumgesprochen und es wurden Untersuchungskommissionen verlangt. Dies alles drängte die S.S.-Männer in eine isolierte Stellung. Sie fühlten sich als „Soldaten von Adolf Hitler" verraten und erlebten die Wiedergeburt und Stabilisierung der „Reaktion", jener Herrschaft der Deutschnationalen, die sich getarnt unter dem Mantel des Nationalsozialismus die neuen Machtbefugnisse aneigneten.

Bedrohlich wurde die Situation, als zum ersten Mal das Gerücht auftauchte, die S.S. solle abgelöst und durch Polizei-Wachmannschaften ersetzt werden. Das war in ihren Augen die größte Schande, die ihnen passieren konnte, denn in der Polizei erblickten sie noch immer den Machtapparat des früheren Staates, ihre Feinde, mit denen

266

sie manche blutige Auseinandersetzung gehabt hatten. Und jetzt sollten diese Polizeiburschen herkommen und die eigentlichen Träger der nationalsozialistischen Revolution absetzen!

„Ausgeschlossen! Wir gehen nicht aus dem Lager weg! Das wäre ja noch schöner. Wir wollen doch mal sehen, wer die Herren im neuen Deutschland sind! Wir oder die."

Sie kamen jetzt ganz von selbst zu den Kameraden und befragten sie über ihre Meinung. Jeden Tag gab die geheime Leitung Parolen aus, in welcher Weise mit den S.S.-Männern diskutiert werden mußte. Die Hauptargumente waren:

„Seht Ihr, jetzt passiert Euch das, was wir immer vorausgesagt haben! Ihr habt für die Kapitalisten die Kastanien aus dem Feuer holen dürfen und jetzt, wo sie Euch nicht mehr brauchen, bekommt ihr einen Fußtritt und werdet entwaffnet."

„Wir — entwaffnet? Das kommt überhaupt nicht in Frage!"

„Ihr werdet's ja sehen."

Ein anderer S.S.-Mann kam einmal zu uns in die Baracke:

„Wenn ich jetzt zurück muß, dann kann ich jedem von Euch, wenn Ihr wieder in Freiheit seid, die Hand geben! Ich hab' keinen von Euch geschlagen. Nie! Stimmts oder stimmts nicht?"

„Stimmt! Stimmt!" riefen ihm mehrere zu.

„Jungens, ich sag' Euch nur das eine: Ihr und wir, wir marschieren nochmals zusammen!"

"...Schon möglich. Es kommt nur drauf an, wer die Marschrichtung befiehlt! Wenn Euer Weg der falsche war, dann müßt Ihr eben uns ran lassen, und wir werden bestimmen, wer von Euch mit uns marschieren darf!"

Das war deutlich. Aber der S.S.-Mann hat es geschluckt. Er antwortete zwar nicht mehr darauf und ging auf ein anderes Thema über.

In diesen Tagen hatten wir ein besseres Leben. Die S.S.-Männer waren zu sehr mit ihren eigenen Sorgen beschäftigt. Die Disziplin lockerte sich. Draußen im Moor z. B. blieben sie nicht mehr in weitem Abstand von einander als Wachposten stehen, sondern steckten zu dritt oder zu viert die Köpfe zusammen, oder der Einzelne setzte sich hin und fing an zu schlafen. Von Zeit zu Zeit kontrollierte ein Scharführer die Posten. Dann riefen wir unserem schlafenden Wachmann zu:

"Ssst. He! Achtung, Kontrolle!"

Der fuhr hoch, machte Meldung und sagte uns, nachdem die Kontrolle verschwunden war:

"Recht so. Immer auf'm Draht sein!"

Eines Morgens wurden wir nicht zur Arbeit hinausgeführt. Die S.S. hatte sich geweigert, auszurücken, weil sie befürchtete, daß in der Zwischenzeit die Polizei kommen könnte, um das Lager zu besetzen. Wir blieben alle in den Baracken in äußerster Aufregung und versuchten uns die Folgen einer Absetzung der S.S. klar zu machen.

Draußen vor dem Lager gröhlten und sangen sie.

"Wir scheißen auf die Bonzen-Republik!"

Sie waren mit ihrem Kommandanten vollkommen einig und beschlossen, jeden Versuch, das Lager zu besetzen, mit Waffengewalt zu beantworten. Eine ungeheure Kriegsstimmung hatte sie alle erfaßt. Die Wachen am Brückenkopf wurden verstärkt, rund um das Lager Maschinengewehrnester angelegt, und der Kommandant Fleitmann hatte Befehl erteilt:

„Auf jeden, der sich in Schupo-Uniform dem Lager nähert, ohne auf das Halt-Zeichen stehen zu bleiben, wird geschossen."

Im Lager selbst nahmen uns S.S.-Männer auf die Seite:

„Wißt Ihr was, wenn die kommen, dann geben wir Euch Waffen, und Ihr schlagt mit uns zusammen den Angriff ab! Und nachher gründen wir ein „Freikorps Fleitmann" und dann schlagen wir uns durch bis Oesterreich und machen dort die Revolution!"

Wir mußten lachen über diese phantastischen Pläne, die aber so typisch die romantische Kriegsspielerei und ihren Landsknechtsidealismus zum Ausdruck brachten.

„Erstens mal wird die Sache ganz anders kommen, wie Ihr sie Euch jetzt vorstellt. Ihr werdet nicht schießen, sondern sang- und klanglos entwaffnet werden. Und zweitens wären wir schön dumm, wenn wir uns zum Kugelfang für Eure Streitigkeiten machen würden. Das Ende vom Lied wäre, daß wir wegen Meuterei erschossen oder auf 15 Jahre ins Zuchthaus kämen, während Ihr nur eine Disziplinarstrafe bekämt und schließlich nur noch als von uns verführt betrachtet würdet. Nee, nee, da lassen wir die Finger davon!"

„Was denn, was denn? Ihr seid doch auch für den Sozialismus!"

„Ja, aber für einen andern."

Es war für die geheime Leitung nicht leicht, in dieser erhitzten Atmosphäre eine einheitliche Haltung der Lagerinsassen hervorzurufen.

„Die sollen uns nur die Waffen geben! Kinder, dann schlagen wir uns nach Holland durch und lassen uns dort internieren!"

„Blödsinn, Mensch, weißt Du denn, ob die Polizei nicht die ganzen Lager schon abgeriegelt hat?!"

Kommandant Fleitmann fuhr mit dem Lieferauto und mit großer Bedeckung nach Papenburg, dem Verwaltungszentrum der gesamten Konzentrationslager bei Osnabrück. Er kam zurück und brachte die Mitteilung, daß das Lager am andern Mittag um 1 Uhr von der Polizei übernommen würde. Die Polizei hätte das Lager im Umkreis von 25 Kilometer vollständig umzingelt und würde bei einer Weigerung, das Lager zu verlassen, von den Waffen Gebrauch machen.

Die Wut der S.S. war unbeschreiblich. Sie rannten durch das Lager und demolierten die Einrichtungen in der Wäschebaracke, in der Kammer und im Lazarett.

Ich befand mich gerade in der Wäschekammer, als der S.S.-Mann, der die Arbeit dort unter sich hatte, hereinstürmte und die Seiten aus den Bestandsbüchern herausriß und verbrannte. Dann nahm er einen Schemel und schlug ihm die Beine ab, trat eine Türe ein und ließ sich von den Häftlingen eine Kiste voll Bettwäsche, Kernseife und Waschpulver packen.

„Das nehm ich mit für meine Leute daheim. Die wissen ja doch nicht, wie viel von dem Krempel da war.

Das sag' ich Euch nur: der Tag der Abrechnung kommt!"

„Ihr laßt Euch also doch entwaffnen?"

„Das ist noch nicht raus!"

„Paßt nur auf, daß sie Euch nicht alle zusammen verhaften und Euer Gepäck kontrollieren!"

„Ausgeschlossen, unser Gepäck schaffen wir heute nacht mit dem Auto weg und geben es in Dörpen auf! So dumm sind wir auch nicht!"

In den Baracken hatte es sich herumgesprochen, daß in der Wäschebaracke „Ausverkauf" sei. Die Stubenältesten kamen angerannt und der S.S.-Mann warf ihnen Seifenpulver, Schmierseife, Kernseife, Kopfkissen und Bettbezüge, Hemden und was sonst noch da war, zu:

„Immer zugegriffen! Wollt Ihr sonst noch was? Den Schemel da könnt Ihr auch noch mitnehmen. Immer weg mit Schaden. Die sollen sich selber ihr Lager einrichten."

In der Nacht fanden große Verbrüderungsaktionen statt. Wir mußten auf dem Platz ein Strohfeuer anzünden, die S.S. stellte sich mit uns darum und einer hielt eine begeisterte Ansprache an uns:

Wir seien doch auch „Kämpfer", und Kämpfer sein, das sei die Hauptsache. Sie hätten gesehen, daß wir anständige Kerle wären, und wir sollten uns ihnen anschließen und für Adolf Hitler kämpfen, der ja keine Ahnung hätte, was augenblicklich in Deutschland gespielt wird.

Einer von den Gefangenen antwortete für uns alle.

Sicher wären wir Kämpfer und es könnte sein, daß der Tag käme, wo sich der ehrliche S.S.-Mann, der für den Sozialismus kämpfen will, die Hand reicht mit dem

Arbeiter, der schon seit Jahren kein anderes Ziel als den Sozialismus hat. Aber diese Aktion jetzt sei sinn- und zwecklos.

Am andern Morgen war die Begeisterung merklich abgeflaut. Nichts mehr war zu spüren von dem „Kampf- willen", nur die Verbitterung und zweifellos auch Angst vor den kommenden Ereignissen! Um 10 Uhr kreiste ein Flugzeug über dem Lager. Die S.S. berichtete von be- waffneten Polizeipatrouillen auf Panzerwagen, mit Hand- granaten und Stahlhelmen, von Feldtelephonanlagen und richtiggehenden kriegstechnischen Vorbereitungen der Polizei.

Ab 11 Uhr mußten wir in den Baracken bleiben und durften uns nicht mehr auf dem Platz sehen lassen.

Es war ein grauer, regnerischer Morgen. — Trotz des Verbots stellten wir unsere Spione aus, die uns fortlau- fend Bericht gaben. Man konnte vom Lager aus bis zum Brückenkopf schauen, wo die verstärkte S.S.-Wache postiert war.

Eine Aufklärungspatrouille der Polizei kam im Auto an. Kurze Verhandlungen oben am Brückenkopf, dann passierte das Auto den Posten und fuhr ans Lager heran. Ein Leutnant und 10 Mann, schwer bewaffnet, mit Stahl- helm und Handgranaten im Gürtel, gingen in die Kom- mandanturbaracke.

Dann fuhren sie wieder ab. Und um punkt 1 Uhr kam das Gros der Polizei mit einer riesigen Kolonne von Mannschaftsautos an.

Kommandorufe ertönten, die S.S. wurde angeschrien, so wie sie uns angeschrien hatte, sie mußte ihre Waffen

Unbesiegbar — trotz alledem !

abliefern und sich in langen Viererreihen der Polizei gegenüber aufstellen. Der Kommandant wurde verhaftet und sofort mit einem Personenauto abtransportiert.

Sang- und klanglos vollzog die S.S. die Befehle. So rückten sie ab, eine unrühmliche Armee, geschlagen und demoralisiert. Der Traum von ihrer Revolution war ausgeträumt — die alte, so befehdete Polizei übernahm auf Görings Befehl das Kommando.

Auf Görings Befehl, der gegen seine eigene S.S. eine Polizeiaktion eingeleitet hatte, die unter Führung des Polizeigenerals Stieler von Heidkamp auf breitester Basis durchgeführt wurde und von der wir später in Münster im Gefängnis genauere Details erfuhren.

Danach hat Stieler von Heidkamp einen großen Appell abgehalten und den Polizeimannschaften gesagt, es handle sich hier um einen Fall von Insubordination, der sich gegen Ordnung und Staatsraison wende und der im Interesse des nationalsozialistischen Staates nötigenfalls mit Waffengewalt niedergeschlagen werden müsse.

So hatten wir im Konzentrationslager Börgermoor unsern 30. Juni schon im Oktober 1933.

Die Lichtenburg.

Jetzt heißt es Abschied nehmen vom Börgermoor. Von allen Kameraden, von den Baracken, der verschneiten Heide und den drei kahlen Eichbäumen. Morgen, am 1. Dezember, werde ich mit sieben oder acht Mann abtransportiert nach der Lichtenburg, einem anderen Konzentrationslager.

Schon einmal, Mitte Oktober, sollte ich dorthin. Ich kam damals von Außenarbeit zurück. Am Gitter riefen mir die Kameraden von weitem zu:

„Du kommst fort! In einer Stunde müßt ihr weg! 30 Mann!"

In der Baracke bestürmten sie mich. Ich war dreckig von der Arbeit.

„Pack schnell Deine Sachen! Die Juden und Intellektuellen kommen in ein anderes Lager. Nach Torgau oder so wo hin! Du mußt Dich beeilen!"

Man half mir den Rucksack packen. Indessen überlegte ich: ‚Warum sollst du weg? Versuche dazubleiben. Hier weißt du, was du hast. Du kennst die Kameraden, hast dich an sie gewöhnt. Und was wird dort sein? Neuer Transport heißt neue Schikanen, neue Qualen, neue „Empfangsfeierlichkeiten". Hier war das Leben hart und schwer. Sicher, im Moor weht ein kalter Wind. Aber dort? Wird es dort besser sein?'

Dem Rudi, meinem Bettnachbar, sagte ich:

„Ich laß' mich beim Kommandanten melden. Ich will dableiben. Ich sage ihm, daß ich Seemann war. Ich gehöre also gar nicht zu den Intellektuellen."

Ich bin nämlich als Fünfzehnjähriger zwei Jahre zur See gefahren.

„Klar Mensch! Du bleibst bei uns! Los, geh zum Alten."

Aus den Baracken kamen Freunde, um mir Lebewohl zu sagen.

„Wolfgang, wenn Du weg mußt, da — ein Andenken. Das hat der Karl gemacht."

In Papier eingewickelt ein Zigarettenetui. Aus Birkenholz geleimt, mit eingelegtem blankpolierten Holz. Das erste, das damals fertig war.

„Wartet's ab! Vielleicht bleibe ich da! Dann habt Ihr das Geschenk umsonst gemacht."

„Na — nimm's nur!"

Die ganze Baracke ging mit ans Lagertor und wartete auf den Ausgang der Sache.

Der Kommandant wunderte sich.

„Sie sind doch Schauspieler?"

„Ja, aber ich bin früher zur See gefahren."

„So. Da muß ich erst mal telephonieren."

Er rief den Verwaltungsdirektor Bergmann in Papenburg an, der die gesamten Lager unter sich hatte. Der war einverstanden.

„Danke, Herr Kommandant."

Im Laufschritt renne ich ins Lager zurück.

„Ich bleibe!"

„Hurra! Bravo! Los, auspacken!"

Im Triumph geht's in die Baracke zurück.

„Du, das mit dem Seemann war ein guter Trick!"

„Was willst Du, stimmt ja sogar!"

„Und das Zigarettenetui kannst Du behalten!"

So war das damals. Aber morgen, am 1. Dezember, muß ich doch dran glauben. Man hat nach den intellektuellen Urhebern des Abstimmungsergebnisses gefahndet. Reichs- und Landtagsabgeordnete, die Juden und der Schauspieler — auf andere sind sie nicht gekommen! Die müssen's gewesen sein. Also ab mit ihnen.

Ich gehe noch am Abend von Baracke zu Baracke und verabschiede mich von meinen Kameraden. Sie trösten mich:

„Dort wirst Du es viel besser haben. Hast immer Dein Dach über dem Kopf, liegst nachts in einer warmen Zelle, mußt nicht mehr im Moor stehen. Mensch, hier wird's doch jetzt saukalt. Freu' Dich, daß Du weg kommst."

„Du wirst sicher gleich entlassen."

Ich drücke viele Hände. Ich blicke in viele Augen. Ungelenk und zärtlich legt sich mancher Arm auf meine Schulter.

„Schreib' bald, wie's dort ist."

„Du weißt Bescheid: Wenn Du schreibst, Du hast ein Paar schwarze Strümpfe vergessen, heißt das, daß S.S.-Mannschaften dort sind. Braune Strümpfe heißt S.A., blaue Strümpfe Polizei. Schreibst Du, die Behandlung ist gut, dann ist sie schlecht. Sehr gut, dann geht's gerade so, ausgezeichnet — dann könnt Ihr's dort wirklich aushalten. Wenn geschlagen wird, schreibst Du dazu: wir können mit der Behandlung zufrieden sein. Alles klar? Dann leb wohl und mach's gut."

Es fällt mir wirklich schwer, fortzugehen. In meiner Baracke hat sich unsere Kapelle eingefunden und bringt mir ein Abschiedsständchen. Der Stellvertreter des Stubenältesten hält die Abschiedsrede. Der Stubenälteste selbst sitzt mal wieder seit Tagen im Arrest.

„Auf Wiedersehen, Kameraden."

Leise wird das Börgermoorlied angestimmt. Ich sehe mir alle noch einmal an. Jeden Kopf will ich mir einprägen. Alle hundert Mann, wie sie da sitzen und stehen: Metallarbeiter, Erdarbeiter, Bergkumpels, Taglöhner, Handwerker, Kleinhändler. In der Schule hatte ich Schulkameraden, im Theater Kollegen, im Privatleben ein paar Freunde, aber nichts hat mich so tief an sie gebunden, wie die gemeinsam ertragenen Leiden mich an diese Gefangenen binden. Ich kam zu ihnen als Außenseiter, als „Nichtdazugehöriger". Ich kannte nicht ihre Namen, ihr Leben, ihre Familien. Ihr Wesen, ihre Worte waren mir fremd. Wir sind Kameraden geworden. Ich werde sie nicht vergessen. — —

Am andern Morgen werden wir mit dem Ueberfallwagen nach Papenburg gebracht. Dort treffen wir noch andere Gefangene aus den Nachbarlagern. In der Wachtstube eröffnet uns ein Polizeioffizier, daß wir vier Tage unterwegs wären. Mit dem D-Zug kommt man in ungefähr acht Stunden nach der Lichtenburg.

Wir sind einundzwanzig Mann. Der Bummelzug mit dem angehängten Gefängniswagen läuft ein. Zu viert und zu fünft kommen wir in die Käfige, die nur für zwei oder drei Mann bestimmt sind. Wir stehen eng gedrängt, wie in der überfüllten Elektrischen. Kein Fenster, aus dem man herausschauen kann. Der ganze Raum ungefähr ein Quadratmeter groß. In diesen schauderhaften Schwitzkästen sind wir nicht nur vier, sondern sechs Tage unterwegs.

Wir übernachten in den Gefängnissen von Münster, Hagen in Westfalen, Kassel, Halle und Magdeburg. An jeder solchen Haltestation werden wir von einer großen Polizeibedeckungsmannschaft in Empfang genommen. Ich lerne die Unterschiede der Gefängnisse kennen. Alte und neue Bauten, die Behandlung der Wärter, die Verpflegung. Man unterhält sich während der Fahrt darüber, so wie man sich früher über Hotels und das Personal in den verschiedensten Städten unterhalten hat. Manchmal fahren wir mit kriminellen Sträflingen zusammen, die zu einem Termin befördert werden. Der Wagen ist immer gesteckt voll. Die Kriminellen, meist alle gleich sehr vertraulich, erzählen:

278

„Nicht nur für Euch, auch für uns ist alles viel schlechter geworden unter den Nazis. Die Verschärfung im Strafvollzug, das Gesetz gegen das Berufsverbrechertum, Aufhebung des Stufensystems, schlechtere Kost, Ihr habt ja keine Ahnung, wie es jetzt im Bau aussieht!"

Am 4. Dezember fahren wir von Hagen ab durch das Sauerland... Genau vor einem Jahr habe ich dort mit meiner Frau drei herrliche Ferientage verbracht. Wir haben Spaziergänge gemacht in den weißen Winterwäldern, Rehe und Hasen gesehen, und waren sehr glücklich. Am 4. Dezember hat meine Frau Geburtstag... Damals fuhren wir im D-Zug dieselbe Strecke. Wir frühstückten im Speisewagen, saßen an den großen Fenstern und sahen die weiße Landschaft an uns vorüberfliegen... Ob sie auch daran denkt?

Heute kann ich nicht einmal durch die kleine, vergitterte Klappe einen flüchtigen Blick auf die Berge werfen. Ich stehe verschwitzt und verdreckt zwischen Kameraden eingekeilt. Ein Jahr liegt nur dazwischen. Ein Jahr.

Leuschner fährt mit mir im selben Kasten. Er trägt sein Los mit viel Humor und Gelassenheit.

Ein Kamerad fragt ihn:

„Jetzt erzähl uns mal, was hast Du eigentlich als Minister so vom frühen Morgen bis zum späten Abend gemacht?"

Leuschner schildert den Tageslauf eines Ministers. Er wird geneckt und mit spöttischen Zwischenrufen unterbrochen.

„Mensch, so'n Minister hat's doch gut, das muß ich schon sagen!"

Hinter dem Spott liegt Ernst. Kritik an ihm und seinen Parteifreunden. Aber Leuschner nimmt nichts krumm und verteidigt seine Position. Er gibt auch Fehler zu und rückt von manchen früheren Gedankengängen ab.

Am 6. Dezember kommen wir in der Lichtenburg an. Sie liegt in dem Städtchen Prettin bei Torgau an der preußisch-sächsischen Grenze. Von Torgau aus werden wir wieder per Auto unter Bedeckung von Landgendarmen bis zur Lichtenburg befördert. Wir fahren durch flache Elblandschaft und einen schönen, verschneiten Wald. Nach einer knappen Stunde sind wir da. Wir sehen die zwei Türme der Burg schon von weitem. Das Tor öffnet sich.

Die Lichtenburg ist ein alter Bau aus dem sechzehnten oder siebzehnten Jahrhundert. Sie war der Witwensitz der sächsischen Kurfürstinnen. 1813 hat Napoleon sie schon als Gefangenenlager benützt, später wurde sie als Zuchthaus eingerichtet, bis sie vor einigen Jahren wegen Baufälligkeit geschlossen wurde. Die Nationalsozialisten haben sie erst wieder eröffnet und zum Konzentrationslager gemacht. In den großen Flügeln der Burg schlafen und wohnen die Gefangenen in riesigen Sälen, stationsweise eingeteilt. Die Strohsäcke liegen auf dem Boden, es gibt keine Schränke oder Spinde. Die Stationen selbst kommen wenig miteinander in Berührung. Auf jeder Station befindet sich eine Wachstube mit dem Stationsleiter und der S.S.-Wache. Die Burg hat drei Höfe, einen kleinen gepflasterten Vorderhof, einen großen und einen kleinen Hinterhof. Steile, steinerne Wendeltreppen führen in die Säle der einzelnen Stationen. Dicke Mauern, niedere Decken mit schwerem Gebälk.

Schon bei unserer Ankunft merken wir, welcher Wind hier weht. Zunächst stehen wir bei eisiger Kälte endlos lange im Burghof und warten auf den Kommandanten. Schließlich kommt er an. Ein kleiner, sehniger Mann mit schwarzen Haaren, schwarzen, stechenden Augen, einer großen Nase im Gesicht, das einen dummdreisten Ausdruck hat. Ehemaliger Dorfpolizist. Jetzt Sturmführer der S.S., Fanatiker und Sadist. Im Lager heißt er: „Der Schwarze". Er stemmt die Hände in die Seiten:

„Vor allen Dingen bitte ich mir einen anständigen Hitlergruß aus! Aber nicht so die Arme hochgeschlakst und herumgewunken, sondern vorschriftsmäßig! Ausgestreckter Arm, gestreckte Hand bis in die Augenhöhe. Jeder S.S.-Mann im Lager ist so zu grüßen. Ihr seid hier in keinem Mädchenpensionat, sondern im Konzentrationslager! Ihr könnt Euch gratulieren, daß Ihr schon aus einem anderen Lager kommt! Sonst hätten wir Euch einen anderen Empfang bereitet, da könnt Ihr Euch drauf verlassen! Abtreten!"

Im Hinterhof müssen wir „Sport" machen. Laufschritt, Paradeschritt usw. Dann werden wir auf die Stationen verteilt. Auf der Stationswache wird erst einmal mit uns exerziert. Anklopfen, stramm stehen, „Bitte eintreten zu dürfen" und die ganzen übrigen Witze, die uns ja reichlich bekannt sind und keinerlei Eindruck mehr machen.

Nur der Hitlergruß war mir neu, das hatten sie im Börgermoor nicht von uns verlangt. Hier mußte man am

Tag mindestens hundertmal grüßen. Im übrigen war die Behandlung ähnlich wie im Börgermoor: es gab eine Schlägergruppe, die die Gefangenen schikanierte und quälte und ebenso auch eine humane Gruppe, die nur ihren Wachdienst versah und sich sonst nicht um uns bekümmerte. Nur daß die Schlägergruppe noch brutaler und gemeiner war, und die Gesamtatmosphäre quälender, unsicherer und nervöser.

Man war auf der Station in seiner Bewegungsfreiheit viel beschränkter als im Börgermoor. Das konnte ich auch sofort am Ton der Kameraden feststellen, die viel ängstlicher und vorsichtiger miteinander verkehrten. Beim Hereinkommen in den Saal fiel mir gleich ein großes, aus Packpapier angefertigtes Plakat auf, das über der Türe hing: „Wir stimmen alle mit Ja! Für Adolf Hitler!"

„Was ist das?" frage ich meine neuen Kameraden.

„Das war unser Wahlplakat zum Volksentscheid." Dabei blinzelten sie mit den Augen.

„Wie ist die Wahl denn bei Euch ausgefallen?"

„Alles mit Ja, nur ein paar Nein-Stimmen."

„So. —"

Später erfuhr ich, daß sich die Kameraden darüber verständigt hatten. Sie waren der Ansicht, man wisse ja doch draußen, daß diese Wahl eine Terrorwahl sei. Die Taktik des scheinbaren Eingehens auf alle Wünsche der S.S. wurde in der Lichtenburg überhaupt viel stärker angewandt als bei uns, wo unsere Stubenältesten alle Augenblicke einmal wegen Renitenz in den Bunker flogen.

Ich will hier vorweg bemerken, daß das Lager Lichtenburg eines der grausamsten Lager Deutschlands war. In der Zeit, die ich dort verbrachte, also vom 6. Dezember bis 31. März haben allein vier Morde stattgefunden. Ich werde darüber noch zu berichten haben.

Am ersten Tag noch wurden wir in die Barbierstube geführt, wo man uns die Köpfe wie Schwerverbrechern kahl schor. Proteste nützten nichts, die S.S.-Männer standen dabei und sahen grinsend zu, wie uns die Schutzhäftlinge, die als Barbiere arbeiteten, die Haare abschnitten. Am Nachmittag wurde ich zum Lagerdirektor bestellt. Er empfing mich sehr freundlich.

„Sie sind uns schon angekündigt worden. Wir warten auf Sie, wir brauchen Ihre Hilfe. Wir bereiten nämlich zu Weihnachten ein Festspiel in unserer Kirche vor, und Sie als Schauspieler können das vielleicht einstudieren. Das Festspiel ist von einem Häftling geschrieben worden. Gehen Sie nachher auf die Bibliothek und lassen sich das Manuskript geben."

Der Lagerdirektor, Faust mit Namen, war ein sogenannter „feiner Mann". Elegante Wespentaille, glänzendes Haar mit geradegezogenem Scheitel, gepflegte Hände. Er war korrekt und höflich und kümmerte sich im übrigen um gar nichts. Er sah nichts und bemerkte nichts. Weder die sadistischen Quälereien von Entsberger und seinem Stellvertreter Zimmermann, noch die Morde und täglichen Mißhandlungen, die in den Dunkelzellen neben dem Kohlenkeller vorgenommen wurden. Er verschloß die Augen. Formell war er dem Kommandanten Entsberger übergeordnet. In Wirklichkeit kümmerte sich Entsberger nicht um ihn und durchkreuzte seine Anweisungen.

In der Bibliothek saßen Armin Th. Wegener, mit dem ich schon im Börgermoor zusammen war, und ein ehemaliger, kommunistischer Redakteur. Dieser Redakteur hatte das sogenannte „Festspiel" verbrochen. Es war ein entsetzliches Machwerk, in dem drei oder vier Kommunisten unter dem Weihnachtsbaum von zwei Nationalsozialisten „bekehrt" wurden. Ich machte aus meiner Abneigung keinen Hehl und war erstaunt, daß ein Kommunist so etwas schreiben konnte.

„Was willst Du, mein Lieber! Es ist mir befohlen worden, ein solches Stück zu schreiben und da schreibe ich's eben!"

„Dann muß man aber doch alles versuchen, daß es wenigstens nicht aufgeführt wird."

„Ach, warte es nur ab, hier werden noch ganz andere Sachen gemacht."

Diese, unter dem Druck und dem Terror der S.S. erzwungene Heuchelei war der unangenehmste Eindruck, den ich am Anfang von der Lichtenburg erhielt.

Ich will damit nicht behaupten, daß die Gefangenen im Lager Lichtenburg Gesinnungslumpen oder Feiglinge waren. Im Gegenteil, später hatte ich Gelegenheit, viele Arbeiter kennen zu lernen, die von derselben Art waren, wie meine Freunde im Börgermoor. Aber ein großer Nachteil war das Fehlen einer zentralen geheimen Leitung. Dadurch waren der Demoralisation, dem Spitzelwesen und der Kriecherei Tor und Tür geöffnet. Allerdings waren auch die rein örtlichen Voraussetzungen nicht so günstig wie in unserem Barackenlager. Hier war man ständig unter Aufsicht und Kontrolle. Die Zusammensetzung der

Gefangenen war eine andere. Etwa 70 Prozent Kommunisten, 20 Prozent Sozialdemokraten, 10 Prozent Unpolitische.

Ein merkwürdiges Erlebnis hatte ich gleich am ersten Abend. Um 9 Uhr, kurz vor dem Schlafengehen, befahl der Stationsleiter:

„Alles antreten! Deutschland-Lied!"

Alles stand stramm und dann wurde „Deutschland, Deutschland, über alles" gesungen. Drei Strophen und noch eine neue vierte dazu.

In diesem Augenblick hätte ich ein Kinooperateur sein wollen, der mit seiner Kamera in Großaufnahme die Gesichter der singenden Kommunisten und Sozialdemokraten abstreift. Das wäre eine prachtvolle Aufnahme geworden. Keiner verzog eine Miene und doch, wieviel Verschlagenheit, Verschmitztheit und Opposition hinter diesen unbeweglichen Gesichtern, in diesen scheinbar gleichgültigen Augen! Das Lied wurde in rasendem Tempo gesungen. Man spürte ordentlich: nur rasch, rasch fertig werden mit dem Theater! Dabei standen die S.S.-Männer auf dem Sprung, um einen zu ertappen, der nicht mitsingt oder den Kopf nicht gerade hält.

Abend für Abend stieg das „Deutschland-Lied". Es gehörte ganz einfach zu den dienstlichen Obliegenheiten und Zwangsmaßnahmen, die uns im Lager auferlegt waren. Manchmal machten wir auch zur Abwechslung Modulationen während des Singens. So zum Beispiel wurde die Zeile: „Einigkeit und Recht und Freiheit" ganz laut und kräftig gesungen, während wir die folgenden Zeilen wieder leise, gleichgültig und geschäftsmäßig herunterleierten.

Darüber freuten wir uns dann und blinzelten uns vergnügt zu.

Schon nach den ersten Tagen wurde ich aus meiner Station in einen neu gebauten Zellenflügel verlegt. Das war eine ausgesprochene Vergünstigung. In der Zelle lag man nur mit drei Mann in eisernen Bettstellen, während im Saal bis zu zwei- und dreihundert Mann auf dem Boden schliefen. Das Lager faßte zwischen 2000 und 1000 Mann. Ich kam mit Leuschner und einem Dekorateur, einem famosen sächsichen Jungen, zusammen.

Die Vorbereitungen für das Festspiel begannen. Ich wurde zu einer Zusammenkunft zwischen dem Direktor, dem Pfarrer und der Frau des ehemaligen Lagerdirektors Widder in die Kirche befohlen, wo der Aufbau des Podiums und andere technische Einzelheiten besprochen werden sollten. Vom Arbeitsdienst war ich befreit.

Der Pfarrer, ein Deutscher Christ,, war eine der unerfreulichsten Typen des Lagers. Spindeldürre Beine in Wickelgamaschen, Windjacke, schütteres, blondes Haar, zwischen 30 und 40 Jahren. Seine Predigten in der Lagerkirche zeichneten sich durch Taktlosigkeiten den Gefangenen gegenüber aus. „Es geschieht Euch ganz recht, daß Ihr sitzt" usw. Der Kirchgang war „freiwillig".

„Antreten zum Kirchgang! Wer zurück bleibt, muß Zellen reinigen und Boden schrubben."

Wir zogen es vor, Orgel, Gesang und eine merkwürdige Predigt anzuhören.

Nach wenigen Wochen ließ mich der Pfarrer in die Sakristei kommen.

„Herr Langhoff, Sie sind doch ein gebildeter

Mensch. Wir Gebildeten müssen ein wenig zusammenhalten. Sagen Sie mal, wie lange wollen Sie denn noch im Lager bleiben?"

"Wenns nach mir ginge, keine Minute länger."

"Dann seien Sie vorsichtig in Ihren Aeußerungen. Sie waren kaum vier Tage hier, da haben Sie zu Ihren Kameraden gesagt, Sie wären ein Feind des Nationalsozialismus und würden es auch bleiben."

Ich war sprachlos. Das hatte ich nämlich wirklich gesagt. Ich versuchte, die Sache abzudrehen. Ich hätte nur gemeint, daß man seine Gesinnung nicht von heute auf morgen ändern kann.

"Na — wie es auch sei — hüten Sie Ihre Zunge."

Der Pfarrer unterhielt einen richtigen Informationsdienst, durch den er die Gefangenen bespitzeln ließ.

Ich überlegte mir einen Weg, um unserem Direktor das Festspiel auszureden. Das ist mir dann schließlich auch gelungen. Ich sagte ihm, das Stück sei künstlerisch unmöglich, und die Lagerverwaltung würde sich nur blamieren, wenn sie es vor den Honorationen des Ortes, die dazu eingeladen werden sollten, spielen ließe. Ferner fand sich auch verabredungsgemäß kein "Darsteller", der in der Lage gewesen wäre, die "schwierigen Partien" zu übernehmen und auswendig zu lernen.

Aber da ich nun doch einmal im Lager war, und der Kommandant Entsberger meine Kraft ausnnützen wollte, trat er an mich mit der Frage heran, ob ich nicht einen Kameradschaftsabend der Lagerwache der S.S.-Standarte 26 organisieren und einstudieren könnte.

"Wissen Sie, wir machen den Kameradschaftsabend

in Prettin, im größten Hotel dort. Verstehen Sie, das muß so etwas ganz Besonderes werden, so etwas Großstädtisches, wo die Prettiner alle auf den Arsch fallen! Wir haben hervorragende Künstler unter uns, ich bringe dann auch einen humoristischen Vortrag, das kann ich nämlich großartig. Künstlerisch, wohlverstanden!"

Größenwahn war ein Hauptbestandteil seines Charakters. Und Ehrgeiz, maßloser Ehrgeiz. Wie ich jetzt von einem entlassenen Häftling aus der Lichtenburg erfahre, hat er den Direktor Faust schon abgesägt. Mit den bekannten Methoden: Er hat ihn beim Ministerium denunziert und der Untreue bezichtigt. Faust hatte sich nämlich in einem zur Lichtenburg gehörigen Gartengelände ein Haus als Dienstwohnung herrichten lassen. Die Handwerker unter den Gefangenen arbeiteten monatelang an diesem Bau. Es war überhaupt üblich, daß sich der Kommandant, der Direktor, der Kommandant-Stellvertreter alles Mögliche von den Häftlingen in eigens dazu hergerichteten Werkstätten anfertigen ließen. Entsbergers zähem Kampf gelang es dann, daß der Direktor Faust abgesetzt und verhaftet wurde. Seine eigenen S.S.-Männer schleppten ihn in eine der Dunkelzellen im Kohlenkeller, von wo aus die Gefangenen seine Hilfeschreie hörten, als er verprügelt wurde.

Der ehrliche Entsberger aber ließ sich Tag für Tag aus der S.S.-Küche große Mengen von Lebensmitteln, Wurst, Butter und Schinken, Kaffee und Tee für die ganze Familie (er bewohnte mit seiner Frau, seiner Schwiegermutter und seinem zehnjährigen Sohn eine Fünfzimmerdienstwohnung) heraufholen, ohne einen Pfennig zu bezahlen, obwohl er nach seinem Gehalt verpflichtet war, die Familie selbst zu ernähren.

Daß er die Juden haßte, und wo er nur konnte, Hetzreden vom Stapel ließ, war selbstverständlich. Das hinderte ihn aber nicht, seiner Schwiegermutter von einem jüdischen Zahnarzt, der sich unter den Häftlingen befand, kostenlos ein ganzes Gebiß machen zu lassen. Dafür hatte der Zahnarzt jede Freiheit. Er fuhr mit dem Kommandant-Stellvertreter Zimmermann in seinen Heimatort, um die Instrumente zu holen. Zimmermann war begeistert von der „Spritztour". Die S.S.-Männer ließen sich nun unentgeltlich die Zähne reparieren und Ersatzstücke machen, dafür soffen sie abends in der Kantine mit dem jüdischen Zahnarzt. Sie waren ein Herz und eine Seele. Er hielt sie frei. Von den Schutzhäftlingen verlangte er für Zahnarbeiten hohe Honorare. Er war ein widerlicher Schmarotzer, von uns allen gehaßt. Am meisten von seinen eigenen Glaubensgenossen. Aber er war Entsbergers erklärter Liebling.

Nachdem ich also Entsberger zugesagt hatte, ihm einen Vorschlag für seinen Kameradschaftsabend zu machen und die Einstudierung zu übernehmen, hatte ich persönlich in der Lichtenburg ein angenehmes Leben.

Ich saß in der Bibliothek und machte Entwürfe. Alles wurde mir zur Verfügung gestellt. „Sie brauchen Aktenpapier? Bitte! Müssen Sie sich Bücher schicken lassen? Bitte, schreiben Sie! Ihre Frau kann sie ja besorgen. Diese Briefe werden nicht angerechnet." Wir durften nur einmal im Monat schreiben und nur ein Paket im Gewicht von 10 Pfund empfangen. Bei mir wurde eine

Ausnahme gemacht. Ich wurde weder geschlagen noch schikaniert. Abends, wenn die andern schon schliefen, konnte ich noch in der S.S.-Kantine sitzen und lesen und brauchte erst um 10 oder 11 Uhr ins Bett. Ich hatte während des ganzen Tages Raucherlaubnis und mußte nicht bei den viermaligen täglichen Antreten dabei sein.

Man könnte also sagen, daß ich ein glänzendes Leben hatte und daß mir, abgesehen von der Freiheit, nichts fehlte! Aber das war nicht so. Im Gegenteil, die Zeit in der Lichtenburg gehört zu meinen quälendsten Erinnerungen. Dort bin ich erst richtig „fertig" gemacht worden.

Täglich mitansehen zu müssen, wie die Kameraden geschlagen und getriezt werden, wie dieselben S.S.-Männer, denen man abends humoristische Einakter und Gedichte einstudierte und sogar die Hand drückte, sich tagsüber gegen die Mitgefangenen in der brutalsten Weise benahmen; einem Kommandanten freundlich ins Gesicht lächeln zu müssen, der bei den grausigen Verhören, die oft in seinem Vorzimmer stattfanden, dabei war und selbst mitschlug, der die Kranken, die sich im Revier meldeten, mit Fußtritten und Ohrfeigen zurückjagte, der auf den Stationen nächtliche Razzien und Ueberfälle vornahm, bei denen die Kameraden im Hemd auf den Hof getrieben wurden, während die S.S.-Männer oben im Saal die ärmlichen Habseligkeiten der Gefangenen, Kleider, Lebensmittel, Marmeladentöpfe, Butter, Brillen und Fußlappen durcheinander warfen, die Strohsäcke aufrissen und das Stroh über das Ganze ausschütteten und dann den Befehl erteilten, daß in wenigen Minuten der ganze Saal wieder in vollster Ordnung sein müsse; von einem Kommandanten eine Zigarette oder ein Glas Bier annehmen zu müssen, der den Stationsleiter öffentlich lobte, weil er einem kranken Gefangenen die Kniescheibe eingetreten hatte — wer kann ermessen, wie groß der seelische Druck war, die Verzweiflung, Wut, Gram und Haß, die mich erfüllten! Die dicken Mauern der Lichtenburg, Zeugen von tausend Seufzern und Verwünschungen, legten sich auf mich, umschlossen mich unentrinnbar: Eine seelische Folterkammer.

Wozu die einzelnen Greuel, die ich dort sah, aneinanderreihen! Ich habe genug darüber berichtet. Das Aufzählen von Mißhandlungen allein gibt kein Bild vom Leben in deutschen Konzentrationslagern. Mißhandlungen allein sind noch kein Kriterium einer Bewegung. Erst das ganze Leben, die Charaktere und menschlichen Qualitäten, die Gedanken und Aussprüche unserer Kerkermeister lassen Rückschlüsse auf die Bewegung zu.

Die „B. V.'s."

Unter den neuen Gesetzen, die die nationale Regierung erlassen hat, befindet sich auch das Gesetz zur „Bekämpfung des Berufsverbrechertums".

Danach wird vom Richter auf Antrag der Polizei über einen mehrfach vorbestraften Verbrecher die sogenannte Sicherheitsverwahrung verhängt. Wenn also ein Verbrecher eine bestimmte Reihe von Strafen abgesessen hat und die Gefahr besteht, daß er wieder rückfällig wird, so kann er, zunächst einmal für drei Jahre, in ein Konzentrationslager überführt werden. Er braucht nicht erst erneut straffällig zu sein, ja er kann sogar unter Umständen schon jahrelang keine Strafe mehr abgesessen haben, trotzdem hat die Polizei das Recht, diese Vorbeugungsmaßnahme jederzeit zu ergreifen. Einbrecher, Hochstapler, Totschläger, Mörder, aber ebenso auch Ge-

wohnheitsdiebe fallen unter diesen Begriff „Berufsverbrecher".

Man mag zu dieser Vorbeugungsmaßnahme stehen
wie man will, — die nationale Regierung hat sich sehr
viel darauf zu Gute getan, — hier soll nur geschildert
werden, wie diese „Berufsverbrecher" im neuen deutschen
Sinne erzogen wurden.

Station I der Lichtenburg, — der neue Zellenflügel,
in dem auch ich lag, — wurde von den Schutzhäftlingen geräumt und für die Einlieferung der „Berufsverbrecher" frei gemacht. Ab Mitte Dezember kamen jeden
Mittwoch, wenn der Kursgefängniswagen durch Torgau
fuhr, etwa acht bis zehn „Berufsverbrecher" an. Und
jeden Mittwoch gab es denselben Empfang.

Man muß sich das ungefähr so vorstellen:

Ein solcher Mann, der nichtsahnend zu Hause sitzt,
erhält ein Schreiben: *Sie werden hiermit aufgefordert,
sich am soundsovielten um soundsoviel Uhr auf dem Polizeirevier, Zimmer soundsoviel, zu melden.*

Er steht vielleicht unter Polizeiaufsicht und ist über
diese Aufforderung nicht besonders erstaunt. Er wird ja
oft zur Polizei bestellt. Er überlegt sich vielleicht: ‚Was
können sie denn diesmal von mir wollen?'

Auf der Polizei eröffnet man ihm, daß er in
Sicherheitsverwahrung kommt. Er wird sofort dabehalten,
es besteht keine Einspruchsmöglichkeit. Seine Frau darf
ihm noch ein Paket oder ein Köfferchen mit der not-
wendigen Leibwäsche bringen und dann gehts mit dem
nächsten Sammeltransport ab nach der Lichtenburg.

Er hat keine Ahnung, was ihm bevorsteht. „Sicherheitsverwahrung", darunter kann er sich recht wenig vorstellen. Er ist vielleicht ein abgebrühter Junge, kennt das Gefängnisleben aus jahrelanger Erfahrung in- und auswendig, ist dort bestimmt nicht mit Glacéhandschuhen angefaßt worden, aber er hat einigermaßen als Mensch gelebt, hat die Schliche und Kniffe gelernt, die dem Gefangenen das Gefängnisdasein erleichtern, hat gewußt, wofür und warum er seine Strafe verbüßt. So etwas Aehnliches mag er auch jetzt erwarten. Oder vielleicht sogar noch etwas Besseres. Sicherheitsverwahrung kann doch nicht so schlimm sein wie Strafhaft. Er hat ja kein „Faktum" gemacht. Nun, er wird auf jeden Fall vorsichtig sein, schlau wie ein gerissener Fuchs, der alle Fallen kennt.

Von Torgau aus bringen ihn die Landgendarmen mit 8 oder 10 andern „Berufsverbrechern" nach der Lichtenburg Sie stehen vor dem alten, eisernen Gittertor. Der wachhabende S.S.-Mann kommt mit dem schweren Schlüssel. Einer der Neueingelieferten versucht einen Witz zu machen, er will sich gleich gut einführen und ruft:

„Grüß Gott, Herr Wachmeister! Machen Sie auf, wir sind da."

Der S.S.-Mann grinst nur. Er dreht den Schlüssel im Schloß.

„Grüß Gott, ja, das ist das Richtige. Kommt mal rein. Gleich gibts Grüß Gott."

Sie stehen auf dem gepflasterten Burghof und warten, bis der „Schwarze" herunterkommt. Wir Schutzhäftlinge, die im Verwaltungsgebäude und in der Bibliothek zu tun haben, schauen vom ersten Stock aus auf sie hinunter. Man darf nicht glauben, daß man die „Berufsverbrecher" von außen erkennen kann. Das sind keine Ganoven mit Halstuch und Mütze. Sie sind im Gegenteil alle sehr gut gekleidet, haben schicke Mäntel an, blank geputzte Schuhe, anständige und gut bürgerliche Hüte auf dem Kopf und sehen wie „bessere Herren" aus. Neugierig streichen ein paar S.S.-Männer um sie herum. Wir stehen an den Fenstern mit klopfendem Herzen und verbissenen Gesichtern. Wir wissen ja, was denen dort unten bevorsteht. Sie selber wissen es nicht, sie sind ahnungslos...

Jetzt kommt der „Schwarze" über den Hof.

Wir hören ein Kommando:

„Stillgestanden!"

Er mustert die Leute. Gründlich und langsam.

„Wieviel Jahre haben Sie gehabt?"

„Die letzte Strafe zwei Jahre, drei Monate."

„Wielange insgesamt?"

„Sieben Jahre zusammen."

„Wofür?"

„Einbruch und Versicherungsbetrug."

Er fragt jeden Einzelnen. Ganz ruhig, mit leiser Stimme. Seine Augen unter dem Mützenschirm wandern unentwegt über die Gruppe. Plötzlich schreit er:

„Wollen Sie mal gefälligst den Kopf gradaus nehmen! Was gibts denn hier zu flüstern! Verrückt geworden, was?! Abschaum! Verbrecherpack! Diebsgesindel! Im neuen Deutschland ist kein Platz mehr für Euch! Habt Ihr geglaubt, daß Adolf Hitler ruhig zusieht, wie Ihr das Volksganze verseucht und die Volksgenossen betrügt?! Euch werden die Augen noch aufgehen! Ihr seid der letzte Dreck, den Fraß nicht wert, den Ihr hier bekommt! Unter der schwarz-rot-goldenen Regierung, da hat Euer Weizen geblüht! Das Lied ist aus! Mir ist das ganz egal, ob Ihr hier verfault, oder krepiert, aber heraus kommt keiner mehr von Euch! Denkt bloß nicht, daß wir human sind! Wir pfeifen auf Humanität! Humanität ist das Merkmal des Schwachen!"

Reden war seine starke Seite. Jetzt ist er im Fahrwasser. Das donnert nur so über den Hof. Die Berufsverbrecher starren ihn entsetzt an. Wir kennen diese Mittwochrede. Fast immer dieselbe. Zum Abschluß heißt es:

„Rechts um! Im Laufschritt, marsch, marsch!"

Der Trupp setzt sich in Bewegung. Der Weg führt zwischen Mauer und Kirche auf den kleinen hinteren Hof. In den Gängen und unter den Torbögen hat sich die S.S. versteckt und stürzt jetzt von hinten auf die ahnungslos Laufenden. Gummiknüppel sausen auf sie ein, Fußtritte und Faustschläge. Ein S.S.-Mann springt einem Laufenden mit beiden Beinen ins Kreuz. Eine artistische Glanzleistung! Der Gefangene schlägt der Länge nach hin. Er wird hochgerissen, er blickt sich hilfesuchend um — er weiß nicht, was los ist, — er bleibt stehn, er soll laufen, zögernd geht er ein paar Schritte, der S.S.-Mann prügelt auf ihn ein. Er läuft den andern nach.

Wie eine Herde wahnsinniger Schafe jagen die entsetzten Neuankömmlinge davon, geradewegs hinein in den engen Hof. Die S.S. mit Gebrüll, Geschrei und wildem Pfeifen hinter ihnen her. Die wilde Menschenjagd ist los!

Die Hofmauer entlang, an der Latrine vorbei, galoppieren die Gefangenen im Kreis. In wahnsinnigem Tempo.

Sie rasen wie Verrücktgewordene über den aufgeweichten Hofboden, durch Schlamm, Schnee und Wasserlachen. Ihre Koffer, ihre Pakete fliegen in den Dreck. Sie stolpern, fallen. Prügel helfen ihnen wieder auf die Beine. Sie strecken flehend die Arme aus. Sie heulen.

„Los, los, laufen, Ihr Hunde! Wollt Ihr nicht laufen?!"

· Sie jagen im Kreis um ihr Leben. Ihre Lungen keuchen. Sie können nicht weiter. Der Erste fällt und bleibt liegen. Fußtritte in den Rücken nützen nichts mehr. Er ist erledigt....

Hinter dem Fenster der Kantine stehe ich und blicke auf den Hof. Ich kann zwischen den Mauern nur einen Ausschnitt sehen. Runde um Runde tauchen die Gehetzten auf. Das Fenster ist geschlossen, ich höre keinen Lärm, keine Rufe, keine Schreie, lautlos wickelt sich diese Höllenvision vor mir ab, wie in einem grausigen Stummfilm. Ich sehe die geschwungenen Arme, die niedersausenden Gummiknüppel, schemenhaft stürzen Menschen nieder, erheben sich wieder, kriechen auf allen Vieren weiter, dann bleibt der Hof eine Weile leer, bis die Runde von neuem auftaucht, von Mal zu Mal langsamer, mit durchgesackten Knien, über den Kopf gekreuzten Armen.

In der blinkenden Wasserlache schwimmt ein Hut. Dicht daneben bläht sich das Papier eines aufgeplatzten Paketes.... Träume ich dieses Bild? Ist es denkbar, daß sich diese Szene im zwanzigsten Jahrhundert abspielt? Ich fühle Stiche, das Herz schmerzt mich, die Fingernägel graben sich in die Handballen. Nein, das träumst du nicht! Das ist alles wahr, das sind Menschen dort unten, wie du, aus Fleisch und Blut, die Ge schlagenen und die Schlagenden. Menschen, Menschen sind das! Und dafür haben Geschlechter gelebt und gedacht, Generationen die tiefsten Herzen, die höchsten Gehirne erschaffen! Dafür, daß wir wieder am Anfang stehen, am Beginn der Barbarei, als einzigen Unterschied nur die Verfeinerung, die größere Raffiniertheit, die geschicktere Verlogenheit in den Methoden!

Zwanzig Minuten und länger werden die Berufsverbrecher so gejagt, bis die meisten am Boden liegen. Dann wird die erste Pause gemacht. Sie müssen ihre Pakete und Koffer auflesen. Sie werden in den Zellenflügel geführt.

Wer sie so aus dem Hinterhof wanken sieht und sie noch vor einer halben Stunde sauber im Vorderhof stehen sah, wird sie nicht wiedererkennen. Gebrochene Menschen torkeln in ihren Stall. Entsetzt, beschmutzt, halb wahnsinnig.

Zu viert werden sie in eine vollkommen kahle Zelle gesperrt. Da ist weder Schemel, noch Tisch, noch Bett. Nichts, nur die vier Wände und der Steinboden. Erst nachts werden Strohsäcke hineingeworfen. Die Zellenfenster sind mit einer blau-weißen Farbe angestrichen worden, so daß ständig ein unnatürliches, bläuliches Halbdunkel in der Zelle herrscht.

Sie sind noch nicht von der ersten Qual befreit. Es geht weiter. Kaum haben sie ihre Mäntel ausgezogen, ertönt die Trillerpfeife durch den Flügel. Sie werden wieder herausgetrieben. Es geht im Laufschritt über den großen Hof zum Lazarettflügel.

In der Barbierstube stehen unsere Häftlinge, die ihnen den Kopf kahl scheren müssen. Jeden Mittwoch sind unsere Frisöre zu nichts zu brauchen. Sie sind unruhig, nervös und zittern schon vorher, ehe die „Berufsverbrecher" in die Stube geprügelt werden. Unter Geschrei und in wahnsinniger Eile wird ihnen der Kopf geschoren. Die Maschinen sind nicht mehr scharf, ganze Stückchen Haut gehen mit ab. Dann werden sie in den ersten Stock ins Lazarett getrieben.

Sie müssen sich nackt ausziehen, um gewogen zu werden. Die drei S.S.-Sanitäter fallen über jeden Einzelnen noch einmal her.

Das Lazarett ist nur durch eine dünne Holzwand von der Kantine getrennt. Dort sitze ich und muß der S.S. Stenographie-Unterricht geben. Darum hat mich der Kommandant gebeten, weil seine „Jungens doch etwas lernen müssen!" Während ich die Zeichen an die Tafel male, höre ich nebenan dumpfe Schläge auf nacktes Fleisch klatschen. Ich kann nicht weiterschreiben.

Die S.S.-Männer heben die Köpfe, blinzeln sich an und beobachten mich. —

Einer sitzt da und nickt mir mit tiefernsten Augen zu. Wir haben noch kein Wort miteinander gesprochen, aber wir verstehen uns. Der Gefangene, der nicht reden darf, spricht mit Gesicht und Augen, Körper und Ausdruck, mehr als manch einer mit dem Mund. Wir sind später Freunde geworden. Heute ist er schon lange nicht mehr in der S.S. Er hat es nicht ausgehalten.

Wenn die Prüfung im Lazarett erledigt ist, ist der Tag der Berufsverbrecher noch lange nicht zu Ende. Jetzt wird ihnen erst in den Zellen die Gefängnisordnung bekannt gegeben. Dort geht alles auf Pfiff. Einmal pfeifen, zweimal pfeifen, dreimal pfeifen heißt immer etwas anderes: Raustreten, vor der Zelle stramm stehen, sich nach der Wand umdrehen, in die Wachstube kommen usw. Die S.S.-Männer fragen sie über ihre Vorstrafen aus. Mancher ist darunter, der seit Jahren keine Strafe mehr erhalten hat, dem es gerade geglückt war, im bürgerlichen Leben wieder Fuß zu fassen. Sie müssen genau ihre Straftaten schildern. Die S.S.-Männer hören sie sich begierig, wie Kriminalromane, an. Dabei wird auf der Wachstube weiter geprügelt.

Das war Mittwoch für Mittwoch der Empfang der B.V.'s!

Was diese Menschen dann im Verlauf ihrer Haft auszuhalten hatten, läßt sich nicht beschreiben. Vier Mann sind buchstäblich zu Tode geprügelt worden. Unsere Kameraden in der Schreinerei mußten die Holzkisten anfertigen, in denen die Leichen abtransportiert wurden.

Der Arzt, der in S.S.-Uniform und mit seinem eigenen Mercedeswagen ungefähr zweimal in der Woche kam, stellte Totenscheine aus, in denen es sich um Herzschläge, Gehirnschläge oder andere mit natürlichem Tod endende Krankheiten handelte.

Im Anfang durften die B.V.'s, — so war ihr abgekürzter Name für Berufsverbrecher, — auch nicht arbeiten. Sie hockten in der dunkeln Zelle. Nur zum Exerzieren wurden sie herausgeholt. Stramm stehen, ausrichten, in Viererreihen rechts schwenkt, links schwenkt, Kniebeuge, Laufschritt. Bald waren es zweihundert Mann, die

300

in alten, blauen Uniformen im Hof gedrillt wurden. Zweihundert kahlgeschorene Köpfe, zweihundert bleiche Gesichter, zweihundert Maschinen mit Beinen und Armen, die sie im Takt schwingen, rechts, links, rechts, links ... Eine Latrinenkolonne mußte die schweren Kästen, die unter den Brillen des Aborts standen, im Laufschritt über den Hof zur Dunggrube bringen. So ein Kasten war anderthalb Zentner schwer.

Die B.V.'s erhielten keine Pakete, keine Post, sie hatten keine Raucherlaubnis, durften nicht miteinander sprechen, völliges Redeverbot. —

Von Zeit zu Zeit sah ich die Zerschlagenen im Lazarett. Ein grauenhafter Anblick. Ich blickte durch den Spion der Zellentüre. Da lagen drei Mann in den Betten. Blaue, aufgeschwollene Gesichter. Der eine hatte einen Tick. Er schaute unentwegt an den Wänden hinauf, von einer Wand zur andern. Die Augen ausdruckslos und stumpf. Stundenlang bewegte er den Kopf, hin und her, immer in der gleichen Richtung.

Einer hatte einen Selbstmordversuch gemacht. Er wurde noch rechtzeitig abgebunden. Ich war gerade im Zimmer des Kommandanten, als er am Vormittag die telephonische Meldung aus der Station I erhielt.

„So, er lebt noch, was? Also, Fettke (so hieß der Stationsleiter) passen Sie auf: in Zukunft muß in der Nacht jede Viertelstunde kontrolliert werden. — Was? — ja das ist ganz egal, die Zellen müssen eben aufgeschlossen werden. So etwas darf nicht noch einmal vorkommen."

Seit der Zeit hatten die B.V.'s auch keine Nachtruhe mehr. Alle Viertelstunde rasselte die Türe, blendete ein Scheinwerfer herein.

Man braucht Gefangene nicht immer zu schlagen. Es gibt auch andere, kalte Methoden, mit denen sie erledigt werden können. Eines Nachmittags stand ich am Kantinenfenster und sah in den Hof hinunter, wo die B.V.'s Laufschritt machen mußten. Ein einziger S.S.-Mann stand in der Mitte und gab die Kommandos. Seelenruhig und verschlafen. Ein kleiner, dicker Gefangener kam nicht mehr mit. Ich beobachtete, wie er sich bei jeder Runde flehend an den S.S.-Mann wandte. Der machte nur eine Kopfbewegung, eine lässige Handbewegung: Er mußte weiterlaufen.

In der Kantine war es leer. Außer mir war noch die Frau des Kantiniers, Frau Wolf, da. Sie stand neben mir und sah auch hinunter. Frau Wolf war Berlinerin, 45 bis 50 Jahre alt.

„Ach Gott, ach Gott, nee, nee! Sehense nur mal an, Herr Langhoff! Nee, nee, das kann ja'n Mensch nicht mitansehn!" Sie hielt sich den Zipfel ihrer Schürze vor den Mund und starrte wie hypnotisiert auf das Schauspiel.

„Wenn Sie's nicht ansehen können, warum schauen Sie hin?"

„Is ja wahr, is ja wahr! Gott, Sie haben ja recht. Das sagt ja mein Mann auch! Wissense, ich rege mich ja immer so furchtbar darüber auf! Sie könnens glauben oder nicht: ich kann nachts schon fast nicht mehr schlafen! Und was sich die Leute in Prettin über den Kommandanten erzählen! Na, die wissen alles, was hier drin vorgeht! Sie glauben nich, wie verhaßt die S.S. bei uns

in Prettin ist. Jetzt habense doch wieder enen tot geschlagen, wa? Nee, nee, das nimmt noch mal en schlim-
mes Ende! Mein Mann sagt immer: Det will der Führer
gar nicht!"

Ich lasse sie reden. Das geht wie ein Wasserfall.

„Und zahlen tut die S.S. auch nich! Immer an-
schreiben, was glaubense was wir schon alles im Buch
haben! Ich wollt',wir hätten erst die Hälfte in bar. Der
„Schwarze" hat 'ne Wut auf uns, das sag' ich Ihnen ganz
im Vertrauen. Der denkt nämlich, hier müßte alles nach
seiner Pfeife tanzen! Der hat ja 'nen Klaps, is ja größen-
wahnsinnig, der Mensch! Stimmts, oder stimmts nicht?
— Nee, nu schauense nur mal, schauense mal runter! Is
das nich eine Gemeinheit! Der kleine Dicke, der k a n n
ja nich mehr laufen!"

Sie blickt unverwandt hinunter in den Hof. So haben
früher Frauen auf den Scheiterhaufen oder auf die öffent-
liche Hinrichtung geblickt.

Der dort unten wurde inzwischen von zwei andern
B.V.'s untergefaßt und im Laufschritt weitergeschleppt.
Er lief schon kaum mehr. Seine Beine pendelten hinter
ihm her. Wie Gummistrippen. Die beiden Kameraden
schleiften ihn hopp, hopp, über den Platz. Runde um
Runde. Kamen sie zum S.S.-Mann, mit Blicken wie
furchtsame Hunde, die ihre Beute ablegen wollen, — eine
ungeduldige, kurze Bewegung: weiter, weiter!

Kein Schlag, keine Mißhandlung, es geht auch so.

Der arme Gejagte kam ins Lazarett. Während des
Laufens war sein doppelseitiger Leistenbruch heraus-
getreten.

So haben die Nationalsozialisten in der Lichtenburg die Berufsverbrecher „erzogen".

Jede Gesellschaft muß sich vor asozialen Elementen schützen. Das wird kein Mensch bestreiten. Man kann es tun, indem man die Wurzel des Uebels beseitigt, nämlich die Verhältnisse, die mit Naturnotwendigkeit immer wieder verbrecherische Elemente züchten, oder indem man diese Gesellschaftskrankheit als Chirurg durch Ausmerzung, Absperrung und Isolierung zu heilen versucht.

Ich aber bin überzeugt: Jeder Einzelne dieser Menschen, die das durchmachen mußten, was ihnen auf der Lichtenburg angetan wurde, ist eine Bestie geworden! Und wehe dem S.S.-Mann oder vielmehr wehe der Menschheit, an der sich diese Männer einmal rächen werden!

Stille Nacht, heilige Nacht . . .

Im Zellenflügel der Station I wird der Weihnachtsbaum gerichtet. Ein großer, schöner Baum. Er reicht von unten bis zur eisernen Galerie des ersten Stockes. Seine Aeste erfüllen die ganze Breite des Flures.

Wir sind damit beschäftigt, die Lichter aufzustecken. Der Dekorateur aus meiner Zelle führt als Fachmann das große Wort. Sonst ist es ziemlich einsilbig unter uns . . . .

Heute früh sind 250 Mann entlassen worden. Weihnachtsentlassungen. Sie wohnen fast alle in der Umgegend, zwei oder drei Stunden Bahnfahrt von hier. Heute abend sitzen sie zu Hause, haben die Frau im Arm, das Kind auf dem Schoß . . . Wie haben ihre Gesichter geglüht, die Augen geleuchtet! Wir Zurückgebliebenen blickten ihnen nach, als sie über die Straße zum Bahnhof zogen.

An der Ecke begannen sie plötzlich zu laufen.

„Schau nur, wie der Fritz die Kurve nimmt..."

„Junge, Junge, hat ders eilig."

„Wenn i c h herauskomme, ich laufe auch so." —

Dann waren sie verschwunden. Wir sind an die Arbeit gegangen. Stumm. Versonnen. ‚Du hast dir doch denken können, daß du nicht dabei bist. Was willst du also? — Aber d e r war doch dabei, und d e r, und der a u c h! Warum eigentlich nicht ich? Warum nicht? — Meine Frau hätte Augen gemacht, wenn ich plötzlich in der Türe gestanden wäre! „Guten Tag. Gibts hier noch einen Platz für mich?" — Nein, das darf ich nicht sagen. Sie würde zu sehr erschrecken. Ich muß vorher vom Bahnhof aus antelephonieren. Oder noch besser, ich schicke ein Telegramm. Ja, das ist das beste. Dann kann sie sich vorbereiten. Ich bin neugierig, wie das Zimmer aussieht. Sie sagt, es sei so klein wie eine Zelle. Schadet nichts. Eine Zelle — aber zu zweit. Und dann kommt der Abend, dann kommt die Nacht. Wenn sie doch nie aufhörte... Ich werde ihr sagen, daß wir uns nie mehr trennen wollen, daß wir....'

„Wir müssen eine Liste machen von denen, die nichts von zu Hause geschickt bekommen haben."

„Gut. — Machen wir eine Liste."

Unter den Entlassenen waren viele, die schon ihre Weihnachtspakete erhalten hatten. Sie haben sie dagelassen zur gemeinsamen Verteilung an Bedürftige. Letzter Gruß an die Kameraden. Eine Kommission von Häftlingen wird bestimmt, die die Verteilung vornimmt. Wir können in unserer Station fünfzig Weihnachtsteller machen mit Backwerk, Wurst, Fett, Aepfeln, Nüssen, Zigarren und Zigaretten. Wir nehmen unsere Eßnäpfe dafür und stellen sie auf langen Tischen, über die wir frische Bettlacken breiten, unter dem Baume auf.

Beim Notieren der Namen derer, die beschert werden sollen, ergeben sich Schwierigkeiten. Mancher, von dem wir wissen, daß er ein armer Teufel ist, weigert sich, auf die Liste gesetzt zu werden. Mit rotem Kopf stößt er unwirsch hervor:

„Ich will nichts. Laßt mich zufrieden. Verzichte."

Erst nach langem Ueberreden, nachdem wir sein empfindsames Herz beschwichtigt haben, willigt er ein. Kameraden kommen zu uns:

„Den müßt Ihr auch noch drauf setzen. Der hat noch nie etwas geschickt bekommen. Er wills nur nicht sagen."

Dann ist die Liste fertig. Wir verbringen die Stunden der Dämmerung auf der Treppe hockend. In den Zellen haben wir kein Licht. Die Stationswache im ersten Stock hat sich einen Radioapparat zugelegt. Weihnachtslieder, Glockenläuten, Orgelspiel tönt aus der Wachtstube. So ein Zellenflügel ist wie eine Badeanstalt. Unten der Flur das Schwimmbassin. Eiserne Treppen zu den Galerien. Und es hallt alles so.

In leisen Gesprächen verfließt die Zeit. Dann wird der Baum angezündet. Vom oberen Saal kommen die Gefangenen in den Zellenflügel. Sie gehen langsam, zögernd, abwartend. Sie blicken mißtrauisch auf den Baum hinunter. Sie kommen über die Treppe, über den Flur, sie setzen sich auf die Stühle und Bänke, die wir in langen Reihen aufgestellt haben.

Stille. Der Baum knistert, die Kerzen flackern. Verlegen, beklommen starren wir in die Lichter. Oben auf der Brücke beugt sich der Wachthabende über das Geländer: „Los, fangt schon an! Weihnachtslied singen!"

„Stille Nacht, Heilige Nacht...."

Nur drei oder vier Stimmen. Die andern schweigen und starren auf den Baum. —

Bittere Stunde des nagenden Heimwehs. Erbarmungslos ausgeliefert dem süßen Schmerz solcher Feier. Verschwimmende Augen, in denen sich die Lichter spiegeln, gebeugte Schultern, hoffnungslos auf den Knien ruhende Hände....

Ich lese aus dem Balladenbuch vor. Die „Brück' am Tay" von Fontane. „Kauft Zündhölzer!" „Weihnachten in der Großstadt".

Der Rest unseres Gesangschors (die besten Sänger sind heute entlassen) singt:

„Am Brunnen vor dem Tore, da steht ein Lindenbaum..."

Die Geschenke werden verteilt. Jeder holt seinen Teller ab. „Danke," sagt er, „Dankschön..."

Es will keine Stimmung aufkommen. Alles bleibt in der Luft hängen. Halbe Sätze, geflüsterte Worte, unbehagliche Bewegungen.

Laut donnert es durch den Bau:

„Station I Achtung!"

Wir springen hoch und nehmen Haltung an. Der Kommandant betritt die Station.

„Station I angetreten zur Weihnachtsfeier."

„Danke. Hinsetzen. Weitermachen."

Er kommt durch den Flur, zwischen den Stühlen durch, bis zum Baum. Sein Gesicht sieht noch blasser aus als sonst. Seine gefürchteten Augen stechen unter der schwarzen Mütze hervor. Er tritt vor den Baum. Er nimmt die Mütze ab. Ohne die Mütze sieht er ganz anders aus. Die Dämonie ist verschwunden. Der Dorfpolizist kommt zum Vorschein.

Er, der Eiserne, Harte, ist sichtlich ergriffen. Leise beginnt er, in sächsischem Tonfall:

„Deutscher Lichterbaum. — Deutsche Weihnachten! . . ."

Oh, er, versteht den Ton zu finden! Er spricht mit Gefühl. Sein verbissenes Gesicht glättet sich, Einfalt strahlt aus seinen Augen. Ein Kind steht so unter dem Weihnachtsbaum.

„Ich blicke in Eure ehrlichen Gesichter (seit wann haben wir ehrliche Gesichter?) und sehe Euch an: Ihr seid keine schlechten Menschen, keine Untermenschen. Und wenn auch dieses Weihnachten hart für Euch ist, auch für Euch schlägt einmal die Stunde der Freiheit! Helft dann mit am Aufbau unseres großen, neuen deutschen Vaterlandes. Leistet willige Gefolgschaft unserem herrlichen Volkskanzler und Führer Adolf Hitler, der auch für Euer Glück, für Eure Zukunft kämpft, und der jetzt sicher sorgenvoll unter dem Lichterbaum steht und an sein Volk denkt. Deutsch sei unsere Feier! Deutsch bis ins Mark. Deutsch sein heißt Nationalsozialist sein. In diesem Sinne begehen wir das erste nationalsozialistische Weihnachtsfest."

Er setzt die Mütze auf, — er ist wieder der Alte, — der „Schwarze".

„Weitermachen!"

„Station I Achtung!"

Er verläßt die Station. Wir atmen auf.

Und dann habe ich angefangen, humoristische Gedichte vorzutragen. Ich habe stundenlang Witze erzählt. Bloß nicht den Kopf hängen lassen. Stimmung ist die Parole. Schließlich dröhnt der Bau vom Gelächter.

„Singen wir eins!"

Alle Mann singen begeistert nach einem Tonfilmschlager:

> „Wir zahlen keine Miete mehr,
> Wir sind auf der „Lichte" zu Haus'.
> Und ist die Zelle noch so klein,
> Wir machen uns gar nichts daraus.
> Ein Meter fünfzig im Quadrat,
> Wir haben ja wenig Gepäck,
> Wenn die Zelle nur 'nen Strohsack hat,
> Und wir werden halbwegs satt,
> Dann ziehn wir nicht wieder weg!"

Am andern Vormittag, am ersten Weihnachtsfeiertag, wird ein Kamerad aus Station III zum Verhör in das Zimmer des Kommandanten geholt. Man hat irgendwo im Mitteldeutschland Waffen gefunden. Er soll etwas darüber wissen. Der Kommandant leitet das Verhör.

Nach zwei Stunden wird der Kamerad ins Lazarett getragen. Die Wände im Zimmer des Kommandanten sind mit seinem Blut bespritzt. Man sieht es noch nach den Feiertagen.

„Heil Hitler!"

Dies ist die Geschichte eines Mannes, der nicht „Heil Hitler" sagen wollte. Er gehörte einer religiösen Sekte an, der Gemeinde der „Ernsten Bibelforscher". Ihm hatte es Gott verboten, den Hitlergruß zu grüßen. Der Name dieses Mannes war Frank oder Franke. Von Beruf war er eine Art Ingenieur.

Und weil ihm Gott verboten hatte, Hitler zu ehren, vermochte keine irdische Macht, ihn dazu zu bewegen. Denn die ernsten Bibelforscher waren Fanatiker und ihren inneren Geboten treu. Sie sagten es jedem, der es hören und nicht hören wollte: „Hitler hat sein Reich auf Blut gebaut." Und da sie zu den Vierzigtausend gehörten, die nach der neuen Sintflut in das Paradies auf Erden eingehen, war es ihnen leicht, Schmerzen und Entbehrungen und die Armut ihres irdischen Daseins zu ertragen.

So kam er in die Lichtenburg und wurde unser Kamerad. Er redete nicht viel, er blickte jeden freundlich an. Er trug spärliches, leicht gewelltes, blondes Haar über einer glatten Stirn, hatte große, blaue Augen, rosige Backen, einen fraulichen Mund und ein, ein wenig zu kleines, rundes Kinn. Er mochte vierzig Jahre alt sein. Er fegte unermüdlich die Zelle und den Flur, holte Wasser und machte sich jedem nützlich.

Aber er erhob den Arm nicht zum Gruß. Er sagte nicht: „Heil Hitler".

Das erste Mal, als es der Posten bemerkte, rief er ihn zurück.

„Warum hast Du nicht gegrüßt?"

„Weil Gott es mir verboten hat."

Der glaubte nicht recht zu hören. Er glotzte ihn verständnislos an.

„Willst Du mich verhöhnen?"

„Nein."

„Von welcher Station bist Du?"

„Von der Station III."

Am Abend wurde er geholt. Dunkelarrest. Eine Woche. Er kam wieder.

Mit blutunterlaufenen Augen.

„Sei vernünftig", sagten ihm die Kameraden. „Was liegt schon an dem bißchen „Heil Hitler!" Mach's so wie wir. Wir tun doch auch nur so."

Er schüttelte den Kopf. Am nächsten Tag fiel er wieder auf. Er kam in den Dunkelarrest. Vierzehn Tage.

Wir erkannten ihn nicht mehr, als er zurückkam.

Aber er erhob den Arm nicht zum Gruß.

Jetzt nahm sich der dicke Zimmermann vor, ihm den Gruß beizubringen. Mit fünf S.S.-Männern führten sie ihn auf den kleinen Hof.

„Arm hoch! Arm hoch! Arm hoch!"

Der Kommandant sah zu.

„Arm hoch!"

Krach, fallen sie über ihn her. Er stürzt in die vereisten Pfützen.

„Arm hoch! Heil Hitler! Heil Hitler! Wirds bald?!"

Das geht so lange, bis er bewußtlos liegen bleibt. Sein Blut gefriert auf dem harten Boden.

Wir beschwören ihn. Es hilft nichts. Sein Gesicht wird starr, es bekommt einen kindlich eigensinnigen Zug. Er grüßt nicht. Wir sind verzweifelt.

Jetzt wird er von uns abgesondert. In die Zellen der Berufsverbrecher gelegt. Er bekommt ihre Kleidung an. Jeden Tag schleppt er im Laufschritt die Abortkübel. Seine Hände sind blutig vom Tragen. Er wechselt zwischen Arrest, Schlägen und Abortreinigung.

Wir nicken ihm zu, wenn wir ihn sehen. Wir flüstern ihm zu. Wir strecken den Arm aus und machen ihm den Gruß vor.

Die S.S. schließt Wetten ab.

„Wird er grüßen oder nicht?"

Nach vielen Wochen kommt er wieder auf die Station. Er hält sich an der Wand fest.

Schon im Flur begegnet ihm ein S.S.-Mann. Sein rechter Arm erhebt sich ungeschickt. Die blutverkrustete Hand streckt sich. Er flüstert:

„Heil Hitler!"

„Denk' ich an Deutschland
in der Nacht . . ."

Am 31. März, mittags 1 Uhr, werde ich auf die
Kommandantur gerufen.

„Wann kommt Ihre Frau zu Besuch?"

„Uebermorgen. Am Ostermontag."

„Schade. Sie sind heute schon entlassen."

„— — — — — —?"

Und jetzt? O Gott, es geschieht nichts. Nichts. Da
ist das Zimmer, da sitzt der Schreiber. Dort steht die
Kartothek mit den gelben Karten. Draußen scheint
die Sonne. Alles so wie gestern, wie vorgestern.

Ich bin entlassen. Unfaßbar. Ruhig nehme ich die
Verfügung in die Hand. Da steht es: *der Schutzhäftling
Wolfgang Langhoff ist am 31. März, vorm. 10 Uhr,
nach ernster Verwarnung nach Berlin zu entlassen. Düsseldorf. Polizeipräsidium.*

Ohne Begründung. Ohne irgendetwas.

Es ist nicht mehr daran zu zweifeln. Schwarz auf Weiß. Und jetzt? So groß, so unheimlich groß hast du dir die Entlassung vorgestellt und jetzt hältst du ein Blatt Papier in der Hand und sagst ganz still:

„Ich bin entlassen.“

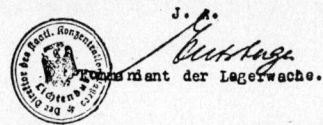

Der Direktor
des staatl.Konzentrationslagers   Prettin,den..31..März...1934.
Lichtenburg
Abt.Ia.

Dem Schutzhäftling...Wolfgang.Langhoff.......

wird hiermit bescheinigt,dass er heute aus dem Konzen-

trationslager Lichtenburg entlassen worden ist.

J.A.

Kommandant der Lagerwache.

Ich gehe in die Zelle zurück. Ueber den Hof der Lichtenburg. Alles wie sonst. In der offenen Küche arbeiten Kameraden.

„He! Pst! Ich bin entlassen!“

„So? — Gratuliere.“ Er winkt mir zu.

Ein Trupp B.V.'s zieht mit den Essenskübeln vorbei. Die bleiben jahrelang drin.

Auf einmal, schmerzhaft, fällt es mir ein: ‚du bist ja schon seit heute früh zehn Uhr entlassen! Mein Gott, du läufst als freier Mann hier über den Hof!‘

Das Herz fängt zu klopfen an. Ich rase die Treppe hinauf in die Zelle. Ich melde mich beim Stationsleiter.

„Entlassen sind Sie? Na, — dann machen Sie, daß Sie nach Hause kommen. — Alles raustreten zum Spaziergang!“

315

So ganz klar ist mir die Sache immer noch nicht. Könnten Kopf und Herz es erfassen, sie müßten zerspringen. Ich werde mißtrauisch. Was mache ich jetzt? Ich habe kein Geld für die Heimfahrt. Zu einem Telegramm reichts noch. Läßt mich der Posten aus dem Tor hinaus in die Stadt?

Das tut er tatsächlich, und ich telegraphiere: „Komme bitte schon morgen, Sonntag, hole mich ab. Bin entlassen."

„Gratuliere", sagt der Beamte am Schalter und schmunzelt.

Eine Nacht muß ich noch in der alten Zelle ververbringen. Noch 12 Stunden. Dann wird meine Frau da sein. Ahnungen, Wünsche und Verlockungen stürmen auf mich ein. Es ist wie die Nacht vor dem Geburtstag. Morgen soll ich wieder geboren werden. Mensch werden. Kein einziger Gedanke, kein Bild läßt sich erhaschen, festhalten, keine Freude ganz erdenken, das Leben braust in mir, indes ich schlaflos liege und die Stundenschläge der Prettiner Kirchenuhr zähle.

Morgen! Morgen.... Und während sich mein Herz darauf vorbereitet, die ersten Schritte in die Freiheit zu tun, ziehen die Schatten der dreizehn Monate vorbei und mischen sich seltsam mit dem kommenden Licht. Im schwankenden Fluß der Gesichter gräbt sich ein Gedanke fest in mir ein: nichts vergessen. Es bleiben noch Viele zurück. Nichts vergessen. —

— — — — — — — — — — — —

Soll ich beschreiben, wie unser Zug durch den Ostersonntag fuhr? Wie wir Hand in Hand am offenen Fen-

316

ster saßen und die umgepflügten Aecker, das lichte Grün der jungen Birken sahen? Wie sich der blaue Himmel und die weißen Wolken in den ruhigen Seen der Mark spiegelten? Wie ich erst aufatmete, als der Zug drei Stationen hinter sich hatte? Wie mich der Schaffner höflich (man stelle sich vor: höflich!!) nach den Fahrkarten fragte? Oder wie ich zu Hause gebadet, in einer richtigen Badewanne, gebadet habe? Oder wie ich vor dem ersten S.S.-Mann in Berlin erschrak und stramme Haltung einnahm? Wie ich mich die ersten Tage in unserm kleinen Zimmer verkroch und keinen Menschen sehen wollte? Wie meine Frau mich pflegte und zwischen Weinen und Lachen in meinen Armen lag?

Ich will lieber beschreiben, wie ich Arbeit suchte. Denn sehr schnell trat die Existenzfrage an mich heran. Wir beide konnten von der Unterstützung meiner Frau allein nicht leben. Ich hatte mir gedacht, daß ich in Berlin viel leichter ein Engagement finden würde und das war auch einer meiner Hauptgründe, warum meine Frau von Düsseldorf aus gleich nach Berlin zog. Es mußte mir doch gelingen, nachdem jetzt einigermaßen Gras über die Sache gewachsen war, irgendwo unterzukommen! Ich wollte in Deutschland bleiben. An Emigration dachte ich nicht. Warum auch? Deutschland ist meine Heimat, und als Schauspieler bin ich doppelt fest an diese Heimat gebunden. Ich wußte, was ich wert war und vertraute meiner Kraft und meinem Optimismus.

Ueberall, wo ich hinkam, mißtrauische, zurückhaltende Gesichter. Ich meldete mich auf unserem Stellennachweis. Der Agent empfing mich:

„Tja, Herr Langhoff, für Sie sieht die Sache bitter aus. Man kennt Sie ja als guten Schauspieler, jeder Theaterdirektor würde Sie mit Kußhand nehmen, aber — aber es traut sich eben keiner. Man muß vorsichtig sein. Wissen Sie, wir alle müssen heute vorsichtig sein."

„Göring hat doch gesagt, daß man entlassenen Schutzhäftlingen keine Steine in den Weg legen soll."

„Natürlich, gewiß. Das hat er gesagt. Aber was bedeutet so ein Erlaß?!"

„Sie können mir also kein Angebot machen?"

„Zur Zeit leider nicht. Ganz unmöglich. Haben Sie sich schon bei der Genossenschaft angemeldet?"

„Ich wollte es heute tun."

In der Kanzlei der Bühnengenossenschaft frage ich das Fräulein, ob ich noch Mitglied sei. Sie sieht nach.

„Ja, Sie sind noch Mitglied. Aber höchste Zeit, daß Sie die Beiträge bezahlen. Sie sind dreizehn Monate im Rückstand."

„Es ist mir nicht möglich, die Mitgliedsbeiträge jetzt auf einmal zu bezahlen."

„Waren Sie im Engagement?"

„Nein."

„Erwerbslos?"

„— Ja, — erwerbslos."

„Dann machen Sie doch eine Eingabe und bitten um Festsetzung einer Pauschale für die gesamten Beiträge."

Diesen Antrag stelle ich schriftlich und warte. Inzwischen muß ich mich zweimal wöchentlich auf meinem Polizeirevier melden. Ich stehe unter Polizeikontrolle. In der Wohnung tauchen die bekannten „Zivilisten", die Herren von der Kriminalpolizei, auf. „Was machen Sie? Wovon leben Sie? Mit wem verkehren Sie?"

Unsere Situation wird brenzlig. Ich versuche private Beziehungen zu Bühnenleitern wieder aufzunehmen. Umsonst. Es ist unmöglich, ein Engagement zu bekommen. Auch beim Film ist nichts zu machen. Dort werde ich sofort nach meiner Zugehörigkeit zur Genossenschaft gefragt. Endlich erhalte ich von dort Antwort:

Auf Ihr Schreiben vom 10. pas.

Wir lehnen es ab — und zwar auf Grund des § 10 des Gesetzes über die Errichtung der Reichskulturkammer — Sie wieder in unsere Organisation aufzunehmen.

Heil Hitler!

Das Präsidium.

Jetzt ist es mit einem Auftreten in Deutschland endgültig vorbei. Aus, vielleicht für immer...

Ich hatte mich auch an Zürich gewandt, und das Zürcher Schauspielhaus erneuerte sein Engagementsangebot für die nächste Saison. Gott sei Dank! Wir sind aus den Nöten heraus! Aber ich habe keinen Paß. Ich stelle einen Antrag. Es dauert drei Wochen. Dann werde ich auf das Polizeirevier bestellt und erhalte folgenden Bescheid: Aus politischen Gründen ist ihr Antrag auf einen Paß nach der Schweiz abgelehnt.

Jetzt zittern mir doch meine Knie.

„Was soll ich denn machen? Ich kann doch nicht verhungern. Hier in Deutschland darf ich nicht spielen, und raus lassen will man mich auch nicht. Ich bekomme keine Unterstützung. Wovon sollen wir denn leben?"

„Tut mir leid, das geht uns nichts an. Schwebt nicht auch noch ein Verfahren gegen Sie? Es muß doch irgend etwas am Laufen sein, sonst hätten Sie den Paß bekommen."

Nach diesem Bescheid zögere ich keine Stunde länger. Beinahe drei Monate habe ich versucht, Arbeit zu bekommen. Unermüdlich bin ich gelaufen, habe geschrieben, Besuche gemacht. Mehr konnte ich nicht tun. Und jetzt soll womöglich noch ein Verfahren gegen mich eingeleitet werden? Noch einmal das Ganze von vorn durchmachen? Ich habe zu viel erlebt und ich weiß zu Vieles.

Ich entschließe mich, ohne Paß über die Grenze zu gehen.

Vom Polizeirevier aus gehe ich nicht mehr nach Hause, sondern gleich zum Bahnhof und sage meiner Frau telefonisch Bescheid. Sie packt den Rest unserer Sachen. Wir besitzen noch zusammen neunzig Mark. Das reicht.

Da ich befürchten mußte, beobachtet zu werden, besonders nach der Ablehnung des Passes, fuhren wir nicht zusammen, sondern jeder für sich in verschiedenen Etappen.

In Frankfurt a. Main treffen wir uns wieder. Ich telefoniere mit meinen Freunden in Baden und mache einen Treffpunkt in Badenweiler im Schwarzwald aus. Von dort aus werden sie mich mit dem Auto weiterbringen. Meine Frau, die Gott sei Dank einen Paß hat, fährt gleich nach Basel durch.

320

Das badische Land ist meine eigentliche Heimat. Dort habe ich gelebt von meinem ersten bis zum fünfzehnten Lebensjahr und später bin ich oft zurückgekommen, auf Urlaub, solange ich zur See fuhr, — in den Ferien, als ich beim Theater war. Immer, wenn die Bergstraße auftauchte, Heidelberg, Karlsruhe, die blauen Hänge des Schwarzwaldes, die saftigen, fruchtbaren Felder und Wiesen der Rheinebene mit ihren unzähligen Obstbäumen, die sauberen badischen Städtchen, schlug mein Herz schneller vor Freude. Der D-Zug donnerte über die Schwellen, ich stand am Fenster und grüßte die Hornisgrinde, in deren Wäldern der Mummelsee verborgen liegt, die kahle Kuppe des Kandels bei Freiburg, in der Ferne den Feldberg und den Schauinsland, die vier alten Tannen mit dem Christuskreuz an der Zähringerbrücke, dort wo der Weg ins Wildtal abzweigt, und gegenüber auf der andern Seite den Kaiserstuhl mit seinen Weinbergen, im blauen Schimmer dahinter die Vogesen! Jeder Berg, jedes Tal, jeder Bach und Fluß mir vertraut von Kindheit an!

Heute fahre ich vielleicht für lange Zeit zum letzten Mal durch mein Badenerland. Schon auf der Fahrt von Berlin nach Frankfurt, durch die liebliche mitteldeutsche Landschaft schnürte sich mein Herz zusammen, wenn ich daran dachte: du gehst weg. Für immer.

Um sechs Uhr nachmittags, am 28. Juni, treffe ich mich mit meinen Freunden in Badenweiler. Wir sind dicht an der Schweizergrenze. Im Auto geht es weiter durch den Schwarzwald.

Wir kommen an ein altes Bauernwirtshaus und essen dort zu Nacht. In der niederen Schwarzwälderstube sitzen wir um einen runden Tisch mit bunt gewürfelter Tischdecke. Es gibt Bauernspeck und Bauernbrot. Markgräflerwein dazu. Die Wirtin, die die irdenen Schüsseln auf den Tisch setzt und mit uns alemannisch spricht, weiß nicht, daß sie mir ein Abschiedsmahl bereitet.

In der Dunkelheit geht es weiter. Es regnet.

„Das ist gut für die Grenze", flüstert mir mein Freund zu.

Der Weg zieht sich in steilen Windungen durch Wiesen und dunkle Wälder, die in der feierlichen Stille der Nacht im Regen dampfen. Stamm an Stamm stehen die hohen Schwarzwaldtannen, verwehte Wolkenschleier, Nebelfetzen in ihren Gipfeln. Der feuchte Waldboden, geheimnisvoll und undurchdringlich, duftet nach Moos und Pilzen. Auf weiten, sanftgeschwungenen Hängen schimmern Lichter hinter kleinen Fenstern vereinzelter Gehöfte. Von den regenschweren Aesten der Tannen, die sich tief über den Weg neigen und das Dach des Autos streifen, sprühen Myrriaden von Tropfen im Scheinwerferlicht unseres Wagens auf...

Verträumter Schwarzwald — stiller Märchenwald im nächtlichen Regenbad der Natur! An dich fesseln mich tausend Kindheitserinnerungen, dein Zauber hat sich tief in mir bewahrt durch all die Jahre der Trennung, in dir fühle ich meine Heimat. Deiner Landschaft, deinen Menschen, deiner Sprache bin ich verwandt.

Während der Wagen die letzten Höhen überwunden hat und mit abgedrosseltem Motor dem Rheintal zustrebt,

322

immer näher der Grenze zu, ahne ich schon den Schmerz der Emigration, des Losgelöstseins von der Heimat. Nach zwölf Jahren Fernsein von Deutschland hat Heinrich Heine in Paris die bittern Zeilen geschrieben:

> Denk' ich an Deutschland in der Nacht,
> Dann bin ich um den Schlaf gebracht.
> Ich kann nicht mehr die Augen schließen,
> Und meine heißen Tränen fließen.

Wenn meine Liebe Deutschland gilt, warum habe ich diesen Bericht geschrieben? Weil das, was augenblicklich in Deutschland geschieht, nicht Deutschland, oder doch nur ein Teil, der häßliche Teil Deutschlands ist. Denn diejenigen, die heute Heimatliebe, deutsches Wesen, deutsche Art im Munde führen und deren Kampfwaffen Mord, Verrat und alle finstern Triebe der Barbarei sind, nennen sich zu Unrecht die besten Söhne meiner Heimat.

Die Zeit wird es beweisen.

Ernst Thälmann

Für ein freies sozialistisches Deutschland

Auswahl 1919—1930

Die vorliegende Auswahl enthält Reden, Schriften und Aufsätze Ernst Thälmanns, des Vorsitzenden der KPD in der Weimarer Zeit. „Für Frieden, gegen imperialistische Kriege, für demokratische Rechte, gegen Volksbetrug und Faschismus, für Sozialismus, gegen das kapitalistische Ausbeutungs- und Unterdrückungssystem" — die Klassenkämpfe jener Zeit und die Politik der KPD werden lebendig.

Paperback, 2 Bände, zus. 1222 Seiten

Für die Jahre 1930—1933 ist ein weiterer Band in Vorbereitung.

Die Protokolle der sieben Weltkongresse der Kommunistischen Internationale

Reprints, vollständige Wiedergabe der Reden und Verhandlungen in 12 Bänden.

Der 7. Weltkongreß 1935

behandelt vor allem den Kampf um die proletarische Einheitsfront gegen den Faschismus und gegen den drohenden 2. imperialistischen Weltkrieg. Das Protokoll enthält u.a. das Referat von Georgi Dimitroff: Die Offensive des Faschismus und die Aufgaben der Kommunistischen Internationale im Kampf für die Einheit der Arbeiterklasse gegen den Faschismus.
Weitere Referate von W. Pieck, P. Togliatti und D. Manuilski.

Paperback, 2 Bände, zus. 1010 Seiten

VERLAG NEUER WEG

Alexander Fadejew

Die Junge Garde

Roman

Sommer 1942 — bei ihrem Vorstoß auf Stalingrad besetzen die deutschen Truppen das Bergarbeiterstädtchen Krasnodon im Donezbecken.

In die Welt der jungen Kommunisten bricht der Krieg mit seiner ganzen Härte ein. Faschistischer Terror wütet auch in ihrer Stadt. Plötzlich klebt an einer öffentlichen Stelle ein kleines Flugblatt: „... Hitler lügt, wenn er sagt, der Krieg sei zu Ende ... Die Rote Armee kommt ins Donezbecken zurück!"

Von der Tätigkeit der illegalen Organisation „Junge Garde", vom Widerstandskampf gegen die deutsche Besetzung handelt dieser Roman. Er ist ein mitreißendes Dokument des Großen Vaterländischen Krieges, in dem die sozialistische Sowjetunion den Hitlerfaschismus zu Boden zwang.

Paperback, zweibändige Ausgabe, zus. 652 Seiten

VERLAG NEUER WEG